自治体
国際協力の時代

[監修] 江橋　崇
　　　富野　暉一郎
[著者] CDI-JAPAN
　　　マイケル・シューマン
[訳者] 児玉　克哉

大学教育出版

はじめに

　今、自治体による国際協力活動が世界的に大変注目されています。
　国際地方自治体連合（IULA）は1995年9月、オランダのハーグ市において、自治体の国際協力（MIC：Municipal International Cooperation）をテーマとした初めての世界大会を開催しました。この大会では、今日世界的に自治体の国際協力が活発化している現状が報告されるとともに、国連や世界銀行などの国際機関からは、自治体の国際協力に対する期待が表明されました。また、この大会は、国際社会の枠組みが大きく変容しつつある中で、自治体もまた国際社会の重要な担い手（アクター）となっていることを強く世界にアピールした大会となりました。
　日本においても平成7年4月に「自治体国際協力推進大綱の策定に関する指針について」と題する自治省通達が全国の都道府県・政令指定都市に示され、「交流から協力へ」をキーワードとして自治体における国際協力活動が推進されることとなりました。これは従来の国家中心の開発援助が行き詰まりを見せているなかで、前述のように国際社会における自治体への期待が高まっていることを反映したものと言えます。自治体や地域社会のもつ人材やノウハウが、途上国の発展や地球規模の諸問題の解決のために求められるようになってきたのです。
　このように自治体の国際協力活動への期待が高まっている反面、国際協力に対する自治体の理解はまだ必ずしも高いとは言えない状況にあります。特に途上国問題の背景にある構造的な問題について十分な理解を有する自治体は少なく、長い間国際協力に携わってきたNGOの間では、自治体の国際協力活動が誤った方向へ進展することを懸念する声が聞かれます。しかし他方では、草の根国際協力活動に取り組んでいるNGOにとって、地域社会における国際協力は、NGOなどが目指している国際協力にとって大変大きな力になるものと期待されています。
　本書は、自治体国際協力の国際的中心理念になっている地域主体型開発協力

CDI：Community-based Development Initiative）の全体像を理解していただくことを目的として、第1部ではまずCDIの基礎的な知識や進め方を多角的に紹介し、次に日本の事例を中心にCDIの実情と可能性そして課題等を幅広く紹介し分析します。次に第2部では、CDIがはじめて明確に提唱された1992年のベルリン会議の成果をいち早く分析し世界に紹介した、CDI創世期の基本図書であるマイケル・シューマン氏の著作「Towards a Global Village ── 地球的課題への地域からの挑戦」の翻訳を掲載しています。

1999年10月に、名古屋国際センターはCDI-JAPANと協力して、日本で初めてCDI（地域主体型開発援助）をメインテーマにフォーラムを開催しました。本書の著者の1人であるマイケル・シューマン氏も「CDIの理念とその実践」と題した基調講演を行い、地域主体の開発援助の可能性と必要性があらためて確認されました。

しかし、日本の自治体による国際協力活動はまだ始まったばかりであるにもかかわらず、財政危機の中でともすればその本来の方向と必要性を見失って漂流する危険もあります。本書がそのような厳しい状況におかれた自治体の職員、地域住民、そして自治体国際協力の良きパートナーであるNGOの皆さんを少しでも力づける一助になれば望外の幸せです。

なお、本書の監修にあたっては、東京都国際交流財団のご厚意により、CDI-JAPANへの委託研究の報告書「これからの国際市民協力・交流活動に対する助成等のあり方に関する報告書」の一部を使用する許可をいただき、また、マイケル・シューマン氏よりその著作「Towards a Global Village ── 地球的課題への地域からの挑戦」の翻訳について快諾をいただいたことを記し、ここに感謝の意を表します。

2001年3月

江橋　崇
富野暉一郎

日本の読者の皆様へ

　今日、個人や企業、国家が史上前例のない規模の富を蓄積している一方で、地球人類60億の大多数は最低レベルの食事、住宅、衛生環境、医療、教育のみしかえられず、悲惨で貧困な生活を送っています。

　グローバリゼーションによってこれらの問題が改善されるという当初の予想はいまだ実現されていません。実際にそうした予想とは裏腹に、自由な貿易によって核兵器、化学兵器、生物兵器などの強力な大量殺戮武器は、反逆ゲリラや地下鉄テロリストの手に渡りやすくなっています。地球温暖化を進めるガスは増え続け、成層圏でのオゾン層は薄くなり、森林は縮小してきています。生物の種は、いくつも絶滅しつつあり、有毒な化学物質は食物連鎖に侵入し、人間の内的機能システムは弱まっています。こうした現象に見られるように、グローバリゼーションは持続を不能にする側面を持っており、地球の生命維持システムを弱体化させつつあるのです。

　1994年初版の『グローバル・ビレッジを目指して』は、こうした憂鬱な諸問題への地域主体型開発協力（CDI）による解決策を提示しています。しかし、もし、その本を今日現在書いたとしたら、本の終わりの方に述べていることにさらに重点を置いて、書き始めるでしょう。それは、CDIをどのように進めるかということ共に、CDIが何をもたらすのかということに注目しなくてはならなくなっているからです。CDIに携わる多くの自治体は、自由貿易や経済自由化の理論を推進するのに汲々としているようですが、現実には、その自由化が家族やコミュニティー、生態系を破壊しているのです。CDIを成功させるためには、グローバリゼーションにかわる首尾一貫した新しい道を見つけ、それを実現しなくてはなりません。

CDI進化の４つの段階

　CDIに携わった自治体は3つの際立った段階を経ることがわかっています。

第1段階で、自治体は、まず地球的に行動を始めます。過去の対外政策の独占者であった国家中央からの締め付けにおびえながら、自治体は慎重に行動します。彼らは、市長訪問、姉妹都市化、文化交流、といった物議をかもさない活動に焦点を当てます。彼らは、CDIが自治体の利益にかなうということを疑い深い人達にじっくりと証明しながら、CDIの正当化を図ります。1つの典型的な議論は外部からの投資を促進して、地域に根ざしたビジネスで海外の市場に乗り出そうというものです。

　第2段階で、自治体はCDIが深刻な地球的問題群に関心を示すべきだと認識します。彼らの最初の衝動的行動は、苦しんでいる人たちを救援するために短期的な援助を施すことです。しかし、大抵その規模は小さすぎて、手遅れなのです。そのような訳で、この本の執筆の機会を与えてくれたハーグに本拠を構える非政府団体「都市と開発委員会」は「慈善から正義へ」とのスローガンを掲げるようになったのです。

　第3段階では、CDIに携わる者は公正・正義の発展に努力します。彼らは、これこそが世界を変える唯一の道と考え、人権問題から平和維持活動まで、幅広いプロジェクトを手がけます。

　日本の自治体は現在この段階に達しつつあります。自治体は長年にわたって貿易と文化交流を推進するCDIを進めてきました。今度は、それを地球的問題群の解消に応用しようとしているのです。日本と中国、あるいは日本と北朝鮮との和解を推し進めている自治体もあれば、日本の企業に海外での環境対策の向上を促している自治体もあります。広島市や長崎市に代表されるように厳しい軍備削減と核兵器全廃を呼びかけているものもあります。

　では、第4段階とはどのようなものになるのでしょうか？　イギリスのコーリン・ハインズの言葉を借りれば、21世紀のCDI運動のスローガンは「グローバルにローカルを守る」ということになるでしょう。世界中のすべての自治体が、公正で、持続可能な、住民中心の開発に向かうように、新しい経済学を構築しなければなりません。

新共同体経済学

　政治形態、豊かさ、場所などに関係なく世界中の自治体は次の2つの戦略を採用してきました。
　——　あなたの裏庭にグローバルな企業を立地させよ。
　——　可能な限りあなたの製品を広範に輸出せよ。
　新しい拙著、『ゴーイング・ローカル』（ルートリッジ社、2000年）で、自治体がとってきたこの2つの戦略は行き詰まっていることを、私は主張しました。そして、自治体は、2つのオールターナティブな戦略を追求すべきです。地域の利益に関心のない企業に頼るより、地域自体が所有する小さな企業を育成する方がいいのです。輸出を促進するより、自給自足を進める開発を目指す努力をする方がこれからの時代に有効です。
　所有権がなぜ問題になってくるかを理解するために、私の国で話題になったことをお話ししましょう。1992年、ドイツ企業、BMW社は、2,000人分の雇用を創出できる工場を建設するため、アメリカに進出しました。そして、いくつかの州にこの工場を誘致するための入札を要請しました。ネブラスカ州は1億ドル相当の補助金、貸付金、税優遇措置という優遇条件を提示しました。サウス・カロライナ州は共同出資額を上げたうえに、その州には組合が無く賃金が低いと宣伝しました。この作戦はあたり、サウス・カロライナ州に誘致が決まりました。
　1980年代に雇用1人当り2万5,000ドルから5万ドルであった自治体政府からのは支払金では数十万ドルに上昇しました。愛想良く乗り込んで来る企業だけでなく、すでに進出している企業もそこから撤退すると脅かすことによって、この種の強奪を行っています。ディズニーでさえもそのような行為を行っているのです。世界の最も人気のあるネズミはアナハイム市とカリフォルニア州からマジック・キングダムを世界の他の場所に移転しないとの条件で10億ドルを受け取りました。
　これらの強奪的な賄賂は、新しいグローバル競争を勝ち抜く意味について深

刻な疑問を投げかけています。もし、かれらの企業が、さっさとメキシコのマクイラドラスやマレーシアの自由貿易地帯に移転すれば、自治体は明白に敗北者になります。そして、これらの企業を踏みとどまらせるために、健全な経営環境を守るという名のもとに、殆どの自治体では、労働者は低賃金に甘んじ、労働組合は解散させられ、環境基準は緩和させられるでしょう。地域の生活の質を上げることは、その企業の経営の質を落とすことであるという対立の関係にあります。

　このジレンマを回避する唯一の道が有ります。それは、その地域にとって最も大事なビジネスをその地域の自治体の所有にすることです。地域に根差したビジネスは地球的な野望にはほとんど関心が有りません。そして、何世代にもわたって地域の一部になることを目指します。労働基準、環境基準は向上し、地域に根差したビジネスは、撤退することを考えることなくその地域に適応をする傾向があります。

　自治体による所有はもちろん様々な形態をとる事ができます。小規模の家族経営的ビジネスや個人所有から始めることができます。労働者所有のビジネス（現在、アメリカにある2,500社にて被雇用者の株の所得がマジョリティを占めています）から始めることもできます。またアメリカで47,000存在する生協から始めることもできるのです。非営利団体から始めることもできます。それらは、現在アメリカの国内総生産の6.5％を占めています。公共の所有にすることもできます。急速に公共設備の民営化が進んでいるにも関わらず、アメリカ国内には、公営企業が6,300社もあります。それらの多くは自治体にて経営されるが方が望ましいもの —— ゴミ回収、港、橋、水道、電気事業 —— といったものです。しかし、あるところでは、もっと踏み込んだ事をしています。ノース・ダコタ州は預金銀行のネットワークを州で経営しています。

　私の最も気に入っている地域所有のモデルは、グリーンベイ・パッカーズです。この非営利フットボール・チームの何千という株は、大部分が地元のファンで所有されています。

　地域が所有しているということは、パッカーズは他のアメリカの都市に決して売却されことが無いということを意味します。

まとめ：自治体は不忠実で地球的規模で駆け足で動く企業を追いかけるのやめて、自治体所有のビジネスを育成すべきである。

　自治体が採用しなければならない第2のオールターナティブの原則は輸出促進型開発から自治体の自立経済を増加させる開発に切り換えることです。自立経済の自治体ということは、何もすべて自給自足でなければならないということではありません。もしあなたの自治体が外部からの電力供給に依存していて、あなたが地元の風力発電所を建てるとするならば、外部からその部品供給を頼らざるを得ないかもしれません。もしそれらの部品輸入を地元の工場での生産で賄おうとすると、今度は鉄の供給を外部に頼ることになるかもしれません。輸入の代替によって完全な自立ができる訳ではありませんが、輸出入の新しい展望が切り開かれるのです。経済が多様化し、新しい依存性は今までよりリスクが少ないのです。

　これとは対照的に輸出促進型開発には3つのリスクがあります。第1に輸出促進型自治体は自己のコントロールが難しくなります。ヒューストンの様に世界石油価格市場に依存している都市は、自己の運命が石油価格とアラブの有力者にかかっていることを知っています。もし、自動車市場が混乱すればデトロイトが悪影響を被ります。災難は近年ロシア、インドネシア、ブラジル向け輸出に依存しているアメリカ企業にも降りかかります。

　第2に地元で製品を生産しないことを選択することによって、他者にビジネスを委ねることになり、経済増殖システムと呼ばれるものシステムが崩壊してしまうのです。経済増殖システムは、資金が同じ場所で、何回も再投入され、自治体経済から利益を生むものです。あなたが、1万円分の会計士の時間を買い、その会計士はガソリンスタンドでガソリンを入れて、そのガソリンスタンドの所有者は地元の商店から機械類を買うといった具合です。資金の循環が増大すればその自治体の収入、富、雇用が増大します。たとえば、名古屋市が地元からでなく、ワシントン州からメールオーダーでりんごを買うたびに、その自治体は知らず知らずのうちに、経済増殖システムの大部分をアメリカの太平

洋西北岸の幸運な連中に売り渡しているのです。

　第3に経済増殖システムが自治体から流出すれば、税収源も流出します。もう一回、りんごの話に戻りますが、あなたの自治体はメールオーダーで儲けたワシントン州の連中の誰にも税を取りたてることは、できないのです。その代わりに地元の商店や農民に税を掛けることができたら、それらの歳入は道路、学校、警察、病院といった健全な公共設備の整備や維持に使われるでしょう。

　自治体所有の輸入代替型開発を育成するという、良心的な開発政策は輸出促進型開発がもたらす多くの問題を除去することができます。より自立した経済の自治体は外部で生じた不測の事態や犯罪からの影響を少なく抑えることができます。それはまた、自己の経済増殖システムを強化することにもなり、もっと多様なビジネスが相互に助け合っていくことができます。それは公共部門の維持に役立つ税収の増加を生み出すことにもなるのです。

　しかし、すべての自治体が自前でコンピューターや自動車を造ることができるでしょうか？　たぶん、それは不可能でしょう。なぜなら、これらの産業が最も能率のよい規模-経済学者が呼んでいる「規模の経済」—は、1つの自治体が維持できる範囲を超えています。それでも、「ゴーイング・ローカル」でわたしが指摘したことは、基本的人間欲求を満たすのに必要な多くの産業 —— 食料、エネルギー、水道、保健、衣服、住宅 —— といったものの「規模の経済」は縮小しつつあることです。

　アメリカにおける一例を挙げましょう。経済学者は家族経営型農業の消滅を喜ぶべきだといいます。なぜなら大農業ビジネスの方がはるかにコスト・パフォーマンスが高いからというのです。しかし、データを見るとそうとも言えないのです。今世紀初頭では食料に人々が1ドル払うたびに、41セントが農民の収入でした。現在では、それが、たったの9セントなのです。大体、67セントが廃棄物輸送、冷凍、マーケティング、仲介者、包装、宣伝などに消えていきます。このような訳で、10万人以上のアメリカ人が、消費者と生産者を直接結びつける地域経営的農業に移行しています。この方式は、日本で開発されたものです。

　他の例は銀行業にもあります。たくさんの合併や合理化にもかかわらず、多

くの学術的研究が指摘しているのは、地域経営銀行の方が業務費用が低く抑えられ、債務の焦げ付きが少なく、全国規模や国際規模の銀行より、手数料は安いということです。

　地方レベルの方がすべてコスト・パフォーマンスが高いと言う訳ではありません。しかしマサチューセッツ工科大学の経済学者、ポール・クルーグマンは彼の著作、「ローマ教皇国際主義」のなかで、アメリカの典型的都市消費者が買う製品とサービスは殆どが地方で作られていると主張しています。結果的に成功している地方自治体はその地方での消費に必要な分だけ生産するようになることになります。コスト・パフォーマンスが高い生産ができない品物に関してだけ —— それはその自治体の全地域のなかでの年間購買量のわずかな比率を占めるもの —— を輸入すればよいのです。これらの輸入があったとしても、地域内で生産と輸入がもっと行われるように精一杯の努力はしなければなりません。

CDIの新しい方向性

　日本を含む全世界において、自治体は自治体所有と自立経済の拡大を目指す経済政策の実験を始めようとしています。自治体は他地域の製品やサービスに依存する危険性を明らかにしつつあります。そして、それは自治体所有ビジネスの新しい市場の発見につながります。自治体は地元の事業家向けの特別ビジネス訓練コースを作っています。自治体所有の信用組合、年金基金も進展しており、それは、地元の貯蓄が地元の貸付や投資に回っていく事になります。自治体は今、地元の金融システムを使って、地元でつくられた製品やサービスを優先的に買うようになっています。

　CDIの新しい使命は他の自治体パートナーをも自立に向かわせる最新のテクノロジー、ビジネスの構造、政治を広めることです。このような使命を果たす為に、「社会的責任自治体ブロック（A Socially Responsible Bloc of Communities）」が、形成されるべきです。その「社会的責任自治体ブロック」できるいくつかの例をここに挙げてみましょう。

(1) 代替的貿易

　自給できない部分に関しては　自治体は高い労働基準と環境基準を厳守する自治体に限って貿易をすべきです。グローバル貿易は続いていくでしょうが、地域中心の視野を持った経済活動を行う「社会的責任自治体ブロック」内での貿易が好まれていくでしょう。そのような「地域間協力」の萌芽は現在、活発化しつつある「公正貿易」運動にみることができます。その運動とは、先進国の消費者が貧困国の製造者から直接、製品を買うというものです。たとえば、オランダの300を超える自治体と11の県政府（12県のうち）がグアテマラやニカラグアといった国の小規模コーヒー生産者から「連帯コーヒー」と呼んで購入しています。その価格はコーヒー生産者がまともな生活を営める様、若干高めに設定されています。利益の大部分を吸収してしまう仲介者を迂回することで、公正貿易者は大手の培煎業者や流通業者に高価格で売却することができます。

(2) ビジネス拡大

　グローバルなレベルで競争力をつけるためには、いくつかの種類のビジネスは自治体内での規模を超える必要が有ります。コンピューターや自動車の様に規模の大きい経済が必要とされるような製品の供給のために、「社会的責任自治体ブロック」が小規模自治体所有ビジネス同士の地域同盟をつくることになるかも知れません。これは、イタリア北部で既に盛んに行われている事です。そこでは、自治体所有企業が柔軟性に富むネットワークに加盟し、機械工作ロボットの様なハイテク製品の輸出者になってきています。エミリア・ロマグナ地方における9万社の内、97％が従業員50人以下の企業です。ネットワークは、良く見極められた「最適」市場のために、特殊な製品を製造するために特別に形成されます。参画している企業は資源を蓄積し、リスクを共有します。そして、1つのプロジェクトが終了すると、そのネットワークは解散します。

(3) 投資の多様化

　第3のプロジェクトは社会保障の蓄積です。自治体は地方での再投資につな

がる年金、保険、その他の社会保障を設立します。しかし、それには、単一地域への集中はリスクが高く、予測外の地域の衰退に巻き込まれると危惧する一般の投資家から抵抗を受けます。これらのリスクは多分に誇張されています。単一地域への集中のリスクがあったとしても、「社会的責任自治体ブロック」は自治体基金団体の間での相互投資を推進したり、その様な保証化された基金を使って第2の市場を開発するでしょう。

(4) 自立経済テクノロジーの拡散

「社会的責任自治体ブロック」の重要な機能の1つは技術上のイノベーションを移転することと、持続可能な開発を最も望んでいる最貧国に対して、自立経済を育む政策を実行することです。この本の中でも述べられているブレーメンのバイオガス処理装置を広める事業はこの種の素晴らしい事例です。ブロックは最先端の風力発電、太陽光発電、水質保全システム、小規模のリサイクル工場、排水処理場などを広げるための、それぞれのネットワーク形成を助けるでしょう。

(5) 地域貨幣の交換

地域貨幣システムの発展は究極的には、システム間の貿易の問題を提起します。「社会的責任自治体ブロック」はこれらの貨幣を売買できる交換所やマーケットを作るかもしれません。この場合の魅力的な施策は貨幣売買に税金をかける事です。それは、トービン税といわれるもので、為替に低額の料金を課し（大体1％の1/10）、短期的投資の誘惑を防ぐようにします。

(6) 国際機関への働きかけ

未来において、自治体の自立的経済に決定的な影響を与える経済政策の決定は、世界貿易機構（WTO）、国際通貨基金（IMF）, コデックス・アリメンタリウス、国際労働機関（ILO）, といった国際機関でなされます。「社会的責任自治体ブロック」はこれらの機関に影響を与えるように努めるべきでしょう。地域コミュニティーを破壊してきた多くの企業が影響を与えてきたようにです。外

部のロビイストを雇うほどの金銭的余裕がない小さな自治体は、ロビー活動を支援する団体を発達させることによって実質的なロビー活動を展開するでしょう。

(7) キャンペーンの組織化

「社会的責任自治体ブロック」は政府官僚のみならず、世界中の消費者の考えと行動を変えようとするでしょう。それは誤った活動をしている企業、産業界、国々に対抗する運動を組織することができるでしょう。世界中の自治体にとって、こうしたキャンペーンは民主化、非軍事化、社会正義を推し進めていく主要な手段になることができます。

(8) 成功体験の共有

自立的経済を進める自治体間の協力ほど地域中心の経済を広めるものはありません。トロントに本拠を構える国際環境自治体協議会が環境政策に関して行っている様に、地域金融、地域貨幣、都市型農業、エネルギー再活用に関しての成功体験を共有する必要があります。インターネットや他のコミュニケーション手段を、自治体がこれからもっと活用するほど、この種の地球的情報共有と協力は簡単で安価になっていくことでしょう。

残る根本的選択

今の時代の最も恥ずべき考えは、自治体は次の2つしか選択がないということです。つまり「ローカルを破壊する貿易を通してグローバルへ向かう」か「グローバルを破壊する貿易障壁でローカルへ向かう」かのどちらかです。実際にはどちらの選択も好ましいものでも、必要なものでもないのです。ロバート・コヘインとジョセフ・ナイの古典的な業績、「パワーと相互依存」にて強調されていたのは、脆弱性のない相互依存を促進できるときのみ、グローバルな関係は利益をもたらすということです。今日の自由貿易体制は移り気の激しいグローバル市場の動きに対して、脆弱性が高いものになっています。それは、賃金低下や環境基準悪化などの悲惨な状況によって、突然もたらされます。生

活の質と地域の経済増殖システムを増大させようと努力している自治体はその様な破滅への道は選択しないのです。

　CDIの使命とは参画するすべての自治体を可能な限り支援し、共生の視点から世界の自治体・人々を結びつけることです。世界の同じ様な考えを持っている自治体が結びついていくことによって、「社会的責任自治体ブロック」は新しいグローバル主義に向かって進むことができるのです。人類の歴史の転換は、闘争によってもたらされてきました。ルネッサンスは神話と迷信を信じてやまない人々と経験的真実を探求する人々の間の闘争でした。18世紀と19世紀は世襲の権力に固執する人々と人民を統治する権利はすべての人間に備わっている自然権だと信ずる人々との間の闘争に明け暮れました。20世紀は進歩の概念をめぐって、自然を征服することを目指した社会改造論者達と、自然の保全と進歩の調和を目指すエコロジスト達との間で闘争が行なわれました。21世紀の闘争は安価な製品を信奉する人々と地域の力を信じる人々の間で繰り広げられるのです。

　安直なイデオロギー闘争に終わってはだめなのです。安価な製品の信奉者は世界のあらゆる国々で主要な政党を牛耳っています。しかし、自然、家族、地域に対して払われる犠牲を憂慮する人々は、政治的な陣営の枠を超えて存在するようになっています。彼らは文明と人類の未来が、際限ない消費によりもたらされるものかどうかを問っているのです。新しい千年におけるCDI運動の新しい使命は、現代社会を批判している人が未来社会の指導者になることを確かにすることなのです。

2001年2月、ワシントンにて

マイケル・シューマン

自治体国際協力の時代

目　次

はじめに　i
日本の読者の皆様へ　iii

第1部　地域主体型開発協力と自治体国際協力

第1章　なぜ今自治体の国際協力か …………………………2
1　自治体国際協力とグローバルシステムの変容　2
2　自治体国際協力への期待　5
3　自治体国際協力の時代　12

第2章　CDI（地域主体型開発協力）の基礎知識 …………17
1　欧州におけるCDI運動の経緯　17
2　CDIの理念と意義　19
3　CDIの担い手（アクター）　22

第3章　住民と自治体が創る国際協力 ……………………24
1　国際協力をどのように政策化するか　24
2　地域資源の有効利用と地域への還元　31
3　多様な主体とのパートナーシップの必要性　34
4　NGOとの協力のあり方　37
5　住民参加とグッドガバナンス　40
6　地球市民学習の重要性　43

第4章　自治体国際協力の時代に向けて ………………47
　── CDIが作る地球市民社会 ──

第5章　日本の地域主体の国際協力・交流活動 ………50
1　全国における地域主体の国際協力・交流活動に関する実態調査　50
2　自治体、支援財団との連携に関するNGOアンケート調査　72
3　都道府県における民間国際協力活動助成制度の実態調査　83
4　地域主体の国際協力・交流活動の発展に向けて　92

第2部　地球的課題への地域からの挑戦

序　章 ……………………………………………………116
1　グローバルな自治体　116

2　地域主体の開発協力（CDI）とは何か　*117*
　　3　CDIは何を成し遂げたか　*120*
　　4　CDIはどのように発展してきたか　*121*
　　5　CDI運動は何を目指すのか　*125*
　　6　第2部の構成　*127*

第1章　CDI登場の背景……………………………………………*128*
　　1　開発の新しい考え方　*130*
　　2　人を中心としたアプローチ　*130*
　　3　多面的な行動計画としての開発　*132*
　　4　開発は互恵的に　*133*
　　5　地域主体の開発協力　*135*
　　6　CDIは人々に活力を与える　*135*
　　7　CDIは地域の専門知識を利用する　*138*
　　8　CDIは国の国際開発協力を補う　*139*

第2章　CDIの手法……………………………………………………*142*
　　1　教　育　*142*
　　2　地域間提携（リンキング）　*147*
　　3　プロジェクト支援　*150*
　　4　技術・行政援助　*152*
　　5　キャンペーン　*154*
　　6　優遇と制裁　*157*
　　7　規　制　*160*
　　8　制度化　*161*
　　9　国際協定　*164*
　　10　助成金　*165*

第3章　CDIの活動対象……………………………………………*166*
　　1　環境保護　*166*
　　2　人　権　*170*
　　3　反アパルトヘイト　*174*
　　4　ニカラグアとの連帯　*176*
　　5　東西関係　*181*
　　6　南南関係　*186*

第4章　CDIを生み出した要因……188
1. 地球的規模の要因　*188*
2. 各国に特有な要因　*191*
3. 自治体はなぜCDIを行うのか　*193*
4. 地球社会の構成員になる　*194*
5. 地球全体に対する責任を負う　*195*
6. 国際問題が地域に与える損害を軽減する　*196*
7. 国際関係から経済的利益を引き出す　*197*
8. 文化をより豊かにする　*198*
9. 政治的参加を増やす　*199*

第5章　CDIに対する反応……*201*
1. NGOと地域社会のグループ　*201*
2. 自治体　*203*
3. 中央政府　*205*
4. 国際組織　*207*
5. 女　性　*208*

第6章　21世紀への挑戦　……*210*
1. 情報の把握　*210*
2. 冷静な評価　*212*
3. 開発教育を政治活動に結び付ける　*214*
4. CDIを環境保護に使う　*215*
5. 世界の政治経済問題に取り組む　*217*
6. 貿易システムに疑問を持つ　*220*
7. 南南関係の支援　*222*
8. 人権保護　*223*
9. 援助を越えて　*226*
10. 南北関係のバランスを保つ　*228*
11. CDIの多様化　*231*
12. 自治体の強化　*232*
13. 国際活動を制度化する　*234*
14. 政府の支援を得る　*236*
15. 全国的、地域的、国際的な枠組みの創造　*238*

用語解説　*241*
訳者あとがき　*245*

第1部

□ 地域主体型開発協力と自治体国際協力 □

第1章　なぜ今自治体の国際協力か

1　自治体国際協力とグローバルシステムの変容

　近年自治体や地域社会による国際活動が大変活発になってきています。
　従来、自治体とは地域社会の経営主体であり、外国の地域の問題や国際社会の課題に取り組むよりも、所管する地域の運営と問題解決に専念すべきであるとする考え方が支配的でした。しかし、あらゆる分野でグローバル化と相互依存の深化が進む今日、世界と地域社会との結び付きは様々な場面で拡大しており、地域社会といえども国際社会が抱える問題と無縁ではいられなくなってきています。また世界の情報がお茶の間に届けられ、多くの人々が海外経験を有するようになった今日、地域社会に生きる市民にも国際社会への視野が開かれ、国際社会への関わりも地域社会での活動と同様に捉えるコスモポリタンとしての意識の形成が見られるようになってきました。自治体や地域社会による国際活動の高まりの背景には、このような地域社会をとりまく環境の変化と、市民レベルでの国際的風土の形成があると見ることができます。
　こうした状況に加えて、国際社会の側からも自治体や地域社会の国際活動への積極的な参加に対する期待が高まっています。
　今日、途上国の貧困や、環境・平和・人権・人口・ジェンダーなどの問題は、人類全体の将来を左右する地球的課題であると考えられています。国連をはじめとする国際機関や先進国政府は、1960年代以降開発援助として多くの資本とエネルギーを割いてこれらの問題に取り組んできましたが、今日なお本質的な解決には至っておらず、むしろ国家や、国家を単位とする従来の国際社会の援助システムの次のような限界が明らかになってきました。
　第1に、国際機関や各国援助機関が行ってきた巨額の援助資本の投下が、必

ずしも途上国の発展と貧困の解消を実現しないことが明らかになりました。その経験から、援助資本の投下が持続的な発展につながるためには、それぞれの地域の文化と風土に適合した開発手法と住民の主体的な参加が必要であること、あるいは開発の成果を持続させるための人間の能力開発が重要であること、そして、そうした発展の恩恵がすべての国民に行き渡るような民主的な統治体制とそれを運営・維持する社会運営能力の涵養が不可欠であることなどが明らかになったのです。これらの活動を現実に展開するためには多くの指導者・支援者が必要となり、その担い手として非政府組織（NGO）や自治体の役割に期待が寄せられるようになりました。

　第2に、途上国の貧困や環境破壊を引き起こしている世界的な社会経済構造を変革するためには、国際機関や国家の呼びかけだけではなく、地域社会や市民一人ひとりの参加と理解、そして具体的な行動変革が必要であることが明確に認識されるようになりました。

　途上国で発生している環境破壊や貧困の問題は、主に先進国の産業活動と消費活動に起因しているということができます。その根本的な解決には、途上国をとりまく世界的な経済構造の変革とともに、先進各国における企業や消費者の行動変革が必要であり、そのためには市民一人ひとりに理解を呼びかけ、参加を求める必要があることが明らかになりました。もはやこれらの問題は、理念の提示やODAなどによる資金提供だけでは解決できず、先進国と途上国双方の市民一人ひとりの理解と参加、そして地域社会における具体的な行動が求められる段階にあります。それゆえ、「市民に最も近い政府」である自治体の役割や、市民自身によるNGO活動が極めて重要であるとの認識が世界的に高まっています。

　国連会議にNGOが本格的に参加した1992年のリオ会議以降、国際社会の舞台にはNGOというアクターが公式に加わりましたが、自治体の国際協力の高まりにより、近年ではこれに自治体と地域社会が新たに加わり、国際社会を構成するアクターは一層多元化してきたといえます。もはや国際社会は国家のみがプレイヤーたることを許された国家クラブではなく、様々な主体がそれぞれの特徴とノウハウを活かして地球的課題に取り組む、地球規模のコミュニティー

4　第1部　地域主体型開発協力と自治体国際協力

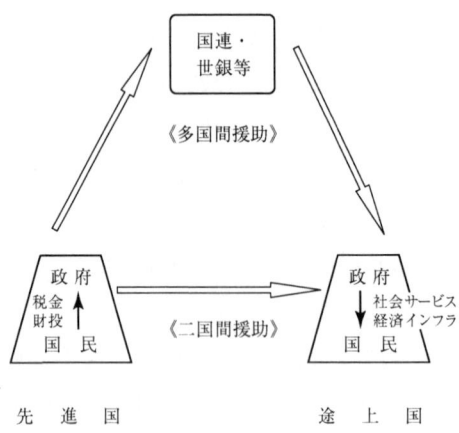

これまでの国際協力

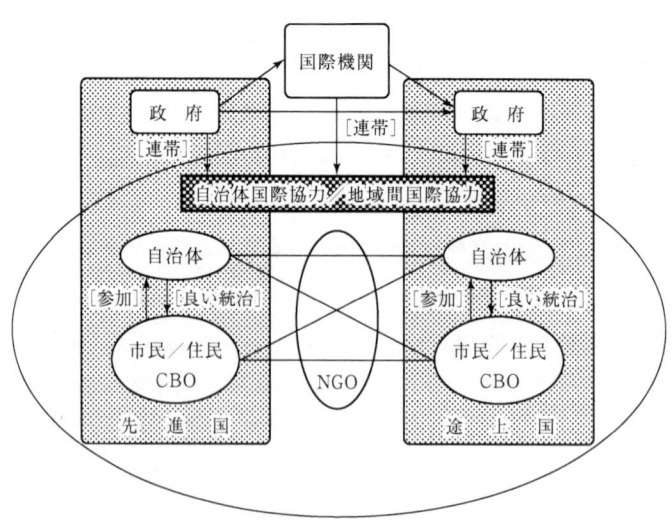

これからの国際協力

としての様相を呈してきています。今、国際社会は、国際機関・国・自治体・市民が、それぞれの立場で地球社会の公益性を担う時代、いいかえればこれらのアクターが公共性を分有する時代にあるといえます。中でも市民や地域社会による国際活動は、それを通して、どの国の市民も平和と豊かさを願いながら日々の生活を営む同じ人間であることを相互に理解させ、人間社会の普遍性への理解と、人間としての共感を、国境を越えて人々の間に育んでいる点を指摘しなければなりません。そうした多様で層の厚い参加による結び付きの深化が、世界の安全保障の礎をより一層強固なものとしているのです。

　現在国際社会は、大きな構造転換にさしかかっているといわれています。経済活動のボーダーレス化や、情報や文化のグローバルな流通を通して、国境の存在が希薄化し、近現代を通して絶対的であった国家やそれを単位とする国際社会の成り立ちが大きな揺らぎを見せています。欧州連合（EU）や北米自由貿易協定（NAFTA）、アジア太平洋経済（APEC）など、超国家的なシステムが国家の行動を抑制し、その機能を吸収する「グローバル化」が進む一方、国家の内部では、人々の生活の豊かさの実現をより身近な「地方政府」の自己決定に求める「ローカル化（地方分権）」も世界的に加速しており、ガバナンスの主権や機能がグローバルとローカルに分散・構造化する「グローカリズム」が進行しています。

　自治体と市民の国際活動の活発化、地方分権、国家システムの揺らぎ、超国家システムの出現、そして国際社会における主体の多元化は、今日、相互に関連する一連の事象としてグローバルシステムの変容を推し進めています。自治体の国際協力は、このようなグローバルシステムの変化の中にあって様々な意義と役割を期待される、極めて重要な動きであるということができます。

2　自治体国際協力への期待

　このような変化の中で、国際社会には、自治体の国際協力に対する期待の高まりを示す2つの具体的な流れがあることを指摘できます。その第1は、開発

援助における考え方の変化に伴って、この分野におけるNGOや自治体の役割への期待が高まっていることです。この結果、開発に関する近年の国連会議ではNGOや自治体の参加が求められるようになってきています。第2は、自治体の側においても、自治体の国際協力が途上国の問題や地球的課題の解決に有効なアプローチであるとの自覚が深まり、自治体や地域社会の国際協力の意義を検証する国際会議が重ねられてきたことです。今日の自治体と地域社会による国際協力への期待は、国際社会からの期待と自治体自身による自覚の高まりという2つの流れの交点の上にあると見ることができます。

(1) 開発援助戦略の変遷と自治体国際協力への期待

1) 近代化論

途上国に対する開発援助は第2次世界大戦後イギリスなどにより部分的に行われていましたが、1960年ごろには、途上国と先進国間の経済格差が世界の均衡を脅かす国際社会全体の問題（南北問題）として明確に認識されるようになり、途上国への開発援助が国連事業として実施されるようになりました。こうしてスタートしたのが「国連開発の10年」です。

第1次「国連開発の10年」の基本思想となったのは、ロストウ（W.W. Rostow）らが提唱した「近代化論」でした。この考え方では、開発とは経済成長、工業化、西欧化であり、援助の役割は貯蓄不足と外貨不足の2つの不足を埋め、工業化に必要な技術を供与し社会基盤の整備を行うことでした。そして、経済成長の成果は、はじめは社会の上層部に及び、次第に国民全体へしたたり落ちる（trickle down）と考えられました。

2) 人間の基本的ニーズ（BHN）戦略

しかし、70年代にはこうした開発援助政策による工業化と経済成長が、必ずしも貧困や飢餓を解決しないばかりか、途上国社会の上層部による富の独占により被援助国内の貧富の差が拡大し、絶対的貧困者が増大したことが明らかになり、開発援助戦略の修正が迫られました。そこで、70年代には貧困層や社会

的弱者に援助の重点を置き、農業・人口計画・保健衛生・教育などの分野に援助を優先的に配分する「人間の基本的ニーズ（BHN：Basic Human Needs）」を重視する開発戦略が打ち出されました。

　他方開発途上国側は、かねてから従来の先進工業国中心の国際経済体制（GATT-IMF体制）は不公正であると主張し、「援助よりも貿易を」をスローガンに途上国と先進国が一体となった新しい国際経済体制の樹立を目指してきました。そして、1974年には国連経済総会において「新国際経済秩序」樹立のための宣言と行動計画を採択させることに成功しました。

　これらの結果、1980年代にはBHN戦略による貧困層の生活の改善と、この「新国際経済秩序」の実現による経済発展により、途上国問題は大きく改善されるはずでした。

3）「失われた80年代」

　しかし、1970年代のオイルショックに伴う世界的な一次産品市場の低迷は、途上国の経済開発に大きな打撃を与え、中南米諸国を中心に深刻な累積債務問題を引き起こしました。世界銀行やIMFは、途上国の債務救済にあたって、各国での増税、歳出の削減などを条件としましたが、この結果、教育・保健・福祉などの財源がカットされ、途上国の国民生活水準が悪化する事態となりました。これが、いわゆる構造調整問題です。一方、アフリカでは、サヘル以南の地域が1970年代を通じて慢性的な干ばつに見舞われ、80年代には一部の地域で飢餓状態が発生するとともに、これに内乱や政治的混乱の影響が加わって大量の難民が発生しました。これらの結果、1970年代にBHNという新しい開発戦略が提唱・推進されたにもかかわらず、1980年代には絶対的貧困者が増加し、南北間の格差が一層拡大する結果となりました。

4）「持続可能な開発」

　80年代の後半に入り、開発援助の分野ではこうした貧困の拡大に対する危機感が高まるとともに、地球規模で進行する環境破壊に関心が高まりました。しかも貧困層の多くは環境破壊に苦しめられており、貧困と環境破壊が密接に関

連し合った問題であることが認識されるようになりました。こうした認識を背景に、国連総会決議に基づいて設置された「環境と開発に関する世界委員会」（ブルントラント委員会）は、1987年に「我々の共通の未来（Our Common Future）」と題する報告書の中で、「持続可能な開発」という新しい開発理念を提唱しました。

5）「グッド・ガバナンス」と「持続可能な人間開発」

また、先進国の開発援助政策に関する協議機関となっている経済協力開発機構（OECD）の開発援助委員会（DAC）などでは、貧困の背景の一つに、地域住民の生活実態やニーズを十分考慮できない中央集権的な開発政策があるとの指摘がなされるようになり、開発の諸過程に地域住民を参加させる「参加型開発（Participatory Development）」や、「分権的協力（Decentralized Cooperation）」という考え方が提唱されるとともに、その実現のためには民主化の推進が必要だと考えられるようになりました。こうしたことから、90年代には、援助がその本来の目的である人々の生活の豊かさに結び付くためには、途上国における統治体制や社会構造が民主的、効率的、公平でなければならないと考えられるようになり、「グッド・ガバナンス（Good Governance）」という理念が登場しました。さらに、こうした開発思想の変化の中で、国連は、人間の能力を高め、その能力を発揮できる社会環境を整えることによってはじめて、社会は持続的に発展していくことができるとする「人間開発」という概念を提唱し、「持続可能な人間開発」という考え方を90年代の開発援助理念として打ち出しました。

6）自治体国際協力への期待

80年代後半以降に登場したこれらの開発援助理念──「持続可能な開発」「参加型開発」「分権的協力」「グッド・ガバナンス」「人間開発」──は、今日の開発援助における基本思想となっており、相互に関連しながら一つの一体的な理念を構成しています。そして、「分権的」で「参加型」の開発援助の担い手として、NGOや自治体の行う国際協力に期待が高まっているのです。特に自治体に対しては、地域運営の要となる民主的・効率的で安定した地方政府を構築

するための人づくり、組織づくりを支援する「能力開発（キャパシティ・ビルディング＝Capacity Building）」の面での貢献も期待されています。

（2） 国連会議の流れ

　こうした開発援助戦略の変化を反映して、開発に関する国連会議のあり方も大きく変化してきました。1992年にリオで開催された地球サミット（「環境と開発に関する国連会議」）では、国連会議としてはじめて準備段階からNGOが参加し、サミットと同時に世界NGO会議「グローバル・フォーラム」が開催されました。国連開発計画は、1992年の年次報告で「NGOの優れた世界的ネットワークと彼らの能力がこのサミットで十分に証明された」と報告しており、NGOの存在とその役割の重要性が公式に認められるところとなりました。

　またこのとき行動計画として策定された「アジェンダ21」では、「参加型民主主義の形成および実行には、非政府組織が重要な役割を果たす」とし、NGOは「アジェンダ21実行のパートナーとして認識されるべき」であり、「非政府組織の最大限の貢献が実現することを保証するために、国際機関、中央政府および地方政府、非政府組織の間で最大限に可能な意思疎通と協力が推進されるべきである」として、NGOや自治体を含めた開発協力の枠組みの強化を提唱しています。

　さらに、「アジェンダ21」では地球環境問題における地方自治体の役割についても明示しています。第28章「アジェンダ21の支持における地方公共団体のイニシアティブ」では、自治体が市民に最も近い政府であることから、持続可能な開発を推進するための市民の啓発と参加の促進において重要な役割を果たすものであり、それゆえ「地方公共団体の参加および協力が目的達成のための決定的な要素になる」としています。

　この地球サミット以降、国連会議はNGOの参加が常態となり、地球的課題の解決のためには国際機関や国家だけでなく、市民や地域社会の参加が不可欠であるとの認識が形成されてきました。93年の国連人権会議、94年の国際人口・開発会議、95年の国連社会開発サミットと世界女性会議では、いずれも、課題

の解決へ向けてコミュニティー・レベルでの自治体とNGOの協力が不可欠であるとしています。社会開発サミットでは、国連がその準備段階で世界市長会議を開催して社会開発問題における都市・自治体の参加と協力を求めるとともに、自治体の国際的連合体であるG4〔グループ4：IULA（国際地方自治体連合）、Metropolis（世界大都市圏協会）、UTO（世界都市連合）、SUMMIT（世界大都市サミット会議）〕が、社会開発における自治体の役割の重要性と協力の意思をアピールする「G4声明」を発表しています。

　さらに、こうした国連会議の流れは、今世紀最後の国連会議となった96年6月の「第2回国連人間居住会議（HABITAT II）」に継承されています。世界規模で進行する都市化が生み出す環境悪化や貧困の問題を話し合ったこのハビタットII会議では、国連会議としてはじめて、NGOや自治体の代表がパートナーとして位置づけられ、アジェンダづくりにこれらパートナーの意見を反映させる新しい試みが実践されました。そしてこうして取りまとめられた行動計画「ハビタット・アジェンダ」では、政府がこれを実行に移す際のパートナーとして、住民の身近にある自治体の役割を重視するとともに、都市開発に関わる産業界との連携の必要性を強調しています。ハビタットのエンダウ事務局長は、国連会議へのこうした自治体の参加と連携を、「国連会議に新地平を開拓する変化」であると評価しています。

（3）自治体会議の流れ

　こうした開発援助分野における期待の高まりに並行して、自治体の側においても地域社会や自治体による国際協力の意義の検証と、その促進へ向けた情報交換が活発に積み重ねられてきました。

　地域社会や自治体による国際活動は、当初、第2次世界大戦後の国家や民族間の融和と相互理解を目的として「ジムラージュ」（主に欧州）や「姉妹都市交流」（主に日本やアメリカ）という形で展開されましたが、欧州などで国際協力活動に取り組む自治体が増え、1983年に「国際協力に関する市民啓発のための自治体と民間団体の役割」をテーマとする「フィレンツェ会議」が開催された

ときには、欧州各地で、国際交流だけでなく、地域社会や自治体による国際協力が活発に展開されていることが明らかになりました。

1）ケルン会議

この事実を受けて、1985年には地域からの国際協力に関するはじめての本格的な国際会議となったケルン会議（「都市と開発欧州会議」）が開催されました。この会議の成果としてまとめられた「ケルン宣言」では、国際協力は「慈善」ではなく世界的な不公正をただす「正義」として行われるものであること（「慈善から正義へ（From Charity to Justice）」）や、南北問題に対する人々の関心を高め、その解決へ向けて真の変革を実現するためには、国際協力への地域・自治体の参加と分権化が必要であることなどがアピールされました（第2章第2節参照）。

2）都市と開発委員会（T&D）

また、この会議での決議を受けて翌年1986年には地域からの国際協力を促進するための常設機関「都市と開発委員会（T & D：Towns & Development）」がIULA、UNESCO（ユネスコ：国連教育科学文化機関）、UTOの主導により設立され、以後この分野における中心的な推進機関として活動を展開しています。T&Dはケルン宣言の趣旨の普及を図るためのキャンペーンをその後2年間にわたって実施しましたが、この中で、グローバルな問題を現場レベルで取り組めるように提示することの重要性が認識され、「地球規模で考え、地域で行動する（Think Globally, Act Locally）」などのスローガンが登場しました。

3）ベルリン会議

こうした地域からの国際協力を欧州だけでなく世界的な運動に拡大することを目的として、1992年にはベルリン会議（「持続可能な開発のためのローカル・イニシアティブ」）が開催されました。この会議の成果をまとめた「ベルリン宣言」は、今日なお地域・自治体レベルでの国際協力のあり方を示した代表的なガイドラインとなっています。また、この会議では、地域・自治体レベル

での国際協力を総称する「地域主体型開発協力（CDI：Community-based Development Initiative）」という言葉も登場しました（第2章参照）。

4）第32回IULA世界大会

　こうしたCDIの流れを受けて、IULAは1995年9月に自治体国際協力（MIC：Municipal International Cooperation）をテーマとした世界大会を開催しました。「自治体の世界〜国際協力の革新へ向けた地域からの取り組み（A World of Municipalities : The Local Way to Innovation in International Cooperation）」と題されたこの大会には、各国の自治体や自治体連合の代表者のほか、国連や世界銀行などからも代表者が参加し、自治体や地域社会の国際協力に対する高い期待を表明しました。

　これら一連の国際会議は、市民に最も近い政府である自治体が地球的課題や南北問題の解決へ向けて果たすであろう固有の役割を明確にし、CDIという概念を中心に自治体国際協力の意義を確立してきました。そして、こうしたCDIや自治体国際協力の流れが、NGOが進めてきた開発協力の流れや、国連や先進国政府が進めてきた開発援助・ODA（政府開発援助）の流れと合流し、地域市民の理解と参加に基づく新しい国際協力の姿を現出させています。自治体の国際協力は、こうした国際社会の歴史的な経緯と期待のうえに登場した、いわば待望された活動であるということができます。

3　自治体国際協力の時代

　さて、それでは自治体は実際にどのような国際活動を展開してきたのでしょうか。自治体の国際活動は、第2次世界大戦後の姉妹都市交流から始まり、その後次第に自治体の国際的連合組織などが構成されてきましたが、基本的には国家内部における行政の範囲から踏み出すことはない友好交流が主流であり、70年代までは国際社会におけるアクターとしての存在感はNGOや市民レベルの国際活動に比較して希薄だったといえます。

しかし80年代に入ると、環境、軍縮、人権、社会的サービス、都市問題、南北格差などの様々な問題は国家に委ねるだけでは解決が困難であることが次第に明確になり、住民やNGOを先頭に自治体の国際活動への参入を求める声が高くなるにつれて、自治体国際交流の限界が意識されるようになりました。それに対して自治体側からも国際社会における課題への積極的な関与に踏み出す動きが活発化し、欧米においては、NGOの南北問題への対応から生まれた"博愛から南北間の公正さの実現"への活動理念の転換が、自治体とNGOが協力して進める「地域主体型開発協力（CDI）」を生み出しました。それと並行して日本では、日中平和条約の締結以後、日中両国を中心にアジア各国の自治体との間に急速に姉妹都市提携が進められるようになり、欧米とは逆に、提携相手から交流とは異質な物的・人的・経済的援助を含む国際協力を求められる事例が急激に増加し、多くの自治体が国際交流を掲げながら研修の受け入れや現地指導あるいは地域経営ノウハウの移転などの国際協力活動に踏み込んでいきました。

1989年の冷戦の突然の終焉は、国際社会における自治体の国際活動の重要性とその質を大きく変化させるものでした。世界を分断していた東西間の枠組みが崩壊し、市場経済原理が世界を覆い尽くすグローバル化の過程が進行する中で、地域社会や人々の生活条件は激しく変動し、国家が従来のように人々の生活を守る役割を果たし得ない時代が到来しています。投資の偏重や貿易自由化による特定産業の崩壊、そして地域社会に直接過酷な国際競争が浸透することによる空洞化などが容赦なく進む中で、環境保護や平和、そして自立し安定した地域社会システムなど、市場経済原理だけでは達成できない価値を守り、人々の主体性を核として地域から世界を安定化させるカウンターパワーとしての自治体・地域社会の役割が自治体の国際協力に期待される状況が生まれ、自治体の国際活動はその期待に沿う理念と政策を展開しつつあります。

その基本的な理念は、世界と地域社会が国家の壁を越えて直接相互に影響を及ぼす相互依存・相互浸透的世界像（グローカリズム）を背景に、地域社会に可能な限り自己決定権を認め（地球規模の分権化＝Global Decentralization）、地域社会の住民の主体性に基づく最適な地域管理（Good Governance）を通して人々が強固な基本的生活基盤を構築するために、自治体を核としたCDIを「自

治体国際協力（MIC）」によって推進することです。

　具体的な政策については、第3章第1節において自治体の国際活動を①国際交流、②国際協力、③国際ネットワーキング、④内なる国際化、⑤開発教育に分類したうえで詳しく説明することとしますが、冷戦後特に活発に展開され注目を浴びているのは国際協力とネットワーキングです。国際協力に関しては、欧米における南北問題を主な対象とするCDIとは違った理念で展開されてきた日本では、福岡県北九州市（環境協力）、島根県三隅町（手漉き和紙技術移転）や青森県車力村（寒冷地稲作技術移転）など、国際水準の先進例がある程度見られるとはいえ、多くの自治体ではまだ未経験の政策分野として政策化の根拠をめぐって暗中模索の段階にあるのが現状ではないでしょうか。

　また、ネットワーキングに関しても、欧州では冷戦構造の急速な解体とそれに伴う社会体制の激変を受け止める装置の一つとして、自治体国際ネットワーキングをEUレベルで国家間の枠組みに組み込んでいるために、旧東西両陣営の境界をまたぐ形で中部ヨーロッパのユーロリジョンやバルト海沿岸のバルト海都市連合などの越境的（cross-border）自治体国際ネットワークが多数形成されて、地域経済の活性化やインフラ整備そして国境を越えた歴史の共有など多様な政策が計画的に推進されています。

　それに対して、日本周辺を含むアジアにおいては冷戦の終結はいまだその過程にあり、国家間の枠組み自体が不透明なまま市場経済化だけが急激に進行している結果、政治・文化を含めた地域統合がなく、安全保障上不安定な状況が続いています。その状況を反映して、日本周辺では、環日本海圏、環黄海圏、北東アジア自治体連合などをはじめいくつかの自治体国際ネットワークへの動きが始まっていますが、明確な目標とそれに至る共通政策を組織として実体化した自治体国際ネットワークはまだ形成途上にあって、試行錯誤の段階といえます。

　日本における自治体の国際活動は、特に欧州における冷戦後の劇的ともいえる国際協力・ネットワーキングの展開と比較するといまだに国際交流に大きな比重がかかっていますが、1995年の自治省の「自治体国際協力推進大綱の策定に関する指針」を待つまでもなく、自治体は国際交流から国際協力に政策の比

重を転換し、積極的に国際協力活動を展開する必要があることを自ら認識しなければなりません。

　日本の自治体が国際活動を推進しなければならない現代的理由は大きく分けて3点に集約されます。

　第1点は、国家の機能低下による自治体の役割の拡大です。自治体は地域の住民の生命・安全を守り福祉の向上に努めなくてはなりませんが、農業の自由化、大型店の規制緩和、地場産業の衰退など、国家が市場の論理に対抗できないために地域社会に国際競争が直接持ち込まれ、その結果が住民生活、とりわけ社会的弱者を直撃しています。市場経済万能の世界にあって、国家がもはや住民を守り切る力を相当失ってしまった以上、地域社会の独自性や重要性を国際社会に理解させ住民生活を守る責任は相当程度自治体にかからざるを得ないことになり、自治体は個々であるかネットワークの一員としてであるかを問わず、自らの技術やノウハウを活用した国際社会への協力・貢献によってその存在理由を明確に表現し国際社会における発言力を確保する必要があります。

　第2点は、地域おこしの国際化の必要性です。地域おこしを国内市場だけに限定してきた従来の方策では、多くの場合技術や市場が共通しやすいために産地間の過当競争にさらされやすく、努力の割には報われない事例が相当見られます。国際活動を通じた地域おこしは、多様な能力を持つ人材開発や、原材料・製造技術・市場の多様化と分散に有利であり、さらにバルト海都市連合のように産地間の国際相互取引で国際的地域経済圏の形成に発展する可能性もあります。

　第3点は、地域社会における意識変革と住民による自立連帯型社会の構築の必要性です。明治維新以来、国家のための強固な中央集権システムが支配してきたために、住民の自発性や自己解決能力が抑圧されて行政依存の体質を作り、また国際社会に対して閉鎖的な国民性が定着してきたことが、グローバリズム時代の日本の社会改革や地方分権による活力ある地域社会の構築を妨げていることが指摘されています。地域主体型開発協力（CDI）を中心とする地域社会の国際活動への取り組みは、異文化に触れることによって閉鎖的な地域社会を開くだけでなく、相手側住民の主体的参加と行動を通じて私たちが共に学ぶこ

とにより、日本の地域社会の依存型体質を住民自らが認識しその意識を社会的連帯に変革する契機になるものです。

　自治体の国際協力はその意味で決してあかの他人のために税金を無駄遣いすることではなく、むしろこれからの私たちの地域社会が活力を持ち、住民の主体性に基づいてのびやかに運営されるために必須の政策であることをしっかりと理解しておきたいと思います。

イラスト：日向野　祐子

第2章　CDI（地域主体型開発協力）の基礎知識

1　欧州におけるCDI運動の経緯

　オランダには、地域レベルの「連帯コーヒー」という市民の運動があります。発展途上国で作られた商品を販売しながら富の公正な分配を妨げる世界の構造を是正しようとする「ワールドショップ」で、米国の経済制裁に苦しむ中米の途上国ニカラグアのコーヒーを販売し、同国の草の根の人々と連帯しようとすることから始まった運動です。こうした市民活動に応え、オランダ国内の約300の自治体でもこの「連帯コーヒー」を使用しているといわれています。

　欧州諸国には、早くから市民やNGOによる草の根の開発協力や、地域での開発教育への取り組みがありました。そして後に、こうした活動の重要性を認識した自治体が市民やNGOの活動を支援する形で、地域が一体となった第三世界への開発協力が始まったのです。このような、地域社会の市民、NGO、自治体が連携して行う地域主体型開発協力はCDI（Community-based Development Initiatives）と総称されて、1980年代から90年代にかけて欧州で急速に広がりました。CDIが欧州諸国で注目されるようになった背景には、次のようなことが考えられるでしょう。

① 政府開発援助（ODA）、世界銀行、国連機関などによる開発政策にもかかわらず南北の貧富の格差が拡大し続け、「南」の国々の多くはいまだ膨大な債務を抱えるという事実に対して、「民衆中心の開発（People-Centered Development）」の重要性が認識されたこと。

② 地域で活動するNGOや自治体は福祉・公衆衛生・教育など人々の生活全般に関する「社会開発」の問題に日常的に取り組んでいるので、「南」の地域問題を解決するためのノウハウと人材が蓄積されていたこと。

③　「南」の国々で生起している貧困・人口・環境・人権などの地球的諸問題は、欧州諸国の地域に住む人々にも無関係ではなく、身近な問題として認識されてきたこと。

そして、欧州でCDIが広がっていった背景には、各国におけるNGOや自治体の長い経験や努力があったことも忘れてはならないでしょう。たとえば、ベルギーのフランダース地方では、1965年からNGOが中心となって各自治体を巻き込んで毎年11月11日（第1次大戦休戦記念日）の午前11時に市民が「南」の国々への開発協力のための寄付をして行動を起こすという「11．11．11．キャンペーン」を開始しています。

オランダでは、1960年代後半からコーヒーや手工芸品の販売を通じて市民に「南」の国々への理解を深めるための「ワールドショップ」運動や、各地域でのNGOによる開発教育の促進などが活発に行われてきました。また、1970年に国連総会で採択された「第2次国連開発の10年」をきっかけに、多くの自治体が「南」の国々の開発プロジェクトへの資金提供を始めましたが、オランダ内務省は自治体が開発協力に関わることを禁止しました。これに対し、自治体の連合組織であるオランダ自治体協会（VNG）が反駁し、1972年に内務省は、「地域住民が直接参加するものであること」および「国の外交政策に干渉しないこと」を条件に、自治体の国際協力を認めることになったのです。ちなみに現在では、オランダ国内633の自治体のうち414の自治体が何らかの形で第三世界の開発協力活動を行っているといわれています。

ドイツのブレーメン市では、1978年に市議会でこれまで同市が進めてきた「南」の国々の工業化政策や輸出促進政策を徹底的に見直すことになり、その結果として、NGOが行う草の根の開発プロジェクトを支援し、市民に対する開発教育を積極的に進めるという新しい方向が打ち出されました。そして現在では、ブレーメン市開発協力局は年間100万ドイツマルクを超える予算をNGOが行う開発協力活動への資金のために割り当てています。そしてイギリスにおいては、OXFAM（1942年設立）やChristian Aid（1957年設立）などの世界規模に成長したNGOの開発協力活動に、多くの市民が関わっていることを指摘しなくてはならないでしょう。

「連帯コーヒー」を呼びかけるパンフレット（MAX HAVELAAR）

2　CDIの理念と意義

　すでに述べたように、CDIとは、市民、地域グループ、NGO、自治体が連携して行う「地域主体型開発協力」のことです。CDIは、単なる「北」から「南」への援助ではなく、南北双方の人々の参加と学び合いにより、公正で持続可能な地球社会を実現しようとする「地球的変革（Global Change）」を目指そうとするものです。こうしたCDIの理念は、1985年の「都市と開発ヨーロッパ会議」（ケルン会議）で採択された「ケルン宣言」と、1992年の「持続可能な開発のためのローカル・イニシアティブ」（ベルリン会議）で採択された「ベルリン憲章」に表されています。
　ケルン会議には、開発協力に関わる130の団体、12カ国からの自治体が参加し、地域グループ、NGO、自治体の共同行動のための指針が「ケルン宣言」としてまとめられました。この宣言には「慈善から正義へ（From Charity to Justice）」

というタイトルがつけられ、「北」から「南」への援助は必要だがそれが根本的な解決をもたらすものではなく、南北双方の人々が参加した相互理解や学習に基づいた変革の必要性が力説されています。また同時に、人々を変革とパートナーシップの強化に向かわせるための「分権化」の重要性も強調されています。

さらに同宣言は、自治体とNGO、地域グループがパートナーシップに基づく共同行動を実現するための方法として、①南北問題に関する人々の意識を高める「情報活動」、②行動に結びつけるための「教育活動」、などを提案していますが、それらはNGOと共同で策定し、議会による正式な承認を経た政策に基づいて行われなければならないとしています。ケルン会議終了後、宣言の趣旨を広めていくために、自治体とNGO、地域グループの国際的なネットワーク組織「都市と開発委員会（T&D：Towns & Development）」が設立され、CDIに関する情報交流が行われるようになりました。ちなみにT&Dの本部は、現在、オランダのハーグ市に置かれています。そして、1990年に、T&DはアフリカのNGOと共同してジンバブエのブラワヨで「開発のための南北提携会議」を開催し、はじめて「南」の自治体やNGO関係者を交えてCDIのあり方や連携の可能性、アパルトヘイトなどの人種差別に対するCDIの取り組みについての論議が行われました。

ベルリン会議は、T&Dと欧州議会の南北センターが共催し、53カ国から300団体のCDI実践者が参加して行われたもので、持続可能な開発のため自治体、NGO、地域グループの連帯行動の原則を示した「ベルリン憲章」が採択されました。そこではCDI活動の原則として、①民主主義＝分権化、すべての人々による情報の共有と参加、②持続可能性＝現在および将来の世代の生活を脅かすライフスタイルや消費行動、生産手段などの是正、③正義＝公正な政治、経済、社会制度の確立、④公平＝地球資源の公平な分配、⑤寛容＝人種差別や外国人排斥主義との闘い、⑥共同行動＝地域グループ、NGO、自治体の連携、⑦相互依存＝相互依存と自立の精神に基づく南北・東西の地域社会の協力、などがあげられています。そして、これらの原則に基づいて、提携、技術支援、プロジェクト支援、キャンペーン、ネットワーキング、公正な貿易、などの共同行動を行うよう呼びかけています。提携には、リンキングと呼ばれる、教会や学校

など地域内の市民を主体としたやや非公式な第三世界との国際的結び付きと、ツイニングと呼ばれる姉妹提携など自治体間の正式な結び付きがあります。

　このように、CDIの理念と意義は、「北」から「南」への一方的援助でもなく、また「南」の経済成長を優先したものでもない、南北双方の人々が参加した「民衆中心の開発」をねらいとし、お互いに学び合いながら地球的諸問題を地域から解決し、公正で持続可能な地球社会を実現するための地球的変革を目指すことにあるのです。そして、欧州では南北協力ばかりではなく、東欧諸国を視野に入れた東西協力にも取り組んでいることを忘れてはならないでしょう。「南」が求める「社会開発」と同時に、「東」が求める技術協力や経済協力も進められているのです。

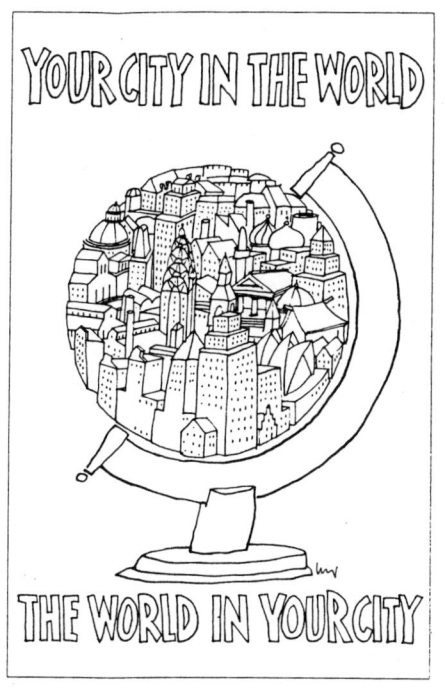

「都市と開発委員会（T&D：Towns & Development）」
　のポスター

1995年9月、オランダのハーグ市で開催された国際自治体連合（IULA）の第32回世界大会では、「国際協力の革新に向けた地域の取り組み」がテーマとされました。CDIに関して、この大会は前述のケルン会議（1985年）、ベルリン会議（1992）の延長上に位置づけられるものです。

3 CDIの担い手（アクター）

欧州のCDIは、自治体がNGOや地域グループと共同活動をすることを原則としています。この場合NGOは国際協力の活動を行う組織、地域グループは市町村など地域を拠点に活動をする団体でいわゆるCBO（Community-Based Organization＝地域活動団体）を指します。欧州において具体的にCBOとは、地域ボランティア団体、消費者団体、福祉団体、教会などのことをいいます。欧州諸国では、市民参加の長年にわたるNGOとCBOの活動がCDIの基礎を築いてきており、自治体がそれらの開発協力活動を支援する役割を担ってきました。また、自治体もCDIを推進するために公的または準公的な組織を作ってきました。たとえば、ドイツのブレーメン市ではブレーメン市開発協力局を設け、NGOと協力して市の開発協力構想を策定し、様々なプロジェクトに予算を使ってきました。ブレーメン海外研究開発協議会（BORDA）もNGOと協力してプロジェクトを実施する組織です。オランダには、政府開発協力省がありますが、民間を主体に設立された開発協力情報全国委員会（NCO）が政府開発協力省に対して提言をしたり、NGOやCBOへの支援活動も行っています。また、自治体の連合組織であるオランダ自治体協会（VNG）も自治体の国際協力で指導力を発揮しています。

このように欧州におけるCDIの担い手（アクター）としては市民、CBO、NGO、自治体などがあり、それらを中央政府や公的・準公的な全国組織が支援するという形で成り立っているのです。そして欧州諸国におけるCDIの特徴は、第1に、自治体とNGOの関係が密接で、「第三世界ショップ」、前例の「ワールドショップ」などを含めてNGO・CBO活動に自治体が資金援助をしていることです。第2に、市民、CBO、NGO、自治体の各アクター間の共同行動がうま

く機能していることです。第3に、各自治体が持っているCDI予算の多くが市民の意識啓発を目的とする開発教育に使われ、学校教育や社会活動の中で開発教育が盛んに実践されていることです。

　欧州のCDIと比較すると日本の実情はかなり異なっています。日本においてもNGOの活動が注目されるようになり、CBOも全国各地域で活躍するようになってきました。また、各自治体においても「国際交流から国際協力へ」というスローガンが定着し、自治省が1995年を「自治体の国際協力元年」と位置づけたことに応えて、自治体も国際協力を意識するようになりました。しかし、NGOと自治体はそれぞれ独自に国際協力を進めており、自治体とNGOの共同行動や自治体のNGOへの資金援助などについては、一部の例外を除いて、ほとんど見られません。そのような中で、CDIのアクターとしては市民、CBO、NGO、自治体などが欧州諸国と同じように活動するようになりましたし、各県各地域に設立されている国際交流協会が地域における国際交流、国際協力、国際理解（開発教育）のネットワーカー的役割を果たすようになってきたことに注目したいと思います。

第3章　住民と自治体が創る国際協力

1　国際協力をどのように政策化するか

　自治体の国際協力活動が活発になってきている中で、都道府県などの自治体では国際協力推進大綱の策定が進められています。しかし、前章で紹介したCDIの理念に照らすとき、これまで策定された国際協力に関する施策は、多くの場合、国際社会が抱える構造的な問題や途上国の現実に対する理解が欠けていたり、市民参加の重要性に対する理解が不十分であったように見受けられます。そこで、ここではCDIの理念を踏まえた自治体国際協力の基本的な考え方と、政策の組み立てについて提言したいと思います。

(1) 基本的な考え方

1) 市民の参加

　環境問題や貧困問題などの地球的課題への対策は、今や理念や計画の段階を過ぎて、あらゆる人々の参加と行動の変容により具体的な問題解決に取り組むべき段階にあります。「市民に最も近い政府」である自治体には、こうした地球的課題に対する市民の理解と行動を呼び起こし、問題解決へ向けた具体的な行動を促進する役割が求められています。そのためには、国際協力活動に対する地域住民の参加が不可欠です。もとより、自治体がその所管の地域を越えて活動を展開しようとする自治体国際協力活動の根拠は、それが地域社会全体の意思であることにあります。市民参加は、自治体国際協力の大前提であるといえます。自治体の国際協力とは、地域市民に支えられた地域社会の国際協力であるべきではないでしょうか。

2）多様なパートナーとの連携

　地域社会の経営主体である自治体が国際協力に乗り出すには、多様なパートナーとの連携が不可欠です。第1に、地域住民の理解と参加に基づく国際協力を実現するためには、地域のボランティアグループや学校、企業などとの連携による市民参加が不可欠であることがあげられます。第2に、協力先の地域社会の発展に寄与する真の国際協力活動を行うためには、途上国の実態や国際社会の構造を正しく把握するとともに、国際協力のノウハウを学ぶ必要がありますが、そのためには、先行して国際協力の経験を蓄積しているNGOや、国際機関、国の開発援助機関などとの連携が重要であるからです。

　国際協力の相手方とのパートナーシップについても様々な関係が考えられます。途上国では、地域の公共サービスの多くをNGOが担っている場合もあり、自治体国際協力の相手方がNGOである場合なども考えられます。自治体の国際協力の相手方は自治体でなければならないという考え方は、途上国の現実に照らすときあまり意味があるとはいえません。また、自治体による国際協力は必ずしも一対一の関係だけではありません。たとえば、先進国の自治体と比較的開発の進んだ途上国の自治体、そして開発の遅れている国の自治体という3つの自治体の協力関係による国際協力は、後進途上国の実情にあった、定着しやすい事業展開を可能するものとして最近注目を集めています。また、同じテーマに基づく自治体ネットワーク間の協力なども、幅広い経験の交流を可能にし、同じ立場にある自治体の主張を強く国際社会に訴えることができるものとして注目されています。さらに、こうした協力関係に、国際的に活躍している大規模NGOや国際機関が加わる例もあります。

　このように、自治体の国際協力では、地域社会の多様な主体の参加と、海外などの多様なパートナーとの連携により、各々の特徴を活かし相互に補完し合える展開を目指すことが重要です。

3）構造的問題への理解

　地球的課題となっている貧困や環境の問題の背景には、植民地時代に端を発している世界的な経済構造の問題や、その後の開発援助の失敗などの影響があ

ります。コーヒー豆を直接途上国の生産者から適正価格で購入しているオランダ自治体の「連帯コーヒー」の活動や、NGOの「ワールドショップ」などによるフェア・トレイド（公正貿易）などの活動は、こうした構造的な問題に取り組んでいるものです。

　しかし、従来日本の自治体の国際活動にはこうした構造的な問題への理解が欠けていたきらいがあります。自治体が国際協力に取り組む場合には、こうした構造的な問題や開発援助の分野におけるこれまでの経緯をよく理解することが重要です。また、地域社会における我々の毎日の生活が、どれだけ途上国の生産物によって支えられているかを理解し、途上国の地域社会と日本の地域社会がどのように結び付いているかを正しく理解することも大切です。

　こうした構造的な問題を理解したうえで、地球的課題という巨大なテーマを、地域の市民が取り組める小さなテーマに分解することが、自治体や地域社会の国際協力における1つのポイントです。この意味で、開発教育という取り組みは、自治体や地域社会の国際協力にとって特に重要な取り組みであるといえます。「地球的規模で考え、地域で行動する（Think Globally, Act Locally）」という言葉は、こうしたアプローチの重要性を訴えてきた言葉です。

4）地域福祉の向上

　地域からの国際協力の意義は、地域社会の資源を活かすこと、そして国際協力の経験や活動の結果が地域社会の人々の暮らしや考え方を豊かにすることにあります。地域産業の特徴や、自治体組織が持つノウハウを活用して、途上国の発展や地球的課題の解決に貢献することは、自治体や地域社会による国際協力に固有の意義であるといえます。また、国際協力などの活動が地域おこしに結び付いたり、途上国の精神的豊かさや、持続可能な地球社会を築くための生活スタイルのあり方などを市民一人ひとりが理解することも、地域からの国際協力の重要な意義であるといえます。

（2）自治体国際協力が求められる背景

　国際協力への自治体や地域社会の参加が、国際社会からも求められていることについては、第1章で紹介したとおりですが、自治体国際協力の政策化にあたっては、そうした国際社会における変化と自治体への期待を背景として踏まえるべきでしょう。以下に第1章の内容を中心に、自治体国際協力の背景を簡単に整理しておきます。

1）国際社会の変化
　① あらゆる分野におけるグローバル化の進行と国際的な相互依存の深化
　② 国際社会におけるアクターの多様化、国際社会における市民組織・地域社会・自治体の台頭
　③ 世界的な地方分権の潮流、国家主義の退潮、グローカリズムの進行

2）国際社会からの期待
　① 国際機関や先進国ODAによる開発援助の行き詰まり→参加型開発、分権的・分散的協力の重要性
　② 地球的課題に対する国際的な取り組みの行き詰まり→地域社会での草の根の取り組みの必要性

（3）政策化のアプローチ

1）自治体国際活動の諸形態
　自治体の国際活動には表1に示すような諸形態があります。これらは自治体国際活動の発展段階と捉えることもできます。海外へ出向く活動ばかりが国際協力ではありませんし、また、必ずしも最初から国際協力に臨むことがよいとも限りません。自治体や地域の特徴や実態に適した形態を柔軟に選択していくことが、国際活動を実りあるものとする鍵であるといえます。また、自治体国

際協力は自治体の国際活動全体の中に正しく位置づけることによって、地域住民福祉を実現する行政サービスの一環として積極的に政策化することが可能であり、かつ必要であることも強調しておきたいと思います。

表1　自治体国際活動の諸形態

	定　義	関連分野	形　態
国際交流	地域相互の友好親善を深め相互理解に基づく世界平和の実現を目指す、自治体国際活動の入り口であり基礎でもある。	文化・スポーツ・地域団体・学術・行政・教育など、地域社会と個人のあらゆる活動	姉妹都市契約・友好都市提携・相互訪問・作品交換・ホームステイ・イベント開催・記念施設や交流施設などの設置および建設・市民活動助成
国際協力	地域社会相互の質的ギャップを相互の主体性・自立性を高めながら縮小させ、それらの活動によって地域社会相互の質的発展と住民間の相互理解を進める、主として二者間の国際協力活動。CDIの多くはこの中に含まれる。	社会開発・地域振興・環境保護および改善・技術移転・行政システムの移転・南北格差の改善・教育・人権・社会システムの発展と安定化など	技術提供・計画支援・専門家派遣・ボランティア派遣・研修受け入れ・公共的施設の建設または設備等の提供・物品供与・資金援助・開発投資・市民活動助成および支援・住民の起業支援・地域を主体とする公正な国際取引（フェア・トレード）・南北間環境同盟（気候同盟など）・協調援助（世界銀行・国家機関・NGOなどとの協調）
国際ネットワーキング	自治体の連合体や三者以上の自治体が国境を越えて結び付き、共同して地域の活性化・国際的課題への取り組み・国際世論形成などを国際社会に直接働きかけて実施して、国際社会における住民の福祉を実現するための自治体の国際活動。CDIのより高度な活動がこの中に含まれる。	国際的な地域間格差の解消・社会開発・持続可能な開発・環境保護・都市問題・人口問題・資源管理・歴史の共有・相互理解・信頼醸成・軍縮平和・危機管理・分権化	課題別ネットワーク（例：国際非核自治体連合）・地域的ネットワーク（例：環黄海交流圏）・国際事業体（例：ユーロリジョン）・国際会議（例：世界平和都市連帯会議）・複合型ネットワーク（例：環日本海圏）・国際条約先導型ネットワーク（例：バルト海都市連合）・地域間協定先行型ネットワーク（例：北東アジア自治体連合）

内なる国際化	地域社会内部における国際社会対応。自治体の国際活動の前提となる開かれた地域社会の形成。	在住外国人の人権擁護・参政権・難民問題・教育・歴史の共有・行政サービス・まちづくり・市民参加・地域団体の組織化と支援・国際標準	住民としての在住外国人の位置づけ・国籍条項撤廃・多国語行政窓口・行政サービスの差別解消・地方参政権の保障・住民投票や外国人議会などの政治参加・多国語教育・多国語表記・国際政策形成への市民参加・市民ボランティアの支援と助成・ローカルアジェンダへの対応・自治体のISO認定
開発教育	開発途上国などの地域社会の自立的発展に関わるうえで必要な理念や歴史認識および知識などを住民が正しく理解し行動するための教育。自治体の国際政策は市民の理解と参加があってはじめて有効でかつ地域に根ざした力強いものになるので、自治体における開発教育は不可欠であり、また最も効果的であると期待される。	学校教育・社会教育・生涯学習・まちづくり・市民活動・国際理解	学習・国際理解教育・講演会・シンポジウム・展示会・イベント・ホームステイ・海外派遣・広報・出版・啓発・実態調査・国際産直支援

参考として、1992年のベルリン会議で提唱されたCDIの諸活動を、M．シューマンの分類にしたがって以下に紹介しておきます。

表2　M．シューマンによるCDI活動の諸形態

項　目	内　　容
提携（ツイニングとリンキング）	ツイニングは自治体間の国際姉妹都市提携など公式的な結び付きを指し、リンキングは学校や商工会議所など多様な地域団体間の非公式な国際的結び付きである。
技術援助および行政システム支援	南の地域社会の自立に必要な基盤整備に関する技術援助と、民主的な地域社会を実現するための行政システムの整備や円滑な運営にかかる行政技術移転支援。
プロジェクト支援	南の地域社会で行われる社会開発プロジェクトに対して、北の自治体や住民が情報・企画・財源・人材など南の地域社会で不足する社会資源を支援する活動。
キャンペーン	南北間の公正で対等な関係を構築するための、国際世論の喚起と国際規約の強化を目的とする地域社会を主体とする行動。国内・国境を越えた地域・国際社会の各レベルでの活動が必要である。

ネットワーキング	<表1「国際ネットワーキング」参照> 国連・EU・世界銀行やNGOなど国際社会における多様な機関との共同行動とネットワーキングも含まれる。
公正な取引	南の地域社会における農民や住民の生産物を北の自治体や住民が直接適正な価格によって購入し、地域社会の自立的発展に協力する活動。また、企業が南の国や地域社会で公正な活動を行い環境を破壊しないようその活動に影響を与える必要がある。
優遇と制裁	南北間の公正さや環境問題に対する企業の姿勢によって消費者が企業の選別を行ったり、自治体が、南の地域社会や環境を守るために特定の産品や企業活動などに対して規制を働かせること。南の農業従事者の生活改善のためにオランダの自治体がアフリカの小規模農園からコーヒー豆を直接買い付けて市民に供給した連帯コーヒーは有名である。またアパルトヘイト時代の南アフリカ進出企業に対する自治体の契約からの排除などの例がある。
教　育	<表1「開発教育」参照>
法的規制	自治立法によって環境や住民生活の安全を脅かす資材や製品の販売や使用を規制したり、都市としての環境保全目標を明確化することなど。オゾンを減少させる化学物質の使用禁止や温暖化防止のための地域における環境基準や植林に関する目標値の設定などや、日本の一部の自治体における熱帯木材の公共事業への使用規制への試みなどがあげられる。
国際協定	自治体が、隣接する他国の自治体との間に国際的な協定を結んで共同事業を展開するなど、国家レベルではない国際協定によって地域の福祉の向上や基盤整備を進めるケースが増えつつある。また、自治体と国家や市町村と外国の州・県レベルとの協力協定などの実例が日本においてもすでに出ている。
専門部局の設置	地域における国際協力活動を専門に担当する職員を持つ部局を自治体内部に確立する必要がある。地域住民との連携の下に、持続的かつ的確な国際協力活動を展開する上で重要である（自治体主導型の多い日本においては、自治体の担当部局や国際交流協会などの地域組織が欧米よりも整備されている）。
補助金	主に発展途上国の社会開発のための国際活動を行っているNGOに対して交付される。欧州では自治体の補助金は外国の自治体に対してよりも多様な分野の活動を担っているNGOに交付される傾向が強い。

※IULAは1995年世界大会を機に、詳細なCDIの実態調査とその分析を含む報告書"Local Challenges to Global Change"を出版している。

2）事業評価

　国際協力を実施するにあたって忘れてならないのが、実施した事業の結果を常に点検し、正しく相手方の地域福祉の向上や発展に寄与しているかどうかを

評価する、事業評価のシステムを設けることです。風土や社会構造の異なる社会での事業は、予想し得なかった結果を招くことがあります。これまでの開発援助の過程でも協力の目的の達成はおろか、深刻な社会問題を招来してしまった例も数多く見られます。また、時間の経過とともに必要とされる協力の内容が変化することもよくあることです。国際協力においては、常に事業内容を見直し変化に則した展開を心がける姿勢が極めて重要です。

以上、CDIの理念を踏まえた自治体国際協力の基本的な視点を述べてきましたが、以下の各節ではこの中でも特に重要と思われる諸点について細説します。

2　地域資源の有効利用と地域への還元

日本の地域にあって相手地域の開発資源として役立つものを発見し、活用することが自治体の国際協力の特徴です。この場合資源というものをできる限り広い意味で捉え、地域の主体的な参加によってもたらされるものと考えるべきです。地域で培われた知恵、技術、人材や途上国との交流の歴史や人的ネットワーク、さらに地域にすでにある協力活動の実績など様々な要素が地域独自の国際協力の資源となり得ます。そして、これらの資源の活用が地域の人々の主体的な参加によってなされるとき、その資源は地域づくりにとっての新たな意味をもった資源として地域に還元されます。

地域の資源の発見→相手の地域にとっての資源としての活用→地域にとっての資源としての再利用（還元）という循環が地域からの国際協力の醍醐味だといっても過言ではありません。

しかし、地域への還元ということを商業・貿易上の利益の還元といった経済的な側面に限定して捉えるべきではありません。ある地域で培われた技術が、異なる文化・社会的背景を持った途上国の地域で適正化の過程を経て有効利用されることで、その技術の価値が再認識され地域が活性化するということもあります。また、既存の市民による協力活動に自治体が加わって途上国の地域の人々とのパイプを太くすることで、北の国と南の国との経済的格差、資源・環

境問題などに関する意識が市民の間で高まり、地球や南の国の人々を傷つけない循環型地域づくりへの取り組みに発展することもあります。これらすべてが地域への還元に他ならないのです。

　国際協力に活かされる地域の資源は多種多様です。したがってそれを網羅することはできませんが、特徴的なものをカテゴリー化することで地域資源を活かした国際協力の参考にしたいと思います。

1) **伝統的な産業技術**
　　① 島根県横田町のそろばん協力事業：伝統的地場産業であるそろばんの寄贈と研修協力によってタイの子どもたちの計算力の向上に協力し、地域開発のための協力の第1歩とする。
　　② 島根県三隅町の手漉き製紙技術移転事業：伝統産業である石州和紙の技術移転と製紙機具の寄贈によってブータンの手漉き製紙技術の確立を支援する。
　　③ 青森県車力村の稲作技術移転事業：やませの被害を克服して寒冷地での定着に成功した稲作技術の移転によってモンゴルの農業生産の向上を支援する。

2) **自治体行政の経営技術、社会サービス技術**（会計処理、財務管理などの都市経営のノウハウや都市計画や議会運営などのノウハウもこれに含まれる。）
　　① 北九州市の環境技術協力：長年民間の交流や友好都市関係を築いてきた中国大連市に地域の公害克服で培った環境技術の移転を行う。
　　② 埼玉県のネパールに対する保健衛生協力：県が有する公衆衛生のノウハウを活かして専門家派遣、研修生受け入れ、公衆衛生基礎調査などを行い、ネパールの公衆衛生システムの改善を支援する。

3) **地域のグループ、NGOの既存の交流・協力活動**
　　① 東京都北区の東南アジア保育支援事業：東京都北区がタイで保育協力を行っているNGOの「幼い難民を考える会（CYR）」や東京外国語大学と共

同でタイに対する保育研修事業を行う。
② 群馬県板倉町における学校支援活動：町職員、町民、町議会議員が一体となってラオスで学校建設を支援する。この活動は町民によるタイの子どもへの奨学金活動が母体となった。
③ 沖縄市における「カンボジアに心の水を送る会」の活動：沖縄市の職員や沖縄中部管工組合が中心になり、カンボジアに雨水をろ過する簡便な装置を提供し安全な水の確保を支援する。

4) 地域にある国際活動関連施設
① 長野県駒ヶ根町における教育支援活動：青年海外協力隊の訓練施設が立地する長野県駒ヶ根町の住民と町が協力して協力隊員の活動するネパールの村との間で青少年交流や教育支援活動を行う。

その他、自治体の事業にはなっていませんが、地域グループやNGOを国際協力の資源と捉えているものに次のようなものがあります。

5) 地域在住の外国人と母国の関係
留学生や「外国人花嫁さん」などの母国の地域との交流から協力へ徐々に展開するケース。

6) 地域づくりの理念やビジョン
地域性を活かした活力ある地域づくりを行っている地域が、その理念、ビジョン、住民参加のノウハウ、意気込みなどを協力の資源として活用するケース。
自治体の国際協力で地域の資源の有効利用と地域への還元を図るうえで特に注意しなければならないのは以下の点です。
① 地域住民の参加によって資源の発掘、活用、地域還元を図ること。
② 相手の地域にとっての資源として活かすためには、前段階の交流活動や経験を蓄積したNGOの協力によって、相手地域の文化、社会、政治、自然環境などの背景を十分理解すること。

③　国際協力が魅力ある心豊かな地域社会を形成することだという意識を自治体と住民が共有すること。

3　多様な主体とのパートナーシップの必要性

　CDIに照らして、日本の自治体の国際協力は国際的にも国内的にも孤立しているといわれています。特に国内で地域住民の参加やNGOとの協力が欠けているのが日本の自治体の特徴だとさえいわれています。地域の住民の参加、地域の様々なグループやNGOとの連携がないために、日本の自治体の国際協力には以下のような問題が生じています。
① 　民間に蓄積された、地域社会の問題を総合的平和的に解決するノウハウや人材を国際協力に活用できない。
② 　国際協力のための専門的な知識やノウハウが活用できない。
③ 　自治体が国際協力を行う意義、理念を地域の住民が共有できない。
④ 　国際協力を通して貧困、環境、人権、性差といった地球的な問題を地域に引き付けて考え、行動する住民の主体的な意識を形成できない。
　しかし、日本でも自治体が住民のグループをはじめ様々な主体とパートナーシップを結んで国際協力を行おうとするケースが増えてきていることも確かです。ここではそうしたケースの主だったものを主体別に例示してみましょう。

1) NGOとの連携

　自治体がNGOと協力しているケースは比較的多く、前節であげた島根県横田町のタイへのそろばん協力事業や群馬県板倉町のラオスへの学校建設支援事業は「日本民際交流センター」との協力によって実現したものです。鹿児島で生まれたNGO「からいも交流財団」と鹿児島県、鹿児島県鹿屋市三者の協力によるアジア地域の農村からの研修生受け入れや指導者派遣事業、東京都北区が北区に事務所を置くNGO「幼い難民を考える会（CYR）」と協力してタイ研修生の受け入れや市民ボランティアの派遣を行っている「東南アジアの保育支援事業」などが代表的な例です。

2）労働組合

　自治体職員の労働組合である自治労と自治体との連携に先進的な事例があります。神奈川県逗子市と栃木県鹿沼市はベトナム、ハイフォン市の清掃能力向上支援のために自治労、「日本国際ボランティアセンター（JVC）」および企業の協力を得てごみ収集用のパッカー車を寄贈しました。併せてハイフォン市支援のフォローアップとして、鹿沼市は寄贈したパッカー車の整備技術移転のための研修受け入れを、逗子市は市の清掃システムの視察団の受け入れを行っています。また自治労はベトナム、カンボジア、ラオスにおいて、急激な市場経済化の弊害として生まれているストリートチルドレンの問題に対処するべく「曹洞宗国際ボランティア会（SVA）」やJVCと共同で「アジア子どもの家」事業を行っており、東京都町田市はこの事業のベトナム人職員の研修受け入れや市の職員派遣で積極的に協力しています。

3）生　協

　神奈川県では県主催の地球市民フェスティバルに神奈川県生協連合が実行委員として加わっています。また生活クラブ生協神奈川の設ける「キララ賞」の国際協力部門の審査に県国際交流協会の職員が加わっています。

4）学術機関

　広島県と広島市は世界の放射線被曝者の救済に広島の経験と医療の蓄積を生かすことを目的に放射線影響研究所、広島大学原爆放射能医学研究所、広島原爆障害者対策協議会、広島県医師会など8機関と共に「放射線被曝者医療国際協力推進協議会」を設立し、チェルノブイリやブラジルに対する医療従事者の研修・専門医師の派遣、啓発事業、被曝医療解説書の作成などの事業を行っています。

5）地域の住民団体（自治会、青年団、婦人会など）

　岡山県加茂川町は、町の職員が青年団、婦人会、老人会などの会合に頻繁に参加し、町の作成した国際貢献条例の理念の共有や地域としての国際意識の向

上、研修生の受け入れ、NGOへの協力などを市民参加型で行えるよう努めています。

6) 学　校

　NGOの松山国際理解教育センターは自治体の委託を請けて愛媛県内の学校で国際理解教育の実践を行っています。学校が主体的に国際理解教育を行っている場合には、自治体は学校を対等なパートナーとして位置づけ、教材づくりや実践で連携することが望まれます。

7) 企　業

　北九州青年会議所のイニシアティブで地域の企業、青年会議所、行政が協力して設立した「北九州国際研修協会（KITA）」による地域の産業技術を活かした研修生受け入れ、専門家派遣活動や、環境保全技術協力を主眼とした「北九州国際技術協力協会（新KITA）」の活動における企業の積極的な協力の事例が代表的です。

　自治体はこれまで地域の住民や様々な団体を国際協力に巻き込もうとしてもうまく行きませんでした。地域参加型の国際協力には、住民の作るグループとの合意を作り出し、責任ある参加を実現していくために次のようなプロセスが必要です。
　① 自治体職員が各グループの会合に入っていき、国際協力の意味を共有し、各グループのやりたいこと、できることを議論する。
　② 各グループからの代表が参加してワークショップを行い、課題の共有と地域の協力のビジョンづくりを行う。
　③ 各グループからなる実行委員会を作り、ビジョンに基づく実現可能な計画づくりを共同で行う。その際NGOなどの専門家の参加を得て、相手地域や協力活動に関わる専門的な情報を反映させる。

「幼い難民を考える会（CYR）」がタイで進めている保育支援事業

4　NGOとの協力のあり方

(1) NGO活動支援の意味

　これまで見てきたように、自治体の国際協力には国際協力の経験を蓄積し機動的かつ柔軟な行動の可能なNGOとの協力が極めて重要になってきます。同時に自治体の国際協力は地域の住民が主体的に参加することに意味があるので、地元のNGOが経験を蓄積し活発に活動することが将来の自治体国際協力の活性化のためには不可欠になってきます。NGOは住民の自発的意思によって成立し、運営においても自立したものです。したがって自治体がNGOを設立したり、「育成する」という発想は好ましくありませんが、自治体がNGOに対してできることもあります。自治体がNGOと建設的な協力関係を築いていくには双方が相手に何ができるのかをしっかり認識する必要があります。ここでは、NGOが自治体にできること、自治体がNGOにできることを分けて例示します。

(2) NGOが自治体にできること

1）情報提供・相談

　日本民際交流センターによる横田町のそろばん協力事業への助言など、個別的なケースはいくつもあります。「日本国際ボランティアセンター（JVC）」による神奈川国際交流協会のKISコーナー運営は、多分に県への情報提供の意味を持っていました。

2）自治体の国際協力活動への現場での地域資源の提供

　逗子市や鹿沼市がベトナムのハイフォン市へパッカー車を援助した際、JVCは現地の技術学校付属の修理工場を使って車両の修理とメンテナンスに協力しました。

3）自治体職員のスタディーツアー、自治体職員研修

　「草の根援助運動」や「シャンティ国際ボランティア会（SVA）」は自治体職員の現地スタディーツアーを行っています。JVCは1996年度全国ではじめて横浜市の派遣研修制度で市の職員を1年間受け入れました。

4）政策協議

　自治体のNGO支援策に関するものとして、かながわ民際協力基金設立準備会へのNGOの参加、東京都の国際平和文化交流基金事業振興委員会への「NGO活動推進センター（JANIC）」の参加などがありますが、国際協力政策全般においてNGOが参画したケースはほとんどありません。

5）自治体の開発教育におけるリソース提供

　神奈川県が開発教育教材の「たみちゃんシリーズ」を「シャプラニール＝市民による海外協力の会」、JVCなどと協力して作成した例、「開発教育協議会」が毎年地域セミナーや全国研究集会を行って学校教師の研修に協力している例、

「松山国際理解教育情報センター」が各地の教育委員会の委託を受けて学校での開発教育の教材提供と実践を行っている例などがあります。

(3) 自治体がNGOに対してできること

大別して以下のような支援が求められています。いずれの場合もNGOの主体性を損なわず、地域住民主体の国際協力活動の活性化を目的とするものであることが大切です。

1) 資金支援

規模の大小を問わずNGOには資金難に直面している団体が多くあります。現行の自治体の資金支援は事業助成が中心で、運営管理費や事業費のうちの人件費を対象外とすることが多いのが現状です。助成は受けたが事業に絡む運営費、人件費の工面に悩むNGOもあります。また事業費や運営費すべてを助成すると活動の自主性を損なう恐れもあります。NGOの実情に柔軟に対応できる助成制度が必要です。神奈川県国際交流協会の神奈川民際協力基金や東京都国際交流財団の国際協力事業助成のように、国際協力を主な助成対象とする助成制度の例としては他にも福岡県、新潟県、岩手県などがあります。

2) 人材派遣

経理や労務などの事務職や海外での特定分野の専門家派遣（現制度では障害があるが、休職制度、派遣研修制度を利用すれば可能）などがあげられます。神奈川県からJVC（日本国際ボランティアセンター）への専門家派遣（エチオピア飢餓の際の医療救援での医者、看護婦、イラク被災民支援の際の水道専門家）があります。

3) 研修支援

NGO職員の人材養成研修では東京都が毎年行っている国際化推進指導者セミナーの例、プロジェクトの人材研修支援では東京都北区が「幼い難民を考える

会（CYR）」の現地保母の研修受け入れを行っている例や、広島県がJVCカンボジアの技術学校の教員の技術研修受け入れを行っている例などがあります。

4) 情報提供

　助成情報、研修情報、海外事情の情報、開発協力の専門的な情報、他のNGOに関する情報など多種多様な情報ニーズがあります。NGO活動に必要な情報を総合的に備えた情報ステーションが求められています。しかし生きた情報は人に付いてくるものなので、施設の運営にはNGO経験者の起用が望ましいでしょう。また様々な住民グループが集えるスペースが併存していれば、情報のネットワークは必然的にできます。スペースと情報を総合的に組み合わせた支援を行っている例として神奈川県民活動サポートセンターがあります。

5) 市民活動促進法に基づくNGOなどの市民活動団体の認証制度

　日本におけるNGO法人を制度化した市民活動促進法案は、NGOの法人化の認証を都道府県知事の事務と位置づけています。都道府県が手続き規定を条例によって定める際、NGOの活動が活性化するような条例が不可欠となります。その他にも自治体の広報誌の紙面提供、協賛、協力、後援、事業委託、ネットワーク形成、NGOとの定期的な協議などが考えられます。

　以上のようなNGO支援の具体的なあり方については、NGOとの協議によってNGOの実情にあったものにしていくことが、住民参加の国際協力の実践であることはいうまでもありません。

5　住民参加とグッドガバナンス

1) 住民参加

　自治体国際協力活動は、住民が納付した税金が、既存の行政サービスのように基本的に住民への直接のサービスだけに費やされるのとは違い、一義的には、

第三世界の人々の福祉の向上のために使われるため、住民の理解を得ることが難しいとされてきました。しかし、今では納税者住民は、税金が必ずしも住民個々への利益還元だけでなく、その一部を第三世界の住民による課題解決への協力にふりむけることを望むようになり、その貢献に誇りを持つようになってきました。住民が私的時間、資金を公共的利益に還元したいとする欲求の急激な増加が、最近の市民ボランティア活動の活性化に見られます。第三世界の貧困、飢餓、環境破壊などの課題は、単に、物資の援助、技術移転、資金移転だけでは解決することはできないことは明白であり、第三世界の住民が地域の多様な資源にアクセスし、自己決定権が確保され自立した社会を形成するためには、住民の参加型開発が必要なことが明らかになってきています。自治体国際協力が、第三世界の参加型開発を支援するものであるならば、必然的に、自らの地域住民の参加型開発、すなわち、自治体国際協力のビジョン、ガイドラインなど初期の構想策定段階から評価にいたる地域住民の参加と、その参加システムの確立が求められているのです。自治体の国際協力活動への住民の参加の方法には、次の段階が考えられます。

① 構想、理念策定への参加
② 政策の立案への参加
③ 政策の実施への参加
④ 事業評価への参加

しかし、一部の意志ある住民の参加だけでは、北側の社会が問われている過消費型社会、経済優先型社会などに対する批判に応えるための社会変革は達成できないでしょう。それには、自治体を構成している地域の住民、NGO、コミュニティー、団体などの多様な行動者が参加し、地域社会全体が自らの生活を見直す活動が必要とされます。

そして、住民、地域社会、NGOなどが自治体国際協力活動に参加することによって、人々が持っている課題解決能力がさらに向上するばかりでなく、それぞれのノウハウを有効に活かし、組み合わせることによって、地域の国際協力活動が総合的に展開され、大きな力となります。

具体的には、計画の策定・実施・評価において、住民が日常生活、企業活動

などで取得した様々なノウハウ、自治体の都市経営のノウハウと都市整備の技術と、NGOの第三世界での活動の経験から得た開発の専門的技術などを有効に組み合わせた「自治体国際協力活動チーム」がプログラムごとに編成される必要があります。

2） グッドガバナンス

　自治体は、総合計画に自治体の国際政策を明確に位置づけ、他の自治体政策と同様に国際交流、外国籍市民政策、非核政策、平和政策など、国際政策全体の体系化を図る必要があります。中でも重要なのは、諸段階で展開される住民の参加を、必置システムとして規定することです。

　自治体の国際協力活動は、住民、NGO、地域社会、団体など多様なアクターの参加を期待し、その成果が南北両社会の変革を求めるという理由から、グッド・ガバナンスに基づき活動することが要請されます。

　グッド・ガバナンスとは
① 住民の理解を得るための事業の十分な説明
② 必要な人へ必要なときに、情報の公開を保障する制度の確立
③ 地域のすべての人の事業への参加の保障
④ 誰にでも納得できるルールに従った運営
⑤ 将来的見通しに基づいた事業計画
⑥ 実質的な公正さの担保

と理解されています。

　自治体の国際協力活動を成果あるものとするためには、納税者として資金提供する住民、自治体の構成員として政策を策定・評価する住民、国際協力活動の行動者としての住民が、「住民自治」の原則により、いかに主体的に参加するかにかかっています。そのために自治体では、住民参加の前提装置である情報公開システム、自治体が所有する情報の提供、国際協力活動に関わる人材の発掘、第三世界を理解するための常設講座の開催、住民活動の場の提供などの条件整備が急務となっています。

1996年2月2日シンポジウム「自治体国際協力の時代 ── 自治体とNGOの新しいパートナーシップの可能性 ──」開催風景

6 地球市民学習の重要性

　国際協力は、誰も答えを知らない未来への取り組みです。貧困、人権、平和、環境など様々な課題が、私たちの前に横たわっています。これらを解決するには、問題点をきちんと把握したうえで、現場の実態に即した活動を続けていかなければなりません。その際、地域の生活者である住民の参加がなければ、活動の幅を広げることはできませんし、息の長い取り組みも望めません。

　ヒトやモノ、カネが国境を越えて駆け巡る世界では、貧困、人権、平和、環境などの諸問題も地球規模で発生します。そこでは、国際協力に取り組む先進国の人々が、一方で貧しい国々から安い資源を買い上げて高く売りつける"加害者"の立場であったり、援助を受ける人たちが食べるために自然環境を破壊したり、他者の人権を侵害したりすることもあり、単純な善悪の図式はあてはまりません。

地域や国、民族といった現実にある「壁」、自分たちの利害を乗り越えて、地球という同じ一つの星に住む市民、「地球市民」なのだ、という自覚がなければ、地球規模の問題に対処することはできません。そういった人材を育てることが「地球市民学習」なのです。

　自治体は「住民に一番近い政府」という立場を活かして、それぞれの地域で地球市民学習の積極的な担い手になることができます。それは、海外の国々への援助活動を足元で支える大切な社会活動であり、形を変えたもう一つの国際協力といってもいいでしょう。地球市民学習が目指すものは、住民の自発的な参加から生まれる地域と地域の協力であり、自治体は地球市民学習を通じて、21世紀に向けた新しいビジョンを示すことができるのです。

　地域には企業やNGOなどの人材、産業技術といった多種多様な「資源」があります。自治体が新しく国際協力を始めるときに、これらの資源を活かさない手はありません。無理なく、長期間活動を続けるためにも身近な資源の活用は欠かせません。

　たとえば、環境保護の視点を活かして発展途上国の村落開発に取り組むとします。村の自然と共生できる農業や生産活動を作り出すには、自分たちの地域で環境保護に取り組んでいる団体や研究者、企業のノウハウを結集しなければなりません。その過程で、自分たちの足元の環境問題にも目を向けなくてはならなくなるでしょう。そして、今度は、村落開発の過程で学んだノウハウや技術を自分たちのまちづくりに還元する「循環」の関係を築くことができるのです。この「循環」の関係を築くために地球市民学習は欠かせない取り組みです。

　また、こうした資源の活用も、単なる自治体主導では、その効果は十分に地域に広がりません。住民一人ひとりが主体的に関わることで、地域の内と外との双方向の「循環」関係を根づかせて地域を活性化することができるのです。自治体による地球市民学習は、こうした主体的な住民を育てる試みです。

　国際協力というと、すぐに対象地域での救援活動を思い浮かべますが、その前に、地球的規模の問題を解決するためには、まず、

　① 地球全体が抱えている問題は何か、解決のためにどんな視点が必要か
　② 世界の様々な地域と自分たちの地域との結び付きはどうなっているのか

③　それぞれの地域の文化の違いは何か

④　これらを踏まえて、どんな協力活動ができるのか

といった「問題解決への道筋」を描いておく必要があります。環境や平和、人権、異文化理解など様々な分野の研究成果を横断的に取り入れた地球市民学習は、こうした道筋を見つける道標(みちしるべ)の役割を果たしてくれます。

国連合同情報委員会（1975年）は「開発教育の目標」を次のように定義づけています。

①　人々がそれぞれの地域社会、国、そして、世界全体の開発に参加することができるようにすること。

②　参加には地域社会や国、国際社会の状況をそれぞれの社会的・経済的・政治的手続きを理解したうえで、批判的に自覚することを包括する。

③　開発教育は先進国と発展途上国双方における人間の権利と尊厳、自立、そして社会正義の問題に関連する。それはまた、低開発の原因と開発がもたらすものへの理解を深めること、それは新しい国際経済、社会秩序達成の道とも関連するものである。

これこそ、地球市民学習が目指す社会の姿です。こうした学習は単なる個人の知的欲求を満たしたり、机の上だけでとどまっていては意味がありません。身近なところで具体的な行動を起こして、社会に還元されてはじめて「学習」になるといっていいでしょう。

米国やヨーロッパ各国では、自治体やNGOによる地球市民学習が大変盛んです。これらは、援助する側と援助される側とが平等の関係を築く「イコールパートナーシップ」を養うと同時に、海外での国際協力を国内の市民が支えるのに役立っています。

「援助大国」のスウェーデンは1970年代から学校教育に地球市民学習を取り入れました。開発援助庁がNGOと協力して、教材づくりや教員の研修に取り組んでいます。こうした学習が海外援助に対する国民の参加意識を養うと同時に、政府が国際協力の陰で国益を追求することを市民の監視で歯止めをかけています。

日本でも、自治体による地球市民学習が次第に広がっています。いくつかの

実例を紹介しましょう。

① ODAの木プロジェクト（1993年から5カ年プロジェクト、愛媛県小田町）。地域の基幹産業である林業を活かした地域づくり。国際協力、国際交流、環境教育の3つの事業を横断的に結び付けた取り組みは示唆に富んでいます。また、事業の計画、実施にあたって、自治体職員と住民が共に参加する委員会が主体になったことが、自治体と住民のパートナーシップの典型例といえます。

② アジア市民フォーラム（1988年、神奈川県）。自治体、NGO、地域グループの三者が実行委員会を作り、アジアの国際協力をテーマにしたフォーラムを運営しました。約1年間の準備は自治体の国際政策に住民が参加する場となり、NGOの育成や住民同士の新しいネットワークづくりに貢献しました。

③ 神奈川県国際交流協会（KIA）による教材開発。「たみちゃんシリーズ」や海外の教材翻訳、頒布など。KIAではKISコーナーにおけるコーディネートや講座の実施などの地球市民学習事業も実施しています。

④ 茨城県国際交流協会による地球市民学習講座への講師派遣事業。住民の自主的な学習に対する費用補助はNGOの人材育成や、市民とNGOの接触の機会の提供にも貢献しています。

⑤ とよなか国際交流協会とNGOの共同事業による教材開発、講座の実施。自治体主導による機会提供のみならずNGOとの共同で事業を行うことにより、NGOの持つ幅広い資源を活かした機会の提供にしています。

このように、講座の開設や講師の派遣といった社会学習の場を提供するだけではなく、住民と行政が共同で一つの事業に取り組むことでお互いのパートナーシップを深めることまで、自治体は様々な政策を通じて、地球市民学習のすそ野を広げることができるのです。

第4章　自治体国際協力の時代に向けて
── CDIが作る地球市民社会 ──

　今日は自治体国際協力の時代といわれています。自治体と住民による国際交流体験が増加しました。地球規模でものを考える市民意識が向上し、住民の行動も活発になっています。国際社会は多くの問題を抱えていて、それを解決するアクターとして自治体やNGOへの期待も高まっています。自治体の側にも、地球市民社会で貢献したいという願いとともに、国際協力活動を活用した地域おこしを進めたいとする動機があります。

　また自治体は、国際協力の基本指針を策定することが国から求められていますが、すでに都道府県段階では策定作業を終えています。その内容はどの自治体も似ていておおむね国際化全般に関する基本方針となっています。国際協力施策は国際交流施策や在留外国人住民の人権保護施策と結び付けられ、国際協力施策としても、地域特性を活かした住民参加型の協力活動が打ち出されています。これがうまくいくためには、自治体と開発協力NGOの連携が必要であり、そのことは各自治体の基本指針で強調されています。

　私たちは、自治体とNGOによる地域主導型の開発協力構想のキーワードとして「地域主体型開発協力（CDI）」という考え方を提起してきました。それは、1985年にドイツのケルン市で開催された「都市と開発に関する欧州会議」で提唱されて、1992年のベルリン会議、1995年の国際地方自治体連合連合（IULA）世界大会で受け継がれて確認されてきた、ほかならぬ自治体・NGO・地域グループ自身が国際的に確認し、蓄積してきた考え方です。もちろん日本の自治体、自治体職員、NGO関係者、研究者の中にもこの流れに早くから関心を持ち、実際に関わってきた人々がいます。私たちの提案はこうした人々の協力によって成り立っています。

CDIの考え方を理解すれば、私たちは自治体が行う国際活動の適正な実施原則を知ることができます。私たちは日頃から地球各地で起きていることに様々な思いを持っています。その気持ちを活かすためには、地球市民社会のアクターたちと協力して実行に移すことが大事です。地球は結局は地域・草の根の社会の集まりでしかないのですから、地域・草の根で住民が共に考え、各々の地域で行動することが求められます。CDIは、自治体の国際協力活動に関わる人々をつなぎ合わせる言葉です。私たちは、CDIの考え方をさらに研究し、多くの人々に伝え、自治体とNGOの共働を推進したいと考えています。

　CDIは、地域・自治体が抱える問題に立ち向かう能力を自ら手にするための考え方でもあります。CDIは、地域の住民による問題解決の能力の向上を通じて問題を解決することを目指します。なぜならば、地域主導型の開発協力活動は、住民が参画するとともに、その成果が広く住民に共有され、活動に対する一層の支持を集めて次の活動に移るという形でなければなければ長続きしません。そこで、CDIは住民の自己啓発を重視し、自治体にはそれをサポートする活動を求めることになります。これは開発教育、地球市民学習が重要だということを意味するのですが、日本では、自治体による取り組みがまだまだ不十分です。住民の間でも、国際協力活動への理解がいま一つ広がりに欠けます。地球市民としての平和な国際貢献を盛り上げることは今後の課題です。CDIは、住民に自ら問題解決にあたる力を身に付けてもらうという考え方を強調する開発教育、地球市民学習の充実に有益なアイディアで、自治体やNGOの役に立つと思われます。

　CDIの考え方に立った開発教育は、地域主体型の開発協力活動の組織運営ルールを修得することでもあります。最近の国際社会では、地球公益のために運動する組織の運営において、どこでも

　① 組織の活動内容が明らかできちんと説明されている透明性
　② 活動への参加の道が広く公開されている参加性
　③ 社会で不利に扱われている人々、生活の手段を奪われている人々、虐げられている人々への配慮に満ちた公平性

が確保されていることが強調されます。これは国際協力の世界でもぜひとも確

保しておくべきルールであって、草の根のアクターである自治体にもNGOにも共通して求められるものです。CDIの考え方はこの点での自己点検、自己啓発を求めています。それは、草の根の開発協力に対する社会の信頼性がさらに向上することが、今後の自治体国際協力が広く住民に支持される条件であって、そうした信頼は、これに関わる組織・運動への信頼を通じてしか形成できないと思われるからです。

　自治体による地域主体型の開発協力は最近始まった新しい試みです。地球上の各地で多数の自治体がこれに取り組んでいます。活動が大成功した事例は数多くありますが、失敗した事例も数限りなくあります。しかし、失敗の危険性は新しい活動に常に伴います。必要なのは、失敗を恐れて慎重になりすぎることではなく、試行錯誤という言葉が意味するように、勇気を持って新しい活動に取り組み、問題が生じたときは同じように勇気を持って失敗を正すことです。後から続く者にとっては、先人がどのようにトライしたかを知るよりも、どのようなエラーが生じてその原因はどこにあり、先人はどのようにそれを克服したのかを知る方が大きな意味を持っています。CDIを推進している世界各地の自治体は、お互いの経験に学び合っています。失敗の教訓を共有することが学ぶべきポイントなのです。その意味で、日本の自治体には、CDIの世界で語られている先進自治体の実践の経験を学んでほしいし、それ以上に、地球公益の実現のために、世界各地の自治体と連携したトライアルに挑戦してもらいたいと思います。

　私たちはそうした自治体とともに21世紀を迎えたい。このかけがえのない地球で、一人ひとりの人間に自己実現のより大きな機会が与えられ、すべての地域社会に社会開発の機会が公正に与えられることを目指して、また多くの住民が正しくそうした課題意識を持って参画するような、自治体とNGOの協力による地域主体型の開発協力事業の推進に大きな期待をしたいと思います。

第5章　日本の地域主体の国際協力・交流活動

1　全国における地域主体の国際協力・交流活動に関する実態調査

(1) 調査の手法と対象の選定

　ここでは、地域主体の国際協力・交流活動に関する全国事例調査の結果を、事業開始の経緯、主要な事業内容、事業の編成・運営という3つの切り口から分析し、それぞれの事例の特徴を抽出することを試みます。それぞれの事例の3つの切り口から見た特徴は、そのまま自治体の国際協力活動の生きた参考になるでしょう。

　なお、全国の調査事例は市民参加やNGOとの連携、自治体としての主体性と計画性、地域資源の有効活用と地域活性化への還元などの視点から先進的と思われるケースを取り上げていますが、いずれかの側面で特徴的な事例として扱っているために、上記の3つの切り口すべてにおいて優れていることを意味しているわけではありません。調査の方法として、ポジティブリスト方式、つまり優れた側面を例示する方法をとったことをあらかじめ断っておきます。

　ここで扱う地域主体型国際協力の事例は以下のとおりです。
① 青森県北津軽郡板柳町
　　中国北京市昌平区への板柳式リンゴ栽培技術協力
② 神奈川県
　　㈶神奈川県国際交流協会のNGO支援
③ 長野県駒ヶ根市
　　青年海外協力隊訓練所を活用した国際協力のまちづくり

④　長野県木曽郡楢川村

　漆器を通じたミャンマーとの友好協力

⑤　大阪府豊中市

　地域の国際化政策と㈶とよなか国際交流協会の設立およびその事業

⑥　兵庫県宝塚市

　市民参加によるネパール王国への中古消防車・救急車の贈与

⑦　島根県仁多郡横田町

　そろばんを通じたタイへの国際協力

⑧　愛媛県上浮穴郡小田町

　林業をベースにした国際交流・協力「ODAの木プロジェクト」

⑨　福岡県北九州市

　㈶北九州国際技術協力協会の環境協力活動

⑩　鹿児島県

　からいも交流財団による住民主体の国際交流・協力活動

(2) 事業開始の経緯：リーダーシップの所在とアドバイザー

　全国の自治体の国際協力の事例には、自治体が主体となりリーダーシップをとっているケースが多いですが、中でも、自治体の地域おこし計画に国際協力を絡めることにより地域の住民の国際的な視野の醸成と地域活性化を目指そうとするケースが多く見られます。地域主体の開発協力事業のリーダーシップをどこがとっているか、アドバイザーにあたる役割をどこが果たしているかという視点で全国調査の事例を分類してみると、次の4タイプに分けられます。

①　自治体が主体だがNGOのアドバイスがもとで事業が開始したケース

②　自治体が独自に事業展開する過程でNGOや地元のCBOを巻き込んでいったケース

③　自治体と地域の団体が協力して国際協力事業を立ち上げるケース

④　NGOが主体で自治体がバックアップするケース

1）自治体が主体だがNGOのアドバイスがもとで事業が開始したケース

　第1のケースにあたるのは板柳町、横田町、小田町、楢川村の例です。4事例に共通しているのは、NGOが仲介者あるいはアドバイザーとして大きな役割を果たしていることです。個々の事例を通して見ていくことにしましょう。

　まず愛媛県小田町の「ODAの木プロジェクト」です。小田町は、1991年（平成3年）から2000年（平成12年）までを対象に「グリーンハイランド小田21世紀プラン」を策定し、物あまり・金あまりの時代から心の時代に向け町民、企業、行政が三者一体となって地域づくりに取り組むという意向を持っていました。そこへ松山市に事務局を置いていたNGO（旧）松山国際理解教育情報センターの理事に小田町関係者がいたこと、またそのNGOから、小田＝ODAにちなみ町の地名も資源として活用し、国際理解、交流、協力の活動を行わないかとの働きかけがあったことが事業開始のきっかけになりました。長期にわたる人材の育成、環境事業にも力を入れていきたいという小田町の意向がこのNGO意向とも合致して1993年（平成5年）に事業が開始されました。

　以上から分かるように、町の地域おこしプランに国際化の視点を織り込む際NGOが重要なアドバイスを行っています。小田町で実際に実行に移された事業があり、これらの事業化の経緯では、町が主体であるが、町とNGOが協力して地域の住民が主体的に国際化事業を推進できるように働きかけた形になっています。

　青森県板柳町は、1989年（平成元年）3月に「安らぎと潤いのある地域社会の建設」を目指して、①人づくり、②活性化、③生きがいと健康、④快適性、⑤教育文化、の5本柱を基本とした「第3次板柳町長期振興計画」を策定しました。この計画の中でまちづくりの基本施策として、国際的に通用する人材育成をあげ、国際交流による人づくりとまちづくりを重視しています。板柳町ではすでに古く1972年（昭和47年）2月、リンゴが縁で米国ワシントン州ヤキマ市と姉妹都市提携を結んで以来、「リンゴの国際交流」に努めてきた経験があります。また1991年（平成3年）には日本ぶどう愛好会理事長や町会議員の仲介で北京市昌平区からリンゴに関する観光および加工施設の視察を受け入れました。この縁で中国側から昌平区と板柳町との友好協定締結の希望があり、1993

年（平成5年）に昌平区代表団が町を訪問して友好協定が締結されました。

　このように板柳町では、CBO（の個人）の仲介で中国から技術協力の要請を受けることで地域産業の技術を活かした国際協力事業が始まりました。町が主体になりCBOがアドバイスを行ったケースです。ここには地域おこし施策の中にリンゴを通してのアメリカとの国際交流という前段階があったことから、中国との協力は国際化事業発展の自然の過程とも考えられます。

　長野県楢川村は、NGOの仲介により漆器を通じたミャンマー連邦との国際協力、交流が始まったケースです。事業成立までの経緯は次のようでした。ミャンマーで植林協力事業を行っているNGOである「オイスカ」の紹介により1995年（平成7年）3月ミャンマー連邦駐日大使が楢川村を訪問し、正式に技術協力の要請を行いました。同年9月村長を団長とする使節団が漆器産業の実情視察と交流の枠組みづくりを話し合うためにミャンマーを訪問し、1996年（平成8年）7月ミャンマー連邦協同組合省中小企業庁長官が同村を訪問して、楢川村・ミャンマー中小企業庁・オイスカとの三者で「基本合意書」を調印を締結しました。

　以上で分かるように、ここもNGOの仲介で事業が始まっていますが、事業化にあたっては相手国政府、NGOを含めて三者協約を結んでいます。村が事業の主体になっていますが、NGOとの関係を単にきっかけとしてだけで終わらせず、継続的に連携していこうとしています。オイスカとしても自分たちの事業の中での役割は、楢川村とミャンマー双方の側面からのサポートである、と位置づけて積極的に対応しています。

　島根県横田町では地場産業を国際協力に活かす視点をNGOが提供したことがきっかけで国際協力が始まりました。横田町が国土庁の伝統的地域産業育成補助金を使って、地元のそろばん産業の今後に関して日本の有識者200名にアンケートを送付したところ、そのうちの1件に「発展途上国の教育に役立つ」というきわだって新鮮な回答があり、回答者である日本民際交流センター（NGO）代表に町を訪問してもらい、その考え方を聞くことから国際協力活動が始まりました。ここでは事業のきっかけのみならず事業実施にあたっても町とNGOは事業提携しており、個々の事業に対して町がNGOに資金を支払っています。

2）自治体が独自に事業展開する過程でNGOや地元のCBOを巻き込んでいったケース

次のケースは、自治体が独自に事業展開する過程でNGOや地元のCBOを巻き込んでいくという形です。NGOは助言者、支援者としての役割を果たしていますが、特定のNGOがいなければ事業が始まらなかったわけではありません。

大阪府豊中市の「とよなか国際交流協会の設立とその事業」について最初に触れてみましょう。豊中市は独自の「国際化基本構想」に則って主体的、積極的に事業を展開していました。豊中市の国際化政策はその源流を「豊中人権啓発基本方針」とするところに特徴があります。つまり、豊中市では「同和」「女性」「障害者」「地域国際化」「平和」などの問題への取り組みを中心に総合的な人権啓発事業を展開することとし、このプロセスにおいて豊中市国際交流委員会が設置（1989年）されました。同委員会による「豊中市のめざす国際交流」（1991年）に関する提言や、地域における市民による外国人市民との多文化共生に根ざした国際化への取り組みを背景に、将来にわたってのまちづくりを見通した国際化の推進機関として1993年（平成5年）10月、㈶とよなか国際交流協会は設立されました。

また、これにアドバイスを行うNGOとして、大阪市に事務所を置く「地球市民教育センター」があります。同センターと協会とは、豊中市において以前から国際理解や地球市民教育に携わっていた人材がセンターの設立にも携わるなど、強い連携の関係が成立しています。双方の組織の基本理念についての理解が当初から高かったことが背景としてあげられます。また同市では古くから市民活動も盛んで国際化に関するグループや個人が多くいます。協会に先駆けて1992年（平成4年）には豊中を中心に国際交流・協力活動を行う20の市民グループの連絡会として「国際ネットワークとよなか」が発足し、協会設立後は連携をとりながら活動しています。

つまり市の国際化施策の基本理念と方針に則って協会が設立され、また協会の活動も位置づけられているという点で市の主体性が明確に発揮されている事例といえます。またその過程においてNGOや地元のCBOに対しても、アドバイザーあるいは計画づくりの参加者として緊密な連携をとっている点にも特徴

があります。

　神奈川県国際交流協会は、民際外交を掲げる神奈川県の国際化施策の中核を担うものとして設立されました。その時期は1977年（昭和52年）と早く、全国の地域国際化協会の先駆けとなりました。設立趣旨が地域国際交流の啓発・普及とそのための民間の国際交流団体の育成であることから明らかなように、県は民間団体の育成を通して地域国際化を増進する組織として協会を設立したのです。

　「かながわ民際協力基金」は、こうした協会の設立趣旨に沿ったものです。基金の設立には、NGO、CBO育成を通して地域の国際化を推進していこうという県の政策的なイニシアティブを見てとることができます。しかし、同時に神奈川県および神奈川県国際交流協会は、先発NGOとの連携を重視し、NGOとの連携による地域のNGO、CBO支援を実行してきたといえます。

　具体的には、1988年（昭和63年）から1996年（平成8年）までの8年間、NGOの日本国際ボランティアセンター（JVC）から協会にスタッフを出向させ、市民とNGOのための情報・活動スペースの運営と各種活動の企画運営を委ねました。この期間を通して、協会にはNGOや国際協力に対する生の情報が蓄積されました。また基金設立を提言したかながわ民際協力システム検討委員会には多くのNGOが委員として参加し、県の国際協力の方向性づくりやNGOに使いやすい助成制度の実現に向けて提言しています。協会のこれまでの実績を見るとき、県や協会が政策的な主体性を持ちつつ、助言者あるいは協力者としてNGOとの連携を活かして事業を行ってきた姿勢が着実に実を結んできたことが明らかに見られます。

　次に兵庫県宝塚市のネパール王国への中古消防車・救急車贈与事業を取り上げます。

　1991年（平成3年）8月ネパールの国会議員が宝塚市を訪れネパールの医療法人「フェクトネパール」への医療機器の寄贈を依頼したのを受けて、市は1992年度（平成4年度）で更新される救急車の寄贈を提案しました。また1992年9月「フェクトネパール」の医師2名が宝塚市を訪れ寄贈依頼した際、市長が同じく1992年度に更新する消防自動車のネパールへの寄贈を提案し、これはパシ

ュパティ地域の開発公団への寄贈予定と決まりました。1993年（平成5年）消防車と救急車の第1回目の贈与にあたって、宝塚市と宝塚市国際交流協会（任意団体）が訪ネ親善使節団を組織し、市民の手によって消防車と救急車を直接ネパールへ運びました。アドバイスにあたるNGOとしては、ネパールの事情に詳しい日本ネパール友好協会が贈与の事業の計画と渉外でサポートしています。消防車と救急車の贈与事業はその後も継続され1997年までに消防車8台、救急車5台が渡されています。

　長野県駒ヶ根市も自治体が主体となって国際協力のまちづくりを行っているケースです。市は1979年（昭和54年）に全国で2番目の青年海外協力隊訓練所が開設されたことで、多くの青年が海外へ出かけていく、「世界」へ通じるまちになりました。駒ヶ根市における国際協力はこの訓練所を軸として、自治体と市民が三位一体となって活動しているのが特徴といえます。開設以来20年、訓練所を社会的資源として活用し、国際協力を掲げたまちづくりを行っています。

　市が協力隊の訓練所を誘致したことはもとより、訓練所に結びついた地域活性化を目指す「国際交流の町作り推進基本構想」においても、住民の国際協力、交流活動を行う環境を作ったところに市の主体的な政策判断が現れています。個々の活動では住民が主体になっているものが多く、市は側面支援に回る形になっています。訓練所も海外の地域で活動しようとする若者が訓練所の地域から浮いてしまうようでは駄目だという考えから地域との協調を重要な活動とし、住民との交流に努め、また、開発に関わる専門的な知識を提供して、駒ヶ根市の国際化に協力しています。訓練所はいわば他の都市で活動しているNGOの役割を果たしているといえます。

3）自治体と地域の団体が協力して国際協力事業を立ち上げるケース

　次に自治体と地域の団体が協力して国際協力事業を立ち上げるケースを見てみます。

　北九州市の、㈶北九州国際技術協力協会（KITA）の立ち上げとその事業があります。KITA（設立当初の名称は北九州国際研修協会）は1980年（昭和55年）に、「北九州地域に蓄積された工業技術を途上国に移転すること」を目的に、北

九州青年会議所、北九州商工会議所、西日本工業倶楽部を設立母体として、北九州市、福岡県の協力のもとに発足しました。これは地域の経済団体のイニシアティブを後押しする形になっていますが、市側にも地域資源を活かした国際協力によって地域の再生を図るという目的意識が明確にあり、市が主体としてのイニシアティブを発揮したと見られます。

事業においては、国際協力事業団（JICA）の九州国際センターを誘致し、その開設以来研修受け入れにおいてはJICAからの委託事業を中心として大規模な展開となり、国際研修都市として有名になりました。その反面、市やKITA自体の主体的な事業は目立たなくなった感もありますが、環境関連の国際会議や研究開発事業では市やKITA独自の活動も多く実施されています。

4）NGOが主体で自治体がバックアップするケース

NGOが主体で自治体がバックアップするという形があります。鹿児島県の「からいも交流財団」がそれにあたります。この運動は、すでに1960年代から過疎化する農村が、地球規模で援助ができるものがないかを探す中で誕生したものです。毎春、100名程度の留学生が大隅半島で交流するようになりましたが、この運動を支えたのが、「からいも交流」でありその後、この交流を母体として、アジアの農村との交流、技術援助にまで発展しました。こうしたNGOの活動を鹿児島県や鹿屋市をはじめ28の市町村が支えています。

（3）主要な事業内容

全国事例調査に見られる事業内容は、物資・資金提供、専門家派遣（技術提供）、研修受け入れ、国際理解教育・市民啓発、NGO・CBO支援、会議・ネットワーク、ODA実施機関との連携の7つのカテゴリーに分けることができます。

それぞれのカテゴリーにあたる事例を書き出してみましょう。

なお、ここで紹介する活動の態様は、調査で取り上げた事業を対象としており、また対象事業の主な活動に焦点を当てています。したがって調査対象の自治体の活動は、ここで紹介した態様に尽きるものではないことを断っておきま

す。

1）物資・資金提供

　宝塚市がネパール王国へ消防車、救急車の贈与を行っている例はすでに紹介しました。そのほかにもカトマンズ市内の幼稚園児、小学生、中学生に文房具の贈呈、宝塚市民からストリートチルドレンへ衣服ならびに自立のための中古ミシン、編み機などの贈呈を行っています。

　島根県は横田町のそろばん協力に併せて、民間の「タイへそろばんを送ろう実行委員会」を設置し、全国に呼びかけて、そろばんの寄付の運動を開始しました。これまでに4151丁のそろばんが提供されています。

　駒ヶ根市は、市内のNGO「トパルカの光」がネパールに向けて行った、文房具の提供活動や現地女性の自立を目指したミシン10台の提供活動を支援しました。後に技術指導のため市民女性4名が現地に行っています。

2）専門家派遣（技術提供）

　北九州市では、1978年度（昭和53年度）から96年度（平成8年度）までに48名の職員を専門家として途上国に派遣していますが、そのうち14名が環境関連です。

　またKITAは96年3月に北九州市と共同で「環境国際協力人材バンク登録制度」（EARTH）を発足させ、行政・民間企業OB75名（1997年7月現在）が登録されています。EARTHによる人材派遣は、96年度には6カ国の12案件で延べ18名が実施されました。

　島根県と横田町のそろばん協力事業では、1994年（平成6年）12月に最初のそろばん大使をタイに派遣しました。その後1995年（平成7年）から開始されたそろばん研修会に年2回ずつそろばん大使を派遣し、タイ東北地方ロイエット県の中学校の数学教師を対象にそろばんの使い方と教授法の指導を行っています。

　板柳町のリンゴ栽培技術者派遣事業は1993年（平成5年）4月の第1回の派遣以来、年4回のペースで続き、1998年（平成10年）1月には第20回派遣を実現

しています。原則的には1名ずつで、1回の派遣期間は10日から2週間。昌平区では、「板柳町ふるさとセンター」をモデルにした、リンゴ栽培試験場「中日友好観光果園」が1995年（平成7年）7月に完成したので、そこで板柳式のリンゴ栽培を指導しています。派遣予算については、成田空港までの国内交通費以外はすべて昌平区側が負担することになっています。

楢川村はミャンマー中小企業庁との間に交わされた漆を通じた友好協力の基本合意書に基づいて、1997年（平成9年）2月には調査団を派遣し、1998年（平成10年）2〜3月には技術者を派遣して現地で技術指導を実施しました。

3）研修受け入れ

鹿児島県のからいも交流財団は、カラモジア交流で訪問したアジアの農村の青年リーダーを招き、農業技術やその他技術研修を提供し、アジアの人材育成を推進しています。また「カラモジア大学」では、実際に農村の技術援助を行っており、農家が受け入れの母体となっています。また国際協力事業団（JICA）の研修生を受け入れていますが、この受け入れも財団を経由して行っています。

北九州市にある北九州国際技術協力協会（KITA）は当初工業技術の研修を中心にした活動を行ってきましたが、もともと北九州市は鉄鋼を中心とした重工業都市であり、大気汚染・水質汚染などの問題を抱えてきたこともあり、80年代半ばからは環境部門における協力にも力を入れています。国際研修事業では海外からの研修生を受け入れ、KITAで研修を行っています。環境関連では97年度には、11コースが実施されました。

島根県と横田町のそろばん協力事業では、1998年（平成10年）5月からタイ全国のそろばん指導教師の育成を図るとともに、県はタイ人教師2名を1年間受け入れ、国家的なそろばん指導者の育成に協力することとなりました。

板柳町と中国昌平区との関係では、「友好協定書」に①リンゴ産業に関する技術の交流を促進する、②住民の相互理解を深めるために定期的文化交流を促進する、③各分野における人材の交流を促進する、④産業・経済において互恵のための情報を交換する、とあり、この協定書に従って農業研修生受け入れ事業を行っています。1994年（平成6年）から昌平区の「中日友好観光果園」で働

いている若者を年に6名、板柳町の農家に受け入れ、ホームステイをしながら約9カ月間リンゴ栽培技術研修をするものです。普段は受け入れ先の農家で実践的な研修を受け、月に3回（5日、15日、25日）は「板柳町ふるさとセンター」に集まり、指導監からリンゴ栽培の理論的な研修を受けます。

楢川村の漆器を通じたミャンマーとの友好協力事業ではミャンマーから漆技術の研修生を受け入れる予定になっており、98年5月から7月まで最初の研修生が来ています。

4）国際理解教育・市民啓発

小田町「ODAの木プロジェクト」は、地域住民に向けたセミナー、交流事業、海外視察などの活動からなる「国際化事業部」、環境教育セミナーを中心に活動する「環境教育事業部」、収益や広報のためのイメージ戦略事業を担当する「ブランド事業部」の3つの事業部で構成されています。このうち国際化事業と環境教育事業は国際理解教育に密接に関わり、ともに市民啓発を趣旨としています。

からいも交流財団は、「からいも交流」事業の名で在日の留学生および海外日本語専攻学生を鹿児島県、ならびに宮崎県下の農村に招待し、ホームステイを実施しています。この活動を通して、草の根レベルの国際相互理解を深めます。また「カラモジア交流」の名で鹿児島とアジアの地域間ネットワークを結び、民宿形式の宿泊を提供することで、農村の相互理解を深めています。

とよなか国際交流協会は「人権」「市民参加」「多文化共生」という3つの基本理念のもと、「国際交流」「国際理解」「地球市民教育」「在日外国人への支援」「国際協力」「情報の収集と提供」「市民活動への支援」などの事業を行っていますが、その中で「地球市民教育事業」は1997年度から独立した事業となりました。地球市民教育事業は「スタディーツアー」「ワークショップ」「学校への講師派遣」そして「地球市民教育アクティビティーコンクール」の4つのプロジェクトからなっています。

駒ヶ根市は駒ヶ根青年会議所が主催する協力隊員派遣国の文化体験事業に助成しています。アフリカ音楽のコンサートや小・中学生を対象にした異文化交

流ワークショップなどです。また市教育委員会は中・高校生の海外派遣や海外の学生招致、市内でのホームステイも行っています。市内のNGO「トカルパの光」が支援を行っているネパール、トカルパ村のプロジェクト地を中・高校生に訪問させたり、同村の教師、生徒を市に招いたりしています。

5）NGO・CBO支援

小田町「ODAの木プロジェクト」では1997年（平成9年）5月に民間団体として「ODAの木協会」が当初の予定より早く発足しました。地域の住民団体であるこの協会を発足させるために町と町の相手方である（旧）松山国際理解教育情報センターは、主に住民のリーダー育成のための支援を行ってきました。これまで町が主体で行ってきた事業を今後は同協会がプロジェクトの実施主体となって継続していくことになります。

からいも交流財団は、基本財産への出資として、28市町村からの援助を仰いでいます。また、青少年育成事業として委託を受けて、青少年交流を実施していますが、現在財団が委託を受けている自治体は、根占町です。また鹿児島県鹿屋市は財団に研修施設のための土地を提供しています。

駒ヶ根市は「駒ヶ根協力隊を育てる会」への事務所の提供、協力隊週間実行委員会への事務所の提供および担当職員の配置などで、また市と市の教育委員会は市内のNGO「トパルカの光」のプロジェクト地への中・高生の派遣や市内の学校での報告会開催などにおいてNGOを支援しています。

とよなか国際交流協会は市内に活動拠点を持つ団体に活動助成を行っています。主に小規模団体を対象にしており、上限は10万円となっています。対象とする分野は「国際協力」に限らず「国際理解」をもカバーしています。また財団の管理する国際交流センターは、市民の活動拠点となっています。市民団体が自由に使える部屋があること、利用時間が夜10時までであることなど、市民団体にとって使い勝手のよい条件を整えています。

神奈川県国際交流協会のかながわ民際協力基金は、NGOへの助成として注目されています。助成の対象として県内のNGOに限らず全国に開かれている点、海外プロジェクトのみならず、内なる国際化に対応した事業も対象としている

点、プロジェクト費のみならず運営費も対象にしている点、1件の助成額が300万円未満と上限が高く設定されている点（ただし「団体活動充実事業」は上限50万円）、さらには助成審査を外部の委員も含む審査委員会で行っている点など数々の先進性を持っています。

6）会議・ネットワーク

　北九州市では途上国の行政担当者、技術者を招き、環境問題に関する会議を開催してきました（1989～95年度）。97年（平成9年）12月には、スマラン（インドネシア）、スラバヤ（インドネシア）、バタンガス（フィリピン）、セブ（フィリピン）、ホーチミン（ベトナム）、ペナン（マレーシア）の6つの東南アジアの都市とアジア環境協力都市会議を開催し、環境協力をめぐる都市間協力のためのネットワークの推進などを内容とする宣言を発表しました。このうちスマランとは「環境パートナー都市」としての関係が結ばれました。

　とよなか国際交流協会は、住民参加に関する研究として、東京都練馬区、武蔵野市、八王子市、立川市の教育委員会と連携してそれぞれの地域でのボランティアグループの協働の実態調査を行いました。調査の実施は市民を含むグループで行われました。

7）ODA実施機関との連携

　すでにしばしば言及してきたように、北九州市およびKITAとJICAの九州国際センターとは、北九州市がセンターを積極的に誘致した経緯もあることから、様々な連携が見られます。JICAセンターとKITAは市が「国際交流ゾーン」として整備した地域（八幡東区平野）にあり、JICAセンターの誘致自体が市の国際政策に大きく位置づけられ、また両者の連携が意図されたことによるものです。

　からいも交流財団はインドネシア・スラウェシ島の南スラウェシ州で農村開発事業においてJICAと共同プロジェクトを実施しています。事業内容は、JICA職員に加えて、財団職員ら計5名が、同州の行政マンや農村リーダーを対象に、農村振興のノウハウを教えるものです。また、鹿児島県の農村や民間企業、な

らびに行政機関に同州から毎年5名の研修生を受け入れています。

(4) 事業の編成・運営

　最後に事業の運営の視点から全国事例調査の結果を振り返ってみます。運営管理の視点から重要なことは、事業の妥当性（適正さ）、透明性、持続性、正当性といった要件です。国際協力のプロジェクトが単なる思いつきや気まぐれな善意で始められるのであれば、長続きはしないし、何よりも相手地域の人々にかえって迷惑をかけることにもなりかねません。そこで上記の妥当性、透明性、持続性、正当性を確保するうえで必要な事項を以下にあげ、それに沿って、全国調査の事例を見てみることにします。

1）事業の決定プロセス
① 事前調査・事前評価

　事業の開始にあたっては事前調査・事前評価が重要ですが、日本の自治体の場合には、これが軽視されがちです。しかし、今回の調査では、いくつかの注目すべき取り組みを行っている事例を発見することができました。

　楢川村はミャンマーへの漆の技術協力を開始するにあたって調査団を派遣し、具体的な交流・技術協力のための調査を実施しています。そこで木曽漆器とミャンマー漆器の違いを認識し、その特長を評価し、華燭の技術などについてはむしろ「ミャンマー漆器から学ぶ」という姿勢を持つにいたっています。さらに調査に基づいて協力事業の目的を明確にし、それに対して「木曽（楢川村）が何ができるのか」「ミャンマーの文化を壊してしまわないか」ということを常に自問自答しながら進めた結果、協力プログラムが「教える」という性格のものではなく、「木曽漆器の生産過程を見せ、その中から相手先が必要と判断したものを参考にしてもらう」という独自の技術協力の方法を獲得しました。

　神奈川県国際交流協会のかながわ民際協力基金はその設立にあたって、広範な市民、NGOへのヒヤリングやアンケート調査とNGOやCBOが参加した

「かながわ民際協力基金推進委員会」での検討を通して事前調査を行いました。しかもそこでは、市民参画によって透明性を持たせて行った点に特徴があります。NGOやCBOなど実際に基金を使う側を推進委員として参加させて調査を行っている点は、全国でも大いに参考になるでしょう。

なお、事業評価については、今回調査した全国の事例でも明確な目的と基準を用いて行っているケースは多くありません。その中では神奈川県国際交流協会がかながわ民際協力基金に関して1997（平成9）年に中間評価を行い、1998年5月に報告書を公開したというのは注目に値します。評価結果を活かしたよりよい助成システムを構築しようとする県と協会への期待は高いといえるでしょう。

豊中市の国際化施策は、すでに事業の経緯のところで触れたように、「豊中市人権啓発基本方針」をその源流としています。さらに豊中市国際交流委員会による「豊中市のめざす国際交流」という提言書の作成過程に市民の声が反映されています。とよなか国際交流協会の設立自体がこうした住民参加を視野に入れた事前調査の帰結と見ることができます。その結果、地域国際化と交流・協力事業を推進するにあたり、交流事業は行政の担当、人権、平和、まちづくりを含む地域国際化の機能は協会の担当とすみわけが明確になっており、また協会の任務も明確なものが打ち出されています。すなわち「人権」「市民参加」「多文化共生」という3つの基本理念の下、「国際交流」「国際理解」「地球市民教育」「在日外国人への支援」「国際協力」「情報の収集と提供」「市民活動への支援」などの事業を実施する、ということです。

小田町の国際化事業の基盤には「グリーンハイランド小田21世紀プラン」という地域振興計画があります。この計画をNGOの協力を得て「ODAの木プロジェクト」という国際化プロジェクトに結実させたのですが、計画づくりにあたっては住民参加型のワークショップの手法を用いるなどしています。計画では当初は行政のプロジェクトとして始めますが、プロジェクト開始より5年から10年の間に住民グループが立ち上がることを目標にしています。

② 外部とのコンセンサス

　国際協力事業においては、協力の相手方との間にきちんとした合意が形成

されているか否かがプロジェクトの帰趨を決定的に左右することになります。文化や価値観の違いを乗り越えて協力の合意を形成し、その合意に沿って事業展開していくためには、合意事項を文書に残す必要があります。合意書、協約書、覚書などがそれに当たります。事業の目的、期間、双方の役割分担などを明確にしていないと、善意の協力が、互いに迷惑なものになったり、いがみ合いにまで発展する恐れさえあるからです。

全国調査の事例から協力先との合意づくりの例を拾ってみましょう。

楢川村の漆を通じたミャンマーとの友好協力事業では、事業の実施にあたり相手先の事情に精通しているNGOも加わってミャンマー政府との間に基本合意書を締結しています。これによって三者の協力の枠組みを明確にし、村・ミャンマー政府・NGOの三者が対等な位置づけで事業を展開する基礎としていますが、それでも相手の要求がどんどん大きくなってくるという問題も生じているということです。

板柳町は中国昌平区との間でリンゴ栽培技術協力を行うにあたって、1993年（平成5年）6月、昌平区代表団一行5名が町を訪れた際に友好協定書に調印をしています。また「友好交流に関する覚書」にはリンゴ栽培技術指導者を年4回派遣し、技術の指導協力をすることが明記されています。さらに派遣予算については、成田空港までの国内交通費以外はすべて昌平区側が負担する、研修予算については研修員が成田あるいは仙台の空港に着いてからは、経費はすべて日本側の負担するというように、双方の役割分担が明確になっています。

横田町のそろばん事業では島根県知事、県議会議長、県教育長および横田町長、町議会議長など関係者は1998年（平成10年）2月にタイ教育大臣の招聘により、タイを訪問し、その際横田町とロイエット県の教育委員会および地域開発局は国際協力の覚書を交わして、島根・ロイエット両県知事が立会人として調印しています。

2）内部の決定プロセス

協力事業を開始・展開するにあたっては、自治体内部や地域関係者、関係団

体との合意を作ることは事業の透明性、持続性、効率性の観点から大切です。このプロセスが十分でないと、自治体内で他の部局との連携ができなかったり、地域の賛同が得られないために地域資源が有効に活用されないことにもなるからです。

楢川村では、協力事業が「漆器の技術協力」という性格を持っており、村内で最大の地場産業である漆器業者の協力なしでは事業を実施することができないため、常に業者と話し合いながら推進し、村民の意見を反映させています。また民間組織として設立された「楢川ミャンマー友好協会」には木曽漆器工業組合が団体会員として加盟しています。

神奈川県と神奈川県国際交流協会との連携、県庁内部での関係部局間の連携は、都道府県レベルの自治体の国際化施策として見ると進んだケースと考えられます。

「新神奈川国際政策推進プラン」のあらゆる政策の実施主体に神奈川県国際交流協会が組み込まれ、特に国際協力の推進の施策体系であるかながわ民際協力基金事業は、渉外部国際課と神奈川県国際交流協会の両者が担当することとしています。施策の実施、人事交流、予算計上の調整、などあらゆる場面において、県庁内関連部局との連携が要請され、それに応えています。

豊中市についても、すでに述べたように「同和」「女性」「障害者」「地域国際化」「平和」などの問題への取り組みを中心に総合的な人権啓発事業を展開し、このプロセスにおいて豊中市国際交流委員会が設置（1989年）されました。同委員会による「豊中市のめざす国際交流」（1991年）に関する提言や、地域における市民による国際化への取り組みを背景に、上記の将来にわたってのまちづくりを鑑みた国際化の推進機関として1993年10月㈶とよなか国際交流協会は設立されたという設立の経緯はすでに述べましたが、ここに内部コンセンサスづくりの優れた事例を見ることができます。

3）住民参加・参画の確保

自治体の国際協力の最大の特徴は、地域の住民が参加して国際協力を行う可能性を持っているところにあります。地域住民の参加のない自治体国際協力は、

折角のメリットが活かされていないといっても過言ではありません。今回の全国事例調査は地域参加、住民参加の視点から比較的優れた事例を取り上げています。したがっていずれの事例にも程度の差こそあれ住民参加は見られます。以下に特徴的なケースを例示します。

　豊中市は政策づくりの過程で住民参画が色濃いケースとして特筆されます。協会設立の基礎となった「豊中市のめざす国際交流」提言書には、協会の設立に先駆けて作られた地域のCBOの連絡組織「国際ネットワークとよなか」などとの連携を通して、市民の声が反映されています。また協会は企画や事業運営の重要なプロセスに市民が参加することを心がけています。「国際ネットワークとよなか」に参加するグループとの協働イベント、交流、セミナー、在日外国人への支援など多くの事業が見られ、また、CBOで長い活動実績を持ち専門性を持った人材が、相談窓口や日本語教室の講師など非常勤スタッフとして協会の事業運営に参加しています。

　宝塚市は、事業の初期の段階から市民の参加を呼びかけて、役割、資金の両面で行政と市民が一体となり事業に取り組んだ点が高く評価できます。消防車、救急車を「もの」としてだけではなく「心」として贈り、「顔の見える国際協力を！」との趣旨を明確にし、住民と住民のつながりが深まることを目指したことが住民参加のありように見受けられます。

　小田町は活動開始当初から行政職員、地元住民、民間団体の三者によって事業が展開されてきたために、事業の企画や実施への住民参加は十分見られます。またプロジェクト開始より5年から10年の間に住民グループが立ち上がることを目指していたことからも分かるように、町主導でありながら、常に地域住民を巻き込み、住民主体の活動に移行しようとしているところに苦労がにじみ出ています。

　からいも交流財団の活動は多くの自治体が参加しているものの、もともと住民運動をコーディネートしたNGOの活動から始まっているだけあって、住民参加に特徴のある活動になっています。からいも交流のそもそもの出発が、ホームステイであるため、基本的には住民が支えている交流であり、過去17年間では、58カ国から約2,500名のホームステイを受け入れているが、これはまさに

住民が主体となって実施した事業といえます。また「カラモジア大学」では、実際に農村の技術援助を行っており、農家が受け入れの母体となっています。また国際協力事業団（JICA）の研修生を受け入れや、アジア農村民泊交流研修を「カラモジア交流」の主たる事業として行っており、これも農民が主体的に取り組んでいるプログラムです。このような意味から、住民が主体となっている活動こそが、からいも交流といえます。

　駒ヶ根市の事例は、地域の国際協力、国際交流が住民参加で行われ、そのことが地域の活性化につながっているという点で典型的です。駒ヶ根市では国際協力に関するすべての事業に市民が参加し、市民と協力して取り組む姿勢が貫かれています。さらに市民の企画を市が積極的に支援し、助成することが自然に行われており、市民が持つ多様なエネルギーを十分に活かしながら、駒ヶ根独自の国際協力のまちづくりを構築し、さらに人材育成に活かしています。それには青年海外協力隊訓練所の存在が大きく働いています。「協力隊週間 in こまがね」もその集大成といえるイベントであり、1997年は雨天にかかわらず3,000人もの人々が参加しました。1998年は訓練所20周年でもあり、さらに盛大に行われ、企画・運営・広報などすべてを市民が主導的に行い、市も積極的に参加しました。商店街組合、市民団体、NGO、学生などが幅広く参加し、訓練所、協力隊OG・OBも呼び込んで「第2の故郷」を活かした構成になっていました。

　板柳町から中国に派遣される人は、リンゴ栽培の指導監の他にせん定の技術を持つリンゴ農園経営者です。また研修受け入れでは、昌平区の「中日友好観光果園」で働いている若者を年に6名町内の農家に受け入れ、ホームステイをしながら技術研修をします。このように板柳町では、リンゴ栽培技術を有する農家が事業の実施段階で参加しており、この事業自体が農家の参加・協力がなくては成り立たないものでもあります。

　楢川村の例も、地域の専門技術を活かした国際協力という点では、板柳町と同じく技術を持つ地域住民の参加なくしては事業が成り立たないものです。楢川村の漆の国際協力では、漆器産業従事者の中から「ミャンマー漆器の文化を壊すのではないか」とか「木曽の漆にとっての利益がない」といった声もあり

ますが、こうした疑問をも含めよく話し合いながら展開しています。事業に関する意思決定過程に一般の村民が直接参画することは少ないものの、ミャンマーとの交流は村中でよく知られており、女性の訪問団の派遣も検討されています。事業に関する住民への広報は、村の広報誌を通じて行っています。

横田町のそろばん協力事業では以下のような様々な人々が関わっています。雲州そろばん協同組合などそろばん産業に関わっている町民、横田町そろばん交流協会に携わっているそろばん塾の教師（そろばんの海外への普及ということで主体的に参加しています）、そろばんの寄付を全国に呼びかけた県レベルの商工会などの人々、多くのそろばんを寄付した住民（県の呼びかけにより、そろばんの寄付を推進する民間の母体が形成され、新聞や口コミで参加するようになった）などです。アドバイザーとして関わっているNGOの日本民際交流センターは、こうした多様な市民の層に、センターの行うダルニー奨学金についても広報・新聞などで呼びかけています。

4）機関協力

自治体の国際協力にも、国の援助機関や国際的な援助機関と機関協力をしている例が見られます。自治体が主体的に国や国際機関との協力を位置づけることによって、国際協力事業の効果を高めるとともに、国や国際社会での自治体国際協力の認知を高めることになる点は評価されるべきです。

北九州市およびKITAとJICAの九州国際センターとは（北九州市はセンターを積極的に誘致した経緯もあり）様々な連携が見られます。

1989年にJICAの九州国際センターの開設（現在、KITAとJICA九州センターは隣接している）以来、JICAからの受託事業が中心になっています。そのほかの機関協力としては、研究開発・企画調査事業における環境庁や環境事業団との連携、環境国際会議における国際地域開発センター（UNCRD）や国連環境計画（UNEP）との連携などがあります。

鹿児島県のからいも交流財団は、インドネシア・スラウェシ島の南スラウェシ州でJICAと共同で農村開発協力を行っていますが、この事業の一環として研修受け入れも行っており、鹿児島県や県内の自治体が協力しています。1つの

プロジェクトでNGOと自治体とODA機関が共同するというのは極めて珍しい例です。

駒ヶ根市とJICAの駒ヶ根協力隊訓練所との協力は、市の国際化施策の骨格をなしています。市の訓練所誘致、協力隊員の側面支援のほか、訓練所からは国際協力のノウハウ・情報・人の提供を受け、町活性化で共同事業を行うなど、市の基本構想にそった協力を展開しています。

5）制度化

自治体が国際協力事業を制度化しているか否かは、自治体が国際協力を総合的な計画の中で位置づけ、持続性を確保しようとしているか否かに関わる重要な事柄で、国際交流と違って国際協力は、相手地域の開発に直接影響を与えることになるため、単発で失敗してもいいからやってみるというわけにはいかず、一定の期間継続する中で成果を見る努力が必要です。行政が行政の仕事として継続性・持続性を持たせるためには、人的・財政的・法的な制度化が必要になります。以下各事例から制度化に関わる事項を抽出して紹介します。

とよなか国際交流協会が、豊中市の国際化基本方針に基づいて設立された経緯はすでに動機と事前調査の項で触れています。それとは別に、とよなか国際交流協会は、豊中市人権文化部、在日外国人教育推進協議会、豊中市教育委員会との間で非公式な形ではあるものの、四者協議を1995年（平成7年）9月から行って、こうした場を通して政策の提言も行っています。また、こうした協議の場が教育委員会との意思疎通の向上にもつながるため、学校への講師派遣事業なども円滑に展開できるという結果を生んでいます。さらに豊中市と協会の優れた点として、人的資源の活かし方があります。つまり事務局長とプロパーの職員にNGOの出身者を起用し、事業展開に市民的視点と広がり、機動性を導入したことです。

神奈川県の例も制度化に関して参考になります。「かながわ民際協力基金」の設立までの流れは、県の民際協力政策が、民際協力基金というNGO助成制度に結実するまでの政策化の経緯を如実に示しています。神奈川県はまず、民際外交を推進するための指針として「かながわ国際政策推進プラン」を策定し、そ

れを受けて「交流から協力へ」を実現のためのシステムを検討する「かながわ民際協力システム検討委員会」が設置されました。さらにそれを受けて「かながわ民際協力基金推進委員会」が設置されて、その報告に基づいて基金が設立されました。基金の約50％を県の出資でまかない、他の約50％を市民や企業からの寄付であてる計画になっています。

　駒ヶ根市の国際協力によるまちづくりの各種事業は、「国際交流のまち推進基本構想」に基づいて展開されたものであり、その意味で制度化の基盤がきちんと敷かれているといえます。また協力隊週間にあたっては実行委員に事務所機能を提供し、市の担当職員2名を配置、地域団体の「駒ヶ根市協力隊を育てる会」にも事務所機能を提供し、担当職員2名を配置しています。中・高校生海外派遣および海外の学生招致事業では市の予算が120万円計上されています（1994年（平成6年）から）。

　板柳町では行政と民間が協力しながら幅広い交流を進められるように、1994年（平成6年）2月に「板柳町国際交流協会」が設立されました。同協会の1998年度事業計画には交流事業として、外国人研修員の受け入れ支援、姉妹都市・友好協定提携都市との友好親善、中学生海外派遣への支援、などが明記されています。協会は中国昌平区との国際協力事業でも研修員の歓迎事業や会員宅でのホームステイ受け入れなどで力を発揮していますが、同協会の事務局は板柳町役場総務課に置かれています。

　小田町は「ODAの木プロジェクト」を実施するにあたり、「国際化事業部」「環境教育事業部」「ブランド事業部」の3つの事業部それぞれが各事業の活動者からなる推進委員会によって運営されています。またプロジェクト開始より5年から10年の間に住民グループが立ち上がることを目標の一つとして取り組んできた結果、1997年（平成9年）5月には民間団体として「ODAの木協会」が当初の予定より早く発足し、以降は同協会がプロジェクトの実施主体となって活動を継続していくことになりました。

　北九州市のKITAは、事業が環境技術に関する国際協力が中心となったこともあり環境協力センターを発足させています。現在の基本財産は約4.9億円で、そのうち北九州市と民間がそれぞれ約43％ずつ、残り14％を福岡県が出資し

ており、1996年度の総事業費は約5.9億円でした。

横田町はそろばん協力事業を推進するにあたって、1998年4月から島根大学を卒業したタイ人を国際交流員として担当のまちづくり課に配置します。また、担当部署のまちづくり課は、必要に応じて他の部局の応援を引き出せる体制になっています。

楢川村は漆を通じた友好協力事業に1995〜1997年度（平成7〜平成9年度）にかけて一般会計で毎年300万円を計上しています。1998年1月には「楢川ミャンマー友好協会」が設立され、以後事業はここで展開されており、村は協会に1998年度で300万円の補助金を助成しました。

2　自治体、支援財団との連携に関するNGOアンケート調査

(1) 調査の手法と対象の選定

NGO（CBO）は自治体や支援財団との連携において何を望んでいるのでしょうか。本調査では、「これからの国際市民協力・交流活動に対する助成などのあり方に関するアンケート」という形で、自治体や支援財団のNGOに対する支援のあり方を中心に、NGOに対してアンケートを行いました。

地域主体の国際協力・交流活動は、NGO・CBOと自治体、さらには支援財団の連携で行われるものですが、たとえば、NGOが実施主体で他のCBOや自治体が連携支援する場合、自治体が実施主体でNGOやCBOが連携支援する場合、CBOが主体で自治体やNGOが連携支援する場合というように、役割とその組み合わせは様々な形態をとり得ます。そこで、本調査は、NGOが実施主体となった場合の自治体と支援財団のあり方に限定して行っています。現段階では、NGOのニーズを受け止めてその支援のありようを探ることが、自治体と支援財団の事業的な課題であると考えたからです。

アンケートの対象としたNGOは、1997年に行われた、「TOKYO地球市民フェスタ'97」に参加した、国際交流、国際協力、外国人支援、国際教育などの国

際化の各課題を対象とする分野で活動するNGO74団体、さらに、それ以外で、東京国際交流財団から依頼を受けたNGO13団体となっています。この、地球市民フェスタに参加したNGOのリストは国際化課題の幅広い領域を網羅しており、全体傾向をつかむうえで母集団となり得ます。対象の母数は、87団体で、アンケートは郵送方式で行っています。

回答は50団体で、回収率は57.5％でした。

（2）調査結果の分析

1）回答NGOの事業内容と組織の基本状況
　——東京の多様な国際化課題に対応して、NGO活動は多領域、多目的、そして多様な組織性格と組織規模により、重層的に展開——

　まず、アンケートの回答NGOの事業内容と組織の基本状況を見ておくことにします。

　1）NGOの事業領域

　　団体の事業領域について複数回答を求めたところ、50団体が、延べ123の事業領域の事業を行っていました。これはNGO平均2.5の事業領域にまたがっていて、事業領域は複合的であることを示しています。課題がそもそも総合性を持っており、出現した諸課題にNGOがいち早く次々と取り組んでいることがその理由と考えられます。

　　領域別の実施団体数を見ると、①国際協力34（68％）、②国際交流・文化交流28（56％）、③国際教育25（50％）、④在日外国人への情報提供と相談窓口・日本語教室19（38％）の順でした。国際協力、国際交流・文化交流、国際教育、在日外国人への協力の4領域は、いずれも中心的な事業領域ということができます。

　　さらにこれら4領域に含まれない領域についても17（34％）の回答があり、その中にはフェアトレード（公正貿易）なども含まれています。新領域の登場にも目配りが必要であると考えられます。

2) 事業機能

　事業機能という面でも、国際協力事業や国内の日本語教室などの現場プロジェクト実施から、団体間のネットワークを主たる目的とするものなど多様なものがありました。直接の現場プロジェクト事業実施NGOの発展が要請される一方で、ネットワークや評価や調査を行うNGOの必要性が今後は一層高まってくると思われます。また、外国人や途上国に対する支援事業がある一方、外国人自らが組織するNGOも登場してきていますが、地域の国際化が進めばこうした傾向もますます増加すると思われます。

3) NGOの財政規模

　組織の規模を年間の財政規模で見てみましょう。財政規模を12に階層区分してみると、表3のようになります。

表3　財政規模別NGO数

グループ名	財政規模区分	NGO数	構成比
A	～50万円未満	4	8%
B	50万円以上～100万円未満	1	2%
C	100万円以上～300万円未満	4	8%
D	300万円以上～500万円未満	2	4%
E	500万円以上～1,000万円未満	1	2%
F	1,000万円以上～3,000万円未満	7	14%
G	3,000万円以上～5,000万円未満	10	20%
H	5,000万円以上～1億円未満	5	10%
I	1億円以上～3億円未満	3	6%
J	3億円以上～5億円未満	2	4%
K	5億円以上	5	10%
Z	未回答・不明	6	12%

　i) 財政規模の大小の各階層に、階層により構成比が異なるとはいえ、くまなく分布しており、財政規模は最小のゼロ円から最大の73億円の団体までとなり、財政規模は極めて多様です。

　ii) NGOが継続して活動する最低限の保証（事務所スペースの確保、常勤有給スタッフの確保、事業予算の確保、一定の会員規模）のめどをおおむね

3,000万円と仮定すれば、3,000万円以上が25団体（50％）あり、しかも3,000万円から5,000万円までのグループが10団体と全体の20％を占めています。他方、この最低ライン以下で何らかの形で無償ボランティア団体の性格を多く持つと思われる団体が19団体（38％）あります。

　このように、財政規模が5億円を超え組織基盤がかなり強固なNGOから、何とか継続性の保障を保てる段階のNGO、そして、グループのメンバーの会費や寄付を基にしたNGOまで、極めて多様性があります。財政規模の違いに象徴される組織スケールの違いにより、NGOとして抱える財政問題や運営上の問題は、共通なものと違った様相を呈するものとがあります。

4）NGOの組織目的

　NGOは財政規模も様々なように、組織目的にも多様性があります。国際機関の活動に対する資金づくりや国内啓発を目的に設立された団体で、地球市民社会の到来を目前にして従来の活動からの脱皮をも考えているところもあれば、国際協力NGOとして20年ほど前に発足し、組織基盤の強化と事業内容の新展開を模索しているところもあります。また、一方では10年弱の活動歴でいまだ組織基盤の確立に悩んでいるところや、最近、市民の発意で小グループとして出発した海外協力NGOがあります。さらには国際協力や外国人支援といった、国際化課題を主目的とする団体から、国内活動団体が国際的な事業に乗り出したものまで、NGOの組織目的は多様です。

　また、全国組織で東京が本部機能を持っているいわゆる全国NGOもあれば、東京ベースのCBO的NGOも活動しています。

5）NGOの組織形態（法人団体と非法人団体）

　法人格を取得している団体（財団・社団）が少数ある一方で、非法人（任意団体）も多数に上っています。ＮＰＯ法が成立したので、一定の事業規模を持つ団体が法人格取得に動くことが今後考えられますが、仮にそれらが法人格を持ったとしても、それ以外の非法人団体が多数存在する状況は継続すると思われます。

6）まとめ

以上のように、日本の国際化、わけても東京の国際化の進展とともに、多様に発生した課題に対応して、多様な組織の目的や性格、そして組織規模を持つNGOが、国内外で活動を展開している状況があります。このNGOの多様性は、全国でも東京が飛び抜けて高くなっています。また、これらNGOの活動は、複雑な課題に対する多様な活動を重層的に織りなしながら、21世紀に向けた東京に「地球市民」をいかに数多く誕生させることができるかという一点で共通の問題意識を持っているということができそうです。

これだけ多様性を持ったNGOが東京において真に発展し得るかどうかは、全国に波及する影響もまた強いので、東京地域の全国的役割についても自覚する必要があるでしょう。

2) NGOの直面している最大の課題は何か
―― 資金不足と適切な人材の不在や不足が悩みというNGO ――

では、このような多様な広がりを見せつつあるNGOが今後発展しようとするうえで、直面している最大の課題は何なのでしょうか。

1) 資金、次いで人材が課題

表3で明らかなように、資金（26）、人材（11）、活動の充実（4）、運営能力（2）、場所（2）、無回答（5）の順です。資金の問題が52％、人材の問題が22％を占めています。

2) 資金面の問題

資金が問題と答えたNGOに具体的な記述を求めたところを見ると、以下のような問題状況が浮かび上がりました。

何にあてる資金が不足しているのかという点では、以下のとおりです。①途上国での現地プロジェクトからの要請やプロジェクトの継続性維持への対応、②寄付や対価を得にくい事業（相談事業・環境問題・調査研究など）への充当、③援助物資の保管や輸送の経費への充当、④事務局のスタッフの人件費、⑤ボランティアの交通費支給、⑥事務所スペースの確保。

次に、必要資金を集めることがなぜ困難と考えられているかを次に見てみます。①会費や寄付収入の割合の低さと伸びの低迷（法人会員の退会）、②円

安傾向による海外送金額の膨張、③基金の利子収入の減少。

　ここから浮かび上がるのは、NGOが志高く出発した直後から直面する資金をどうするか、という問題の状況です。自立を旨とするのがNGOであるものの、ごく一部を除き、まず自己財源獲得の一番よい手段となる会員拡大や一般寄付の伸びがなかなか見いだせていません。それを解決できないまま活動の発展が要請する、現地ニーズの伸びへの対応、事業の継続性安定性の保障への対応、常勤スタッフの配置や事務所スペースの確保といった、問題が生じることになります。しかも、景気の後退や円安という事態にも直面しているのです。

　現地ニーズの伸びとそれへの対応という面では、次の点に留意する必要があります。今発展しつつあるNGOの多くは日本の内外を問わず、現場の必要とするものを必要なだけ届けることを通じて、地球市民としてのありようを構想しようとしてきたために、組織の力量を超えるプロジェクトを抱える傾向がないとはいえないということです。

　国際ボランティア貯金はじめ各省によるNGOの資金的支援の増大が、海外支援のNGOのプロジェクト量を急成長させ、力量オーバーを招いている点も踏まえておく必要があります。

　財政規模の分布から考えて、特に3,000万円以下のNGOは活動基盤の整備や事業資金のバランスシートが合っていない状況にあるところも多いと思われ、また、3,000万円以上の団体の場合は、引き続き拡大するニーズへの対応や経常的な経費の確保といった課題に直面していると思われます。

3）人材の問題

　アンケート結果は、財政基盤の確立期にあるNGOの場合、よい人材が得られないので運営能力が高まらず、運営能力が高まらないので資金力が高まらず、資金力が高まらないのでよい人材が得られないという悪循環を示しています。また、小規模のNGOは、メンバーに思いはあるのだが、それを文章に表現し、具体的運営のあり方にまとめ上げる力量のある人を活動の中心に得られないという悩みを訴えています。一応、運営能力の確立をみたNGOにあっても、よい人材を一人でも多く確保することが求められている状況にあり

ます。

3) 自治体（地域国際化協会）からどのような支援を求めるか
——資金助成を媒介に地域主体の国際協力・交流活動の形成へ——

総じて発展途上にあるといい得るとすれば、NGOは自治体（地域国際化協会）からどのような支援を求めているのでしょうか。

1) 自治体（地域国際化協会）からの助成金の状況

自治体（地域国際化協会）からの助成金による支援を受けているNGOは15団体（30％）16件であり、東京都はじめ自治体本体からが2団体3件、東京国際交流財団からの助成は11団体11件、埼玉県彩の国国際交流協会1団体1件、新潟ふれあい基金1団体1件となります。東京以外の自治体およびその関係団体からの支援を受けている場合があるのは、全国的な展開をしているNGOが入っているためです。（表4）

表4　自治体から助成金を受けているNGOの数

東京都環境保全局	1
沖縄県	1
岡山県	1
東京国際交流財団	11
埼玉県彩の国国際交流協会	1
新潟ふれあい基金	1
合計	16件（15団体）

なお、東京国際交流財団の助成事業制度に関して、今後改善してほしい点について自由記入を求めたところ、11団体のうち、5団体は「特になし」ないし「未記入」で、6団体から記入があり、それらの指摘を整理すると次のような意見にまとめられます。

i) 財政規模の小さな団体を中心に小額助成では申請方式を簡略化できないであろうかとの指摘があります。年間収支予算、事業計画、役員についてすべて提出することが負担であるとの趣旨の指摘もされています。

ii) 助成の対象事業や適用範囲の拡大。たとえば、留学生・就学生に対する助成を受けた NGO が、外国人全般を対象とした助成を要望し、チェルノブイリの子どもたちを支援する NGO が子どもの保養費への助成を求めています。

iii) 審査委員の構成メンバーの公表を求める指摘もあります。

2）NGO は自治体の財政支援を求めているのか

現在、自治体（および地域国際化協会）から助成金を受けているかどうかを別にして、NGO は自治体からの財政支援を求めているのでしょうか。45団体（90％）が「はい」の回答、「いいえ」が 4（8％）の回答、「未回答」が 1（2％）の回答でした。

「はい」と回答した NGO にその理由を自由記入してもらったところ、その理由の全体的傾向としては、①新たなドナー（資金援助団体）としての期待、がまさっているものの、②自治体との連携による地域での展開への期待も、10団体（20％）が述べています。

①の新たなドナー（資金提供者）としての期待も、a）資金調達先の分散、b）プロジェクト資金の不足ないしプロジェクト資金の増大の必要性、c）プロジェクト資金確保のめどが立ちにくい事業である場合、d）事務局機能など運営基盤の確立、など、およそ NGO が抱えている資金問題の類型がほとんど網羅されています。

②の地域での展開への期待としては、a）日本とブラジルの自治体交流の促進といった具体的展開を期待するものから、b）地域レベルの取り組みが重要で、そのための調査研究・政策提言の課題が多い、あるいは、地域活動の充実が国際理解を深め、国際協力を持続的なものとするというように、地域課題としての取り組むことそのものにおける連携に意義を見いだすもの、c）本来なら行政が行っている課題だからと、自治体行政へ応分の負担を主張するもの、d）その団体の取り組む問題をパブリックな課題とする目的を主張するものなど、自治体と組むことで公共課題としてオーソライズされることへの期待もあります。

NGO は、新たなドナーとしての自治体への期待とともに、自治体との連携

による地域での活動展開の必要性に気づいているということができるでしょう。

「いいえ」の回答理由についても触れておきます。趣旨を要約ないし解説すると、①外国人なので、日本の政府からは援助が受けられない。②自己資金がないため、現状の単年度主義などの助成では自立的な資金運営をかえって阻害する。③助成事業は手続きが面倒で、NGOの主体性を無視しており、助成の規準の判断主体が明らかでない、といった理由があげられています。

①については、当該外国人団体の政府観の尊重という配慮が必要な問題ですが、地域主体の国際協力・交流には、文字どおり国境はないのであり、自治体や地域国際化協会の積極施策の展開が課題と受け取るべきでしょう。②では、NGOの自己努力が課題の側面と、一般の自治体助成が弾力性を欠いているという両方の側面があります。③では、現在の助成事業のあり方に批判を抱いたNGOがあるという事実を踏まえる必要があります。

3) 自治体からの支援（資金以外）の利用状況

ついで、NGOに対する自治体の資金助成以外に支援、①場所の提供、②事務機器などの機材利用、③告知の協力、④物資の提供、について見てみましょう（図1）。

① 場所の提供は、利用（頻繁ないし時々の合計）35（70％）、利用せず11（22％）、無回答4（8％）。

② 機材の利用は、利用（頻繁ないし時々の合計）20（40％）、利用せず27（54％）、無回答3（6％）。

③ 告知の協力は、利用（頻繁ないし時々の合計）33（66％）、利用せず15（30％）、無回答2（4％）。

④ 物資の提供は、利用（頻繁ないし時々の合計）12（24％）、利用せず34（68％）、無回答4（8％）。

「場所の利用」と「告知の協力」は70％、66％とかなりの割合に達している一方、「機材の利用」や「物資の提供」は、20％、12％と相対的には低い割合になっています。

施設利用については、小規模のNGOの場合の会議や講座の開催において、

特に切実な課題であると思われます。自由記入欄でも、夜間の利用時間（9:00以降）の延長、土曜・日曜の夜間を含む開館などが自治体側に求められています。

機材の利用も20％という数字は低いとはいえ、かなりの割合であり、やはり、小規模NGOなどでは、切実な要望と考えられます。これは自由回答欄でも要望がありました。

物資の提供の比率が低いのは、自治体によるNGOのプロジェクト支援や連携の割合がそう高くないことの反映と思われます。

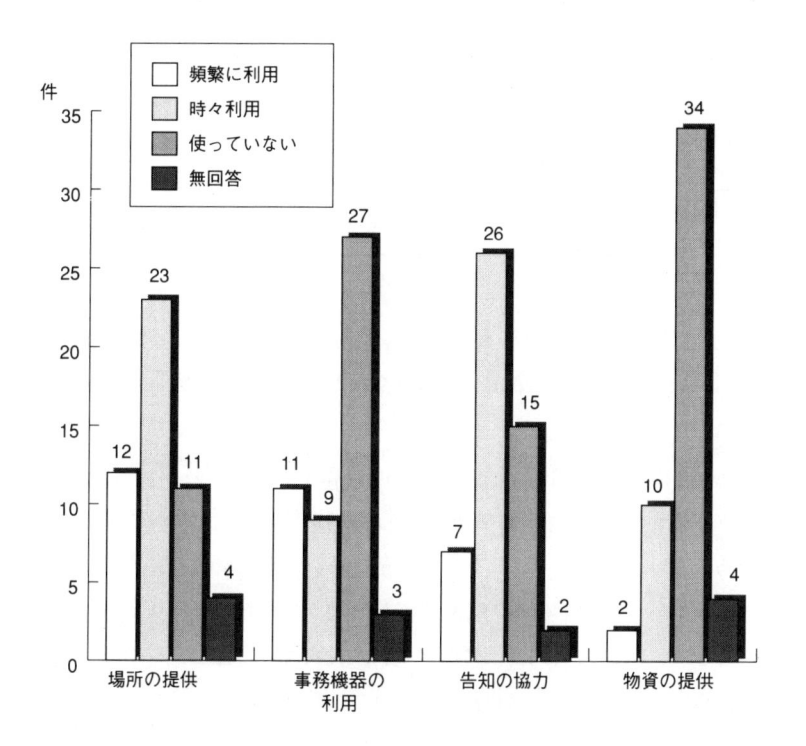

図1　自治体からの支援の利用状況

4）NGOは自治体に何を望むか

NGOが自治体に何を望んでいるのでしょうか。第1位から第3位までの順

位づけを求めたところ（表5）、第1位は資金提供（52％）、施設提供（18％）、情報提供（8％）の順であり、第2位は施設提供（26％）、情報提供（12％）、資金提供（16％）、共同企画開催（14％）、第3位は情報提供、共同企画開催、後援名義協力（いずれも16％）、人材交流（10％）となっています。

表5　NGOが自治体に期待するもの

	1位	2位	3位
資金提供	26	8	4
施設提供	9	13	4
後援名義協力	1	2	8
コーディネート	0	2	3
共同企画開催	2	7	8
情報提供	4	12	8
人材派遣交流	1	1	5
その他	5	0	3
無回答	2	5	6

　全体としての傾向は、第1に資金提供、第2に施設提供、第3に情報提供、第4に共同企画、第5に後援名義協力や人材交流という順で必要性を感じているといえます。

　また、第1位の資金提供をあげないNGOも22団体（44％）ある点もまた注意しておく必要があります。NGOが自身の活動維持に関心を払わざるを得ない状況があるということは、これまでの調査結果の分析を重ねて実証する結果になっており、自治体は地域内のNGOの成長を助成する必要があります。

　しかしまた、NGOは共同企画の開催や、人材交流も期待し、その他の記述の中には、NGO・ＮＰＯからの自治体へ向けての政策提言や政策づくりの共同作業を求めている例もあります。

　自治体や財団は、NGOを地域のパートナーとする認識をもっと強めてよいのではないでしょうか。

3 都道府県における民間国際協力活動助成制度の実態調査

(1) 調査の目的

　自治体の国際協力活動の推進にあたっては、地域社会における住民の理解と協力が不可欠であり、また具体的な展開に関しては、NGO・CBOとの協力と役割分担が重要です。

　しかしながら現状では、一般に自治体としての国際協力政策の立案と施策の実施については、1995年（平成7年）の自治省の「自治体国際協力推進大綱策定指針」通達を受けて、都道府県および政令指定都市を中心として具体的な進展が見られる一方で、地域住民団体やNGOなどとの連携協力に関する自治体の対応は不十分なところが多く、ほとんどの場合、限られた分野の連携にとどまっている状況にあります。

　本調査は、自治体の国際協力政策の一環としてのNGO・CBOとの連携を推進するうえで重要な役割を果たす「民間国際協力活動助成制度」について全都道府県を調査し、助成制度そのものの全国的な整備状況を明らかにするとともに、現状の若干の分析を通じて、特に都道府県レベルの国際協力分野における地域社会の住民・市民との連携のあり方に関する問題提起と提案を目的にしています。

(2) 調査の方法

　本調査は、1998年度（平成10年度）当初現在の都道府県レベルにおける民間国際協力活動助成制度について、制度の整備状況とその内容を事業実施主体より提供された要綱などの情報に基づいて整理するとともに、事業実施主体にヒアリングを行い、助成実績額および件数、助成対象事業の事例などを可能な範囲で具体的に把握して、その結果を一覧表として整理掲載したものです。

(3) 集計結果

1) 都道府県レベルにおける民間国際協力活動助成制度の整備状況

1) 財団による助成

民間の国際協力活動に対して30都府県が何らかの助成制度を持っていますが（秋田県、神奈川県は2件）、うち行政側の国際課が直接事業を実施しているのは1件のみで、残りはすべて地域国際化協会（ほとんどが第三セクターの財団法人、または基金）となっています。

財団法人などについては、①自治体が事務局となるなど実質的に行政と一体のもの、②基金が主体となって運用益および自治体からの補助金で運営を行っているもの、③自治体からほとんど（または完全に）自立し自主的決定を行っているもの、などがありますが、都市部では比較的②が多く、その他の地域では①が多くなっています。

2) 高い制度整備率

47都道府県中、何らかの形ですでに助成を行っているのは30都府県（63.8％）で、おおむね全体の3分の2に達しています。うち10県が国際協力への助成のみを目的とした制度を持ち、また、既成の制度（国際交流助成など）の運用で対応しているものは3県でした。

一方、助成を実施していないのは17道県で、そのうち2県が制度化を検討中、2道県は制度化をする必要がないとの回答でした。

3) 1995年度（平成7年度）以降に急速に進んだ制度整備

都道府県レベルにおける民間国際協力活動助成制度の整備は、先進的な自治体においては1989年（平成元年）以後徐々に進められる傾向にありましたが、1995年度（平成7年度）以降急増しています。これは自治省が1995年（平成7年）4月に都道府県および政令指定都市を対象に「自治体国際協力推進大綱策定指針」を示したことにより、都道府県レベルの国際協力に関する政策体系の整備が急速に進んだことによる影響が大きいものと考えられます。ただし、その実態は国際交流助成制度に国際協力助成を追加した形式のもの

が多く、政策的意図が見えにくいだけでなく、助成総額も貧弱なケースが目立っています。

表6　都道府県の民間国際協力活動助成制度の整備状況の内訳 (注1)

（1998年度　当初現在）

整備状況	回答数	％
助成制度あり	30	63.8
うち単独の規定による	(10)	
うち交流等と併記の規定による	(5)	
うち交流制度に項目追加	(14)	
うち他の制度の運用で対応	(3)	
助成制度なし	17	36.2
うち検討中	(2)	
うち不要	(2)	

(注1)　「助成制度あり」の内数の合計が32件になっているのは、秋田県及び神奈川県にそれぞれ2件の助成制度があるため。

　また、1997年度（平成9年度）以降は助成制度の整備のペースが低下しており、聞き取りの結果では新たな制度整備に対する意欲は弱くなっています。その原因は基本的には、①特に都道府県に顕著に見られる自治体財政の縮小傾向など危機的ともいわれる厳しい状況の影響、②低金利による基金運用益の縮小で財団などにおける新規事業展開が不可能かまたは助成制度全体の見直しの流れに埋没していること、③自治体の国際協力の理念が十分確立していないために、国際協力に対する財政措置に理解が得られず、困難があること、④地域の国際化に関して、行政と民間の役割分担を見直して、民間資金（寄付など）主体の国際活動への転換（ないし方向づけ）を選択する動きが出てきていること、などに求められます。

表7　民間国際協力活動助成制度開始年度 (注2)(注3)(注4)

	1989 元年度	1990 2年度	1991 3年度	1992 4年度	1993 5年度	1994 6年度	1995 7年度	1996 8年度	1997 9年度
協力助成単独	1	1	1	1	1	1	3	4	
協力助成併記	(1)	(3)	(2)					1	1
協力助成追加							2	4	1
運用対応									
年度計	1 (2)	1 (4)	1 (3)	1	1	1	5	9	2

（注2）協力助成が他の制度（国際交流助成等）に追加記入された年度については、平成元年から同3年までと回答したものは、交流事業等にかかる要綱等の制定年度の可能性あり。
（注3）運用上の対応については開始年度未確認。
（注4）表中の（　）付の数字は、国際協力活動が要綱等に追加された年度が不明なため要綱制定年度を記入したもの。

4）圧倒的に多い要綱による制度化

表8　助成規定の形式 (注5)(注6)

規定の形式	事例数
要綱	22
条例 ＋ 要綱	1
条例 ＋ 要項	2
条例 ＋ 要領	1
要項	1
要領	1

（注5）条例および規定は基金の設置目的に国際協力が含まれているものをカウントした。
（注6）不明が4件ある。

2）助成対象事業および助成対象者に関する規定
1）国際協力事業の類型
　多くの場合、国際協力事業としては、国内および外国における直接的な国際協力活動と、在住外国人に対する支援・援助活動（主に内なる国際化）に対する助成とがあり、基本的に人道的援助および教育・福祉向上に関する援助活動などに対応する内容となっています。その反面、社会開発、技術移転、

国際ネットワークや国際会議など、近年重視されるようになった高度な国際協力事業に対応可能な助成制度は非常に少なく、他面では研究や資料収集作成などに関する助成がようやく定着する段階に入っています。

2）自治体の都合を優先させた助成の要件

対象事業、助成対象者の要件とも、全般にNGO、CBOの活動実態を基本にして要件を定める姿勢が不十分で、姉妹都市提携に関わる活動への助成の優先や地域外のNGOについては市民の要望が強くても助成をしないことなど、使い勝手の悪い制度設計のものが非常に多く、また「健全な活動」に関する規定など自治体上位の訓示的要素が多々見られます。その原因としては、①国際交流助成に関する制度に国際協力助成を継ぎ足した制度の場合、制度自体が古いために、管理優先の自治体側の姿勢による制度設計が改定されないまま使われていることが多い、②制度の設計にあたって、NGOやCBOの参加が、多くの場合おざなりに終わってしまうこと、などがあげられます。

3）助成額および助成制限

1）理念と助成限度額とのバランス

一般に助成限度額をすべての協力活動に関して一律に決めているところが多いが、国際社会の変化に対応して規模、様態、期間などが多様化しているNGOやCBOの国際協力活動の助成には、ある程度の助成案件の分類とそれに従った段階的な助成額の設定、および当該自治体としての力点の明確化などへの配慮が求められるのではないでしょうか。

2）対象経費と助成率について

助成率はほとんどが対象経費の2分の1となっています。ところが対象経費として認められる範囲が限られ、NGO、CBOの活動の一部しかカバーしないので、トータルに考えると実効的な助成率は相当低くなる場合があります。特に多くの場合、海外渡航費や管理費などが対象外経費となって助成から外されていますが、NGO、CBOの活動実態からすると、それらは実質的な活動に不可欠のものであり、金額的にも相当の比重を占めることになるため、2分の1助成であればこれを除外するのは適切ではないと思われます。要は事

業助成の審査において個々の経費の必要性について明快な議論ができ、その結果を納税者に説明できる透明な制度運営が可能かどうかに帰せられる課題ではないでしょうか。

3）助成制限緩和の可能性

助成金の公平な分配による人的・物的地域資源の活用と活性化を図る観点から、重複助成や連続助成を排除するために設けられたきめ細かい規定はおおむね妥当なものと認められます。ただし、今後の課題として、民間国際協力の分野でも社会開発や長期的研究開発プログラムが徐々に求められる傾向にあることから、特に重層的な対応を必要とする社会開発プログラムにおける複数事業の並行的助成や、テーマが連続する研究開発プロジェクトへの連続助成などに対応可能な部分的制度設計変更を考慮する必要があります。

4）**申請受付**および**審査**について

1）年度をまたぐ申請期間の効用

多くの助成制度が予算成立後の助成事務執行を前提とした、年度更新後の申請受付を制度化していますが、助成を受ける側の事業活動期間に重点を置いて、申請期間を前年度中にする例がいくつか出てきています。特に海外における国際協力事業の場合、事務連絡や資材調達などだけではなく事業の実施時期が気候に左右されるなどの事情もあるため、早期申請・早期決定は、事業の適正な執行のために有益な非常に重要な変化といえます。

申請期間に関するこのような変化が一層進むこととともに、それと並行して事業の実施期間の弾力化や申請から決定までの期間の短縮と決定期日の規定の設定など、協力事業を実施するNGO、CBOの側に立った対応がさらに進むことが望まれます。

2）低い審査の透明度

今回の調査では、助成決定のための審査委員会は、財団や行政関係者が委員となって審査決定にあずかり、その審査経過は公開されないことが多く見受けられました。知識経験者やNGOグループの代表者など外部の人材を加えて構成し、透明性と客観的判断を担保する制度を明示的に持っているのは、6

例だけでした。

　しかし、国際協力活動助成に対する審査には、現地に関する知識や情報は欠かすことのできないものであり、さらに国際貢献や協力になぜ公金で対応しなければならないかを住民に説明する必要があることなどから、NGO活動の実際に詳しい者や住民の審査および決定過程への関与は可能な限り進められるべきです。

5）助成額および予算

1）財源の類型

　当該助成制度の財源は、①都道府県の直接事業と委託事業は年度ごとに全額が自治体予算。補助事業は補助金または基金運用益と補助金の2本立て、②基金運用益、③寄付金、など完全な外部財源の類型があります。実際には多くの場合、財団として基金運用益の範囲内での制度の維持が一般的であり、近年の超低金利のもとで自治体による助成実績額は低迷して減額が続き、さらには制度そのものの一時停止に追い込まれた例さえあります。

　詳しい聞き取りはできなかったものの、現状で助成制度を維持している都道府県の協会を見ると、基金運用益だけでは制度の維持が困難なため協会が県の補助に頼って助成事業を継続しているところもあります。

　それに対して新しい助成制度に向かっているのがひろしま国際センターです。

　1995年度（平成7年度）から始めた県費補助による国際協力活動助成事業を1997年度（平成9年度）でいったん廃止し、1998年度（平成10年度）からは民間寄付による制度維持に切り替えて寄付の募集を始め、1999年度（平成11年度）から助成事業をセンター単独事業として再開しましたが、新しい制度が根付くかどうか注目されるところです。

2）貧弱な助成額

　財政事情の悪化を背景に、制度の整備状況とは裏腹に実際の助成額は低迷ないし減額を余儀なくされているケースが多くなっています。助成事業の規模はほとんどの場合、交流に対する助成も含めて総額100万円から300万円

程度であり、地域によっては100万円を切って1件当たりの助成額が4～5万円台に落ち込んでいるところもあります。本来自治体が基金や財団を立ち上げるのは、住民の国際協力・交流活動に安定的な財源を確保するためです。それが財団や基金に責任のない社会情勢の変化により十分に機能しなくなり、場合によっては制度崩壊の危機にも直面しているわけですから、基金の側から一定の財源確保や財政支援を自治体に対して要求する必要がありますが、実態としては対応する自治体は多くはない状況です。

　行政の財政状況が相当長期間厳しいままであることが予測される現状に対してどのような対策をとり実効ある助成制度を維持するべきか、今後の大きな課題です。

6）助成事例

　全体的には、施設建設・寄贈など在来型の国際協力活動が多く見られ、また対象地域も東南アジア、南アジア、特にネパール、カンボジアなど特定の地域に集中する傾向があります。また協力活動の分野としては、教育、保健、福祉、環境などが多くなっています。援助や支援として一般には分かりやすく手を付けやすい事業が多いことは、日本の社会においてごく普通の人々が国際社会に関心を持ち、助成制度を通じて行動を起こしやすくなっていることを示しており、その限りでは好ましい傾向といえます。しかし、それとは裏腹に、現在の国際協力活動がどれほど現地の人々の自立に役立ち、地域の安定した発達をもたらすかについては、事前評価も事後評価もシステムが整っていません。パターン化された援助が現地の事情を無視して行われ、むしろ弊害を呼び起こす危険性もまた指摘しておかなくてはなりません。

　その意味で、いわゆる援助漬けといった事態を回避し、自立を支援する国際協力の手法を確立するためには、対象地域を幅広くとって本当に自立に必要なケースとプロジェクトを確実に選別することが求められます。また、これまでのように単発的にヒト・モノ・カネを投入する協力形態だけでなく、地域社会を全体として安定させる、総合的な地域づくりを視野に入れた複数セクターが関わる社会開発援助や、援助に関わる課題を総合的に評価し具体策を決定して

行動に移すための国際会議や人と情報のネットワークづくりなど、より一層ソフト面を重視した協力活動に対応することも必要になるでしょう。

(5) 総合的な評価

　民間国際協力活動助成制度は、実質的には1995年（平成7年）の自治省通達を境に一般化し、定着する方向がほぼ固まったものと考えられます。しかしながら、この助成制度は自治体側が時間をかけて検討して育て上げたものではなかっただけに、現状では乗り越えなければならないいくつかの問題点を抱えています。概略的にいうならば、それはシステム設計上の理念が十分固まっていないことによる基本的な課題と、基金をベースとする財団法人の運営にかかる技術的な課題の2つになるでしょう。

　第1の課題については、行政と事業実施の当事者がパートナーとして共通の場で情報と意見の交換をし、国際交流と国際協力の目的と活動内容の違いを明確にしたNGO、CBO（ないし個人）による国際協力のための規定を明確化し、その理念に沿った事業内容と対象事業を設定する作業を行うことが必要です。これまで繰り返し述べてきたように、住民やNGOの参加と理解なくしては地域の国際協力は十分な展開ができないことは自明だからです。

　第2の課題は、第1の課題を解決する作業から解決すべき方向性が見えてくるはずです。基金の本来の目的が安定した財源の確保であるならば、その運用益で本来の目的が達成できない状況においては、住民の合意が得られる範囲で公金の支出による財源確保が正しい選択であり、パートナーシップに基づく協働作業がその条件を整える最良の前提となります。また、助成事業の運営と決定にかかる業務についても、日常的なパートナーシップが前提にあれば、助成制度を利用する側に立った制度の運営と透明度の高い審査決定方式を実現することに困難性はないでしょう。

　つまるところ、まだ歩き始めたばかりの自治体国際協力の一環としての民間国際協力事業助成制度が、政府からの通達に対する受け身の制度から自治体自身の制度に転換するためには、現時点では、それを利用し支える住民（NGO

とのパートナーシップによる制度の再点検と再構築が最も重要なのです。

4 地域主体の国際協力・交流活動の発展に向けて

　自治体の国際協力・交流施策のうちでも市民活動との連携が進んでいる事例を中心に行った実態調査について、その全体を簡単に要約しておきます。

(1) 自治体国際協力・交流活動の定着

　事例調査を通じて、まず、多くの自治体が真剣に草の根の国際協力施策に取り組んでいる実態が確認されました。1980年代後半から激しく日本社会を揺さぶった国際化の衝撃は、ここにきて、日本の各地域で住民の地球市民意識を高揚させています。もはや市民の運動や自治体が国際社会のアクターとなって地球規模の課題に取り組んだからといって、珍しがられたり、特にほめたたえられたりする時代ではなくなっています。全国の先進事例調査では、現地に出かけたところ、実際には活動がピークを越えていて活発ではなくなっており、調査事例としては取り下げたものもありましたが、逆に現地に行ってその自治体の国際協力活動のすばらしさ、住民活動との連携の強固さ、そして施策をリードする首長の高い見識などに触れて感銘を受けることも少なくありません。東京都内の区市町村の実例からは、特に先進的とはいわれていない普通の自治体でも実に豊かに施策が展開されていることを知りました。また、各地で、国際交流協会や支援財団が思慮深い支援・助成の活動を進めていることも分かりました。1995年に自治省は「交流から協力へ」と訴えて「国際協力元年」と位置づけ、地域国際交流協会の特定公益法人化を推進して活動の活性化を促進しましたが、そうした趣旨は自治体の現場でしっかりと実現されています。

　このように、自治体の国際協力・交流活動が普及すると、自治体によっては、他の目的のために行う事業についても、いわばトッピングのように国際協力・交流という説明を加えることが生じます。これは、環境や人権などについても

いえることですが、「国際」もまた、住民やその代表者である議会に自治体の施策を呑み込んでもらうために便利な、喉ごしのよい説明材料なのです。中には、本来の事業目的を隠していることすらあります。こうしたトッピングのような国際協力・交流活動と、本調査で実際に現場に出かけて見聞した本当に内容のある国際協力・交流とは、明確に区別することができます。首長の姿勢、職員の執務態度、そして市民、NGO、CBOの参加・参画の有無をチェックすれば、国際協力が本来的な事業の目的なのか、副次的な説明の道具にすぎないかは自ずと明らかになるのです。

また、事業がどのような人材に支えられているのかが、成否の決定的な要素です。

(2) 国際協力・交流活動の情報に関する自治体の弱点

自治体による国際協力・交流活動には、その構造的な特性からくる多くの弱点があり、それらは今回の調査でも確認されました。しかし同時に、調査では、こうした弱点を克服する方法、特に住民の参加・参画による克服も見られました。

第1の弱点は、自治体は長い間自己の管轄する地域の経営に専念してきたために、国際社会の実態を自ら把握する手段を持たないということです。多くの自治体では職員が海外出張する機会に乏しく、それも幹部職員が順番で出かけるものになりがちです。川崎市のように、特に若手に海外研修の機会を与え、長年にわたる研修事業継続によって多くの人材を蓄積できた自治体はごく少数です。また、自治体の職務では、海外からの情報はほとんど届かないうえに、部課の間での流通も乏しいのです。そのために、自治体には、国際協力・交流活動を自ら発案する基礎的な情報収集力が蓄積されないのです。

自治体は、国際社会で草の根の国際協力・交流活動に携わっているNGO、CBOに関しても情報不足です。これまで、日本の社会では、NGO、CBOは自立的な運動を展開していたので、NGO、CBOの側から自治体に接触してくる機会はほとんどありませんでした。自治体の側も、NGO、CBOの性格や活動のスタ

イルを十分に知らないために、それを福祉の領域などに多い半官半民で行政の仕事を地域で手伝ういわゆる手足型のボランティア団体と混同しがちでした。

1998年にはNPO法が成立し、一般的にはNGOの時代、NPOの時代ともてはやされていますが、多くの自治体は、地域のNGO、CBOに関する情報を持っていないのが実情です。

こうした弱点は、いわば自治体の構造的な欠点で、普通の自治体にはみな共通して見られます。それに対して今回調査したような先進的な自治体では、何らかの方法でこの弱点を克服しています。

まず最初に考えるべきなのは、自治体が固有の情報を持たないのであれば、政策の選択を、外部からの紹介の是非、適不適に絞って検討することです。自治体は、自分では国際協力・交流を発案できなくても、持ち込まれた企画については適否の判断はできます。その際には、紹介者の信頼性、持ち込まれた企画の実施可能性、継続可能性、必要な経費の計算の確かさ、類似した先行事例の成否の調査などがポイントになります。また、判断する際に外部の援助を受けることもできます。東京都町田市が再生自転車譲与の先行事例から学んで救急車、消防車の譲与に変更し、現地の事情の調査から消火栓のない場所でも活躍できるタイプの消防車を送りだして成功した事例などは、自治体が自己の努力で事前の情報不足をカバーできた好ましい例です。

外部からの情報によって施策の適不適を判断するとき、その情報源はどこに求められるのでしょうか。これまで自治体は往々にして中央官庁にこれを求めてきましたが、分権化の時代には、情報源を分散させ、特に現地・現場に近いところから情報を得たうえで自身が主体的に取捨選択する決意が必要です。そうした意味では、国際協力・交流については、自治省、自治体国際化協会（CLAIR)、全国市町村国際文化研修所（JIAM）などの国の機関（CLAIR）には月刊誌『自治体国際化フォーラム』があり、JIAMに季刊誌『国際文化研修』があり、いずれも全国の事例を紹介していて有益です)、国際協力事業団（JICA)、青年海外協力隊、国際緊急救助隊などの専門機関および地域内にあるその施設（JICA研修センター、青年海外協力隊訓練所など）から適切な情報を得ることも大事ですが、ここで特に強調したいのは、NGO、CBOと連携して現地の事情、

事業に期待される効果・影響などについて事前に調査、評価することの有効性です。草の根の国際協力を第一線で担っているNGO、CBOには必要な情報が集まっていて、自治体の政策判断の基礎的なデータになり得ます。これはいわば情報面での住民参加・参画であり、今回の調査でいえば、島根県横田町とNGOの日本民際交流センター、長野県楢川村とオイスカ、東京都豊島区と㈶家族計画国際協力財団（ジョイセフ）、神奈川県と日本国際ボランティアセンター（JVC）などにそうした適切な連携の例を見ることができました。

　もう一つ注目されるのは、最近では自治体と国際的な機関との連携事例が増えていることです。埼玉県とWHO（国際保健機構）とのネパールの基礎保健医療における連携、滋賀県とUNEP（国連環境計画）との世界湖沼会議における連携などはすでに著名ですが、今回の調査でも、乾パン提供事業においては日本外交協会を通じてWFP（世界食糧計画）の要請に応じていた事例や、再生自転車提供事業でNGOのジョイセフと共にいくつかの国際機関が自転車の提供先の決定に参与していました。こうした事例も今後さらに増加するでしょう。

(3) 国際協力・交流事業の実施における自治体内部の連携

　自治体は国際協力・交流活動の実施体制についても弱点を持っています。外部からの企画の持ち込みを受けてそれを行おうとすると、自治体は、いずれかの課のレベルで対応することになります。ところが、担当課が決定されると、その課は本来の業務に関する頭で事業にあたるので、違った視点からこれを見ることが難しいのです。

　たとえば、土木課には環境の観点がなく、環境課には国際協力の観点がありません。また教育委員会は子どものことしか考えません。その結果、国際協力・交流の事業は担当課の権限内の事業という性格づけを与えられることになります。

　国際協力という観点は、長い自治体の歴史からすればごく最近になって登場してきたコンセプトであり、事業の担当課にとっては、国際交流よりもはるかに疎遠なものです。そこで、自治体の職員の中には、国際協力・交流活動をそ

のものとして理解するのではなく、従来からの担当部局の執務の姿勢をそこにあてはめようとすることがあります。そうすると、国際協力を必要とする現地の事情、そこに生じた困難が現地の住民生活に広い範囲で影響していることなどの理解が難しくなります。具体的には、たとえば同じ難民の子どもを扱うにしても、教育委員会はそれを教育の欠乏と捉え、衛生部は公衆衛生の欠如、あるいは栄養の不足と理解し、児童課は家庭環境の劣化と健全育成の阻害と考えます。そうすると、子どもが直面している同じ困難が、事業の担当課次第で違った様相のものとして理解され、本来の、子どもの生活や生命が広範囲で脅かされているという事態への認識が難しくなるのです。

　今回の調査事例でいえば、東京都の区市町村調査で知った自転車譲与事業は、ジョイセフとムコーバーリサイクル課、駐車場センターと土木課、在京大使館と国際課という3グループに分かれ、担当する部局がどれであるかによって、同じ駅前の放置自転車が、ときには環境問題、ときには駅前の不要なゴミの処理問題、ときには発展途上国への援助問題と、まるで性格の違った事業として海外に送られていました。

　この縦割り行政による弊害は研修生の受け入れ事業にも表れます。調査の結果で明らかなように、研修生の受け入れ事業は各自治体で多様に展開されています。自治体の自発的な国際協力事業として行われているものの場合は、内部に協力体制があって、研修生のトータルな生活に対応していますが、これと別にしばしば目につくのが、外部の委託を受けて担当課が行っている研修で、研修費用も外部の機構が負担するものです。たとえば医療の領域で、外部の研修生受け入れ支援機構と提携して地域医療や公衆衛生の研修が行われる場合には保健課が担当することになります。担当課は研修が国や外部の団体の行っている国際協力事業の一環であることは認識していますが、自らが担当している部分について国際協力事業を行っていると自覚したり、それから国際交流の面も育てようという意欲を持ったりすることはほとんどなく、研修生には研修先およびその周辺での生活が与えられるだけで、住民と交流したり、帰国後の活動に対する支援協力の体制を住民とともに作り上げるまではしません。逆に国際課の側も担当課に任せて関心を失うので、研修の内容などもほとんど知らず、

研修生への支援の体制はこちらも作らないのです。

　人材の派遣の事業にしても似たようなところがあります。たとえば旧共産圏の2地域との交流・協力事業を行っている市の場合は、一方の担当課は国際担当で、もう一方の担当は青少年担当です。各々の担当課は、事業を実施する市民参加型の組織として交流を担当する協会を別個に立ち上げています。そうすると、担当課の性格によって事業の内容が違ってきます。国際担当が扱うものは正しく国際交流・協力事業と位置づけられる一方、青少年担当が扱うものは青少年の健全育成事業ということになり、青少年交流を超えた成人の交流事業や植林などの協力事業は視野の外に出てしまいます。また、今回の調査事例ではありませんが、ある県では、衛生部がある国で行っている公衆衛生の協力事業について国際交流課がほとんど知らず、逆に国際交流課が行っている別の国との医療協力について衛生部が知らない事例があります。

　こうした縦割りの弊害を避けるために、多くの区市町村では、自治体の内部に連絡調整機関が設けられており、通常は国際課が幹事役を引き受けています。そして、総合性、組織性、計画性を高めるために、この組織をグレードアップして、首長に近い位置に置いて総合調整権限を持たせようとする自治体もありますが、そうした機構いじりの前に、連携がうまく機能している自治体には必ずそれを巧みに動かしているキーパーソンがいることを考慮しておきたいものです。このキーパーソンは、外部のNGO、CBOに詳しい職員の場合もあるし、特に熱心に応援をかってでた市民が協議会委員や懇談会委員となって助言している場合もあります。いずれにせよ、行政内部の連絡調整に巧みな人材がいることが、組織、権限、予算の壁によって、草の根の国際協力事業が持っている生き生きとした特性が弱められてしまうことを防ぎ、事業を発展させているのです。

(4) 出会いがしらの国際協力の克服

　自治体の国際協力施策のもう一つの問題点は、いわば「出会いがしらの国際協力」とでも呼ぶべき現象です。海外の情報も持たず、またそれに詳しいNGO

との接触もなければ、何を行う必要があるかについては理解できないことが多いでしょう。そのような状況にあるときに、何らかの縁故のあったNGO、関連業界、公益団体、国の機関などから国際色の豊かな企画が紹介されると、自治体はそれにそのまま丸乗りしてしまうことが多いのです。また中には国際社会の問題に関心を持ち、国際協力事業への意欲的な自治体および自治体職員が取り組んだ場合でも、同様の理由で必ずしも成功しているとは限りません。具体的な事例は、今回の調査の中にもいくつも存在しています。

　自治体に持ち込まれる企画には、もちろん、環境、公害、疫病の流行、子どもの虐待、女性差別、障害者差別、貧困の蔓延、飢餓、開発の遅れなど、国際社会の抱える深刻な問題がテーマとされており、その解決へ協力することが国際公益の実現であるとうたわれていて、それ自体には説得力があります。問題は、自治体が、質量ともに限られた資源を投与するにあたって、持ち込まれた企画とそれ以外のあり得べき国際協力・交流事業などを比較して最適のものを選択するという観点が存在しないことなのです。企画の持ち込みは偶然の縁故によるものが多く、また、国や外郭団体が紹介する場合は、広く多数の自治体に事業参加を勧誘し、手の挙がった自治体に割り振ることも多いわけで、その際、外部の関係者がその自治体、その地域の特性に着目して提案することはそれほど多くないのです。

　こういう経緯で始まる自治体国際協力・交流活動では、地域の特性を活かした取り組みに高めることはなかなか困難であり、地域社会での理解や支持の調達も容易でなくなります。また、その事業に一定の公益性があるとしても、その他の事業の公益性との比較検討がありません。同じ努力を払うのであればより一層効果的な事業があり得ても、それは知られていないために、眼前の提案に公益性があるかどうかだけで採否が判断されることになります。政策選択の手法としては極めてプリミティブと言わなくてはなりません。

　こうして「出会いがしら」に施策が採択される事態を避けるためには、事業開始前の評価調査が必要になります。その際には、活動の内容、相手となる地域の実情、活動のカウンターパートが他と比較してより一層望ましいとされる理由が明らかになるべきです。また、この分析の際には、事業によって自分た

ちがどのようなメリットを受けるのかということを中心に考えるのではなく、むしろ、協力事業が現地で本当に相手方が必要としているところに応えているか、事業実施によっては相手方の自立を支援できるか、逆に援助づけの依存体質の強化をもたらすことがないか、などを考えなければなりません。要するに、まずは相手方の立場を理解することから始めるべきなのです。

　ブータンに何を送るべきかを独自に調査して送る物資を変更した東京都町田市の他にも、ミャンマーの漆の事情を調査して、そのすばらしさを知り、交流・協力事業では日本側の技術を押し付けず、むしろこちら側が学ぶべきだとする実に正しい結論に行きついた長野県楢川村、ハバロフスク市との交流、植林協力に際して何度も調査団を派遣して、相手側の事情に配慮した植林を企画し、それも公園整備として位置づけた東京都武蔵野市なども、謙虚に調査にあたった例として注目されます。一般に、調査が足りない国際協力事業では、往々にして、善意の押し付け、物資のばらまき、金銭の不用意な贈与による堕落への誘惑が起きがちです。しかし、今回の調査事例では、事前の調査をそれも市民参加・参画型で実施して効果をあげているものが多かったのです。このような市民参加・参画型の事前調査は、今後も必要性が高いと思われます。

(5) 姉妹都市提携を活用する国際協力活動

　情報面の弱点を持つ自治体が、それでも主体的に情報を得て地域主体の国際協力・交流の施策を決定、実施できる場合があります。それが、姉妹都市提携と結び付いた国際協力事業です。今回の調査でも、東京都板橋区とモンゴル、武蔵野市とルーマニア・ブラショフ市、青森県板柳町と北京市昌平区、町田市とブータン、長野県駒ヶ根市とネパール、楢川村とミャンマーのように、協力事業と交流が連動している事例は、住民による事業の理解も進んでおり、うまく回転しています。

　地域主体の国際協力・交流では、住民の参加・参画の重要性があらゆる側面から指摘されます。そして、国際協力の研究者がいうように、「10名の素人の眼は1名のエキスパートの眼よりも鋭い」のであって、住民が交流活動の中で

協力活動の有様を実地で見聞することを通じて、事業に関する各段階の調査・評価、つまり、事前の情報取得と調査、事業実施中の実情把握と評価、事後の評価にとって貴重な生きたデータが提供されることになります。また、住民交流が活発になれば、現地での住民同士の交流だけでなく、帰国後の手紙のやり取り、相手側の住民が日本を訪問した際の交流活動、あるいはインターネットを通じた通信のやり取りなどを通じて、事業の効果、あるいはその悪影響などの情報が増し、その分適切な評価ができるようになります。

1980年代に、国際交流活動のマンネリ化を批判して「交流から協力へ」といわれるようになりましたが、正しくは「交流の中から協力を」「友好交流から政策交流へ」でなければなりません。今回の事例では、協力の事業が住民による交流活動と並行して進められている成功例が多かったことも、この辺の事情を物語っています。

(6) 自治体の縦割り行政がもたらす外部との連携への障害

ここで、こうした縦割り行政が問題にされるときにしばしば忘れられる論点をあげておきます。それは、これが自治体内部での障害になるだけでなく、外部との関係にも大きな影響を与えるということです。たとえば物資供与型の国際協力の場合、相手先からの報告書、礼状の類はだいたい国際課が受け取り、そのままになってしまいます。それが上部に報告されることはあっても、横の関係で実施担当課にまで回覧されるのは珍しいのです。そこで、事業を実施した課にしてみれば、まさに礼状一本届かない状態になってしまうのですが、それが、担当課が自分の行っている事業の効果を測定できないという結果をもたらし、ひいては担当者のやる気にも悪い影響を与えていくのです。今回の調査でも、実際に効果があがっているのに担当者がそれを知らないという事例に出くわしています。こうなると、国際課はむしろ事業の発展を妨げているようにも見えます。

もう一つの問題は、外部からの情報がそれを本当に必要としている部局に伝わらないという大きな欠陥です。外部からの勧誘が国際課どまりで消えていて、

担当者に伝わらないことも少なくありません。この際特に注意しておきたいのは、外部の支援財団からの助成申請の勧誘が担当者に届かないという、支援財団にすれば到底放置できない重大な欠陥です。支援財団は、区市町村の現場で草の根の国際協力に尽力している市民グループを支援することを使命としているのですが、区市町村の国際課ないし国際交流協会を経由して広報すると、それは、区市町村のNGO、CBOのうちでも国際課に近いものにしか伝わりません。国際課、国際交流協会自体がその他の課と連携することも少なく、また自主独立して活動している団体についてはもともと知らないために情報が広がらないのです。たとえば、神奈川県の「かながわ民際協力基金」は優れた制度設計であるのに応募件数が少ないということが起きています。

協会が考えているほどには市町村では情報が流通していないのではないでしょうか。東京都の場合も、支援財団側が考えているようには広報が進んでいないし、国際協力事業が支援の対象になったことすら知らない団体も多い。区市町村の現場では、市民活動グループは、財政面で困難を抱えているにもかかわらず、市民活動の助成制度については知らないという不幸な事態があるのです。

(7) 地域主体の国際協力事業の主要な事業内容

自治体の国際協力・交流活動は、すでに東京都内の区市町村ならびに全国の事例調査で詳細に見たように、物資提供（物資の送付／現地購入）、資金提供、研修生受け入れ、専門家派遣、ネットワーク、国際理解教育・啓発、NGO・CBO支援、ODA実施機関・国際援助機関などとの連携など、多彩に展開されています。

1) 物資提供

物資提供では、まず、緊急援助があります。自治体は、緊急事態への迅速な対応が得意ではありませんが、ここで注目されるのが「日本外交協会」を通じた乾パンの提供事業です。これは、難民支援と緊急食料支援を目的に協会が1983年から始めた事業であり、世界食糧計画（WFP）の支援要請を受けて外務

省が日本のODA予算で輸送費用などを負担して行われる難民支援の部分と、協会が独自にNGOに委嘱して行っている緊急食料支援の部分とがあります。これまでに総計で約2,000万食が提供されていて、最近では、北朝鮮、ルワンダ、旧ユーゴ、スーダン、ウガンダ、ソマリア、カンボジア、アンゴラ、エチオピアなどに送られています。

　これは、自治体が行うことのできる一つの有力な事業であると思えます。基本的な理念は、災害対策用に備蓄されていた乾パンについて、5年間に実際にこれを必要とする大規模災害が生じなかったことを喜び、この期間に災害に出会った地域の人々に渡して有効に活用してもらうということでよいのです。そして、現に北朝鮮などでは日本のNGOが配布しており、WFPに渡った分も実際に配布するのは現地のNGOであるように、こうした制度がうまく機能するには人手が必要です。そうした必要性に応え、また、自治体から提供されるものが適正に配布されているかをチェックする趣旨からも、できれば輸送と現地での配布作業により多くのNGO関係者が参加した方がよいでしょう。また、その経験を記録して資料化すれば、広く住民の啓発に使うことのできる国際理解教育の生きた教材としても利用が可能になります。多くのNGOが参加することで、この事業はさらに意義が増し、活性化するでしょう。

　次に、相手方の地域の自立を支援する意図で行われる物資の提供事業が多くなっています。また、国際協力を環境問題や省資源問題などと結び付けた複合的な施策も目につきます。提供される物資の種類や量は日本側で決めているので、相手方のニーズをどこまで満たすかは不確実な点もありますが、届けられたものはおおむね目的に沿って有効に活用されているようです。これについては、宝塚市や町田市の消防自動車譲与事業のように、住民の参加性を強めて、住民自身が実際に物資を相手側まで運搬して届けて、現地で実際の必要性や他に提供すべきものなどを調べ、併せて現地の住民との交流事業にも取り組んでくるという方法が望ましいでしょう。その経験も、後に市民啓発事業や開発教育の貴重なテキストとして活用できるはずです。

　一方、物資を日本から送ることをせずに、現地で必要なものを購入して提供するケースもあります。日本から送られる物資は輸送費用が高額であることに

加えて、現地に届いてからも、税関でのトラブルが少なくありません。善意の古着でも、相手方の国では立派に商品性があり、輸入税の対象になりかねないためです。また、援助物資が大量に出回ることで、現地の地域振興や産業商業構造に対する悪い影響が出ることもあります。たとえば医薬品が大量に配られたために、現地で地域医療にあたっていた国の機関や村の祈祷師が困惑して反対運動になったり、現地の薬局が経営困難になって抗議してくることがあります。こうした不測の事態を避けるという意味でも、現地購入方式は注目されます。今回の事例の中では、青梅市のNGOがタイで行っている事例が目立ちます。この方式では、実際に現地に出かけて物資の選定をしなければならないから、NGOの活動家の参加、参画はいわば当然に前提となっています。

以上、いずれの場合も、結局は、住民が足しげく現地に出かけることが事業成功の鍵となります。「ものの交流から人の交流へ」という考え方はこうした必要性を正しく言い当てているのです。

2）資金提供

物資提供の先にあるのが資金提供です。この場合は、提供された資金をどのように使うか、事業の計画、実施、評価を援助を受ける側が自主的に決定することになります。また、供与された金銭の一部は人件費や活動運営費にあてることができるので、効果的に運用されれば、自立支援の効果が一層期待できます。

しかし、逆に様々なリスクも大きい。特に、関係者の恣意的な運用や私腹肥やしにどう対処するのかは、およそODAという事業が始まってから、世界中の関係者が頭を悩ましてきた課題です。

住民の参加する地域主体の国際協力・交流では、住民が交流のために現地に行けば現地での金の流れはある程度把握できますが、日本との交流・協力関係の中心にいる人やその家族、親類などが急に羽振りがよくなれば、それなりに目立ちます。しかし、かつての「援助貴族」のように、活動の現地から遠くはなれたところで財隠しをされては到底把握が困難です。受け入れ団体のガバナンスの強化、特に会計の透明性の向上に期待する他はありません。

3）研修生受け入れ

　研修生受け入れでは、JICAなどの国際援助実施機関との連携によるものと、自治体の単独事業として行われるものとがあります。前者の場合は、どのような研修生を呼ぶかについて援助実施機関側で大きな規模の調整がなされ、広くアジア、アフリカ各国から研修生が来日していますが、自治体単独事業で行われる場合は、結果的に中国などの一部の国に集中しがちです。数年前の調査でも、研修生の80％以上、派遣専門家の60％以上は対中国関係でした。そこで、自治体が単独事業で行うときには、まずは研修生の派遣元の国をどうやって多元化するのかに頭を絞る必要性があります。いずれにせよ、地域に研修生を受け入れ、自治体や地域社会に貯えられている産業技術、企業経営情報や文化、地域経営のノウハウなどを広めることには、国際協力として大きな意義があります。また受け入れ地域における国際理解や地域の国際化にも貢献するので、なるべく多くの研修生を受け入れることが望ましいのです。

4）専門家派遣

　同様に、もう一歩相手地域に踏み込んで技術を提供する専門家派遣も有効な施策です。国や経済界が提供する大規模なプロジェクトのノウハウと違い、自治体やNGOを通じて伝えられる情報や技術は、いわば等身大の知恵として、活用される領域が広いのです。また、これは、すでに日本の地域では活用方法がなくなってきて、いわば眠り続けているような技術を再生することにもつながり、関係者が生きがいを取り戻すという効果も大きいのです。今回の調査では、そろばんの活用を広めている島根県横田町、リンゴ栽培技術、リンゴを使ったまちおこし施策の協力を行っている青森県板柳町などに優れた例を見ることができました。

5）ネットワーキング

　日本の自治体はさらに、様々な課題に取り組むために、国際的・国内的なネットワークづくりに力を注いでいます。国境を越えた環境問題への取り組みや地域発展を目的とするもの、あるいは地域環境の保護、野生動物や渡り鳥の保

護、歴史的文化遺産の保全など特化した目的のための連携、あるいは国際的な自治体連合機構の立ち上げなど、ネットワークの規模や目的は様々ですが、いずれも21世紀の地球市民社会における自治体間連携に発展することが期待されています。同じような意味で、ODA実施機関や国際援助機関などとの連携も注目されるものです。

　逆に、内に目を向けると、自治体は地域の市民の国際理解、地球市民意識の高揚に向けた施策を展開し、NGO、CBOへの支援事業にも盛んに取り組んでいます。また、こうした活動に取り組む際に、多くの自治体は地域個性の発揮を考えており、そこから事業が選択され、実施されているケースも多いのです。実際、自治体の国際協力・交流政策が成功している事例では、この地域個性や市民社会の特徴を十分に配慮した施策が多くあります。こうした事業展開の中では、NGO、CBOとのネットワークが鍵になっています。繰り返し指摘すると、地域に住民の活動グループがないと見るのは偏見で、自治体の担当者がそれを知らないだけと考えて探せば、必ず連携するに値するすばらしい活動団体に出会えるのです。「うちにはろくなNGOがなくて」という国際担当者が少なくありませんが、たとえば青梅市の「アジアの子どもに愛の手を」実行委員会のようなユニークな団体は各地にあるのではないでしょうか。自治体関係者は、NGO、CBOの不在ではなくて、優れたNGO、CBOが自治体に近寄ってこない事態を嘆くべきなのです。

　調査のエピソードを紹介すると、東京都台東区内には全国組織のNGO日本国際ボランティアセンター（JVC）の事務所がありますが、これまでの台東区との関係は希薄でした。ところが、今回のヒアリング調査で台東区を担当した調査員がたまたまJVCのメンバーであったことから、相互理解が急速に増しています。台東区は、国際協力・交流施策を推進する一歩として、区内のNGOリストづくりに着手する意向ですが、それも、NGOとの協力の中で進めるのであれば、JVCのようなNGOの情報ネットワークも活用できて、多彩な団体との連絡がつくようになるでしょう。また、リストづくりを単にそのものとして行うのではなく、駒ヶ根市の「協力隊週間 in 駒ヶ根」のように参加性の高いNGOイベントの企画の中で推し進めれば、生き生きとした現に活躍中のNGOのリスト

ができあがるでしょう。

　リストといえば、東京国際交流財団が予定している全助成事業の対象団体による助成事業の自己報告書も注目されます。こうした企画は全国ではじめてで、特に、各団体の自己評価、自己報告である点が優れています。助成した全事業を詳細に紹介することは助成財団としての都民全体に対するアカウンタビリティーを果たす意味もありますが、都内で活動している多数の交流、協力の団体が紹介されることになるので、市民がNGOの活動実態を知るうえで参照する価値の高い情報源となるでしょう。

6）国際理解教育・啓発

　今回の調査では、特に大阪府豊中市に代表されるように、住民に対する国際理解教育、地球市民意識の進展の事業に熱心な自治体が対象になっています。もともと住民参加型の国際協力・交流活動では、住民の参加、参画が基本になるのであって、その部分に配慮して、常に教育、啓発を怠らないことが事業の発展、成功につながっています。この場合に豊中市が特に注目されるのは、全体に人権の確保、実現が目標とされていること、住民が参加する参加型学習のプログラムが提供されていること、プログラムの作成、実施においても、広くNGO、CBOの参加・参画が確保されていることでしょう。

　ここで特に注目したいのは、かつて神奈川県国際交流協会が中学生少女の体験記のシリーズにまとめて発行して大いに好評だった「たみちゃん」シリーズのような参加型の地球市民教育テキストづくりです。すでに物資提供型の活動に関して言及したように、相手地域が緊急に必要としている物資の提供に、それを運搬して現地で配布に協力し、人々と交流して現地の事情を直接に把握する住民、NGO、CBOの派遣があり、その人々の活動が同行のマスコミによって住民に報道されたり、帰国後に自ら体験をテキスト化すれば、まさに住民が住民のために作るよい教材となります。すでに宝塚市のネパールへの消防車運搬ボランティアの活躍については、同行記者のルポルタージュ報道があります。これに接することで、住民は「ものの交流から人の交流へ」という国際交流・協力の価値を実感することができるのです。

同じことは、研修生の受け入れなどについてもいえるでしょう。今回の調査では、東京都北区が東京外語大学と提携して行っている国際交流員の事業やホームビジットの報告集がすばらしいできばえでした。参加者、関係者の一人ひとりの声が聞きとれるような編集で、事業に直接に参加できなかった住民にも事業実施の明るく楽しい雰囲気が伝わり、以後の活動への参加の意欲がかき立てられます。

(8) 住民参画を基礎とした地域主体の国際協力

　自治体の国際協力・交流活動は、自治体が単独で行うよりも住民参加型で行う方が意義が大きいのです。一般論としてこのように主張することは今日では常識化していますが、実際に全国で展開されている実例によってそれを裏付けることができたのは本調査が最初でしょう。実例として調査できたのは、全国で3,000余りの自治体数からすれば微々たる数の自治体ですが、地元のCBOや専門的なNGOと連携することで施策に成功している個々の事例から学ぶべき点は実に多かったのです。
　連携によって自治体とCBO、NGOの双方の意識が変わります。地域の住民の側についていえば、地域にやってきた外国人との交流、あるいは海外への旅行の経験を通じて、地球上の多くの社会に様々な問題があることを知り、その解決に協力しようと考える市民が増大しています。行動的な人々は、地元でボランティア・グループを結成して活動を開始しています。こうしたCBOは、もともとは自治体と無関係に生じる自立的な運動ですが、狭い地域の中で自然とその存在が知られ、あるいは関係者が意図的に自治体に働きかけた結果、自治体との連携が生じ、さらにCBOとしての活動が発展するのです。
　また、専門NGOにも変化が生じています。すでに事例の調査報告の中でも述べたように、日本のNGOは、もともと海外の地域にある問題の解決を志す人々の集団であり、日本の地域では孤立していて住民との接触は少なかったのです。日本の地域や住民もNGOの存在に気づくのが遅れていました。しかし、最近になって、NGOとの連携が世界的な潮流になる中で、まず神奈川県などの一部の

自治体がNGOとの連携を開始し、ついで国やODA実施機関がNGOの協力を求めるようになり、外務省の「NGO事業補助金」や郵政省の「ボランティア貯金」制度が発足し、その後、多くの地域でNGOが注目され、NGOも地域に新たな資源を求めるようになって、自治体との間でも協力の関係が徐々に作られるようになりました。

今日では、自治体の側からのNGO、CBOへの働きかけは、国際交流協会や国際化協議会などの設置、国際交流センターなど市民活動を行うスペースの提供、各種助成金・補助金の提供という3点セットを軸にして展開されています。NGOの側にも、これに対応して自治体との接触を深めるものが出てきました。今では、NGOによっては、自治体担当というポストを設けているものもあります。

今後、日本の地域でNGOがいかにあるべきかについては、やや立場は違いますが、長野県駒ヶ根市の青年海外協力隊訓練所の考え方が参考になります。つまりここでは、そもそもの施設の建設の当時から、ここを巣立っていく若者は世界各地で地域に関わり、地域の人々と交流し、そこで事業を展開するのだから、そういう若者が、また彼らを教える訓練所の職員が、はるかに条件のいい駒ヶ根市で地域に参加できず、地域から浮いているようでは訓練の成功がおぼつかないという考えのもとで、職員の宿舎の確保から地域密着型で展開し、訓練生にはまず駒ヶ根の住民になれと指導してきたのです。その成果が「駒ヶ根市協力隊を育てる会」であり、「協力隊週間 in 駒ヶ根」なのです。日本のNGOも、自分たちの日本における拠点が置かれている地域にあっては、その地域の国際協力、交流に関われるようであるべきでしょう。

他方で、自治体の側についていえば、地域主体の国際協力・交流事業を行うにあたっては、庁内で権限の壁、組織の壁、予算の壁を乗り越えた協力体制を作り上げなければならないし、国際問題に明るいCBO、NGOとのネットワーク型の連携体制を作らなければ事務が十分に遂行できません。これはいずれも、自治体職員に新しい執務の態度を求めるものになるため、その企画の総合調整と首長のリーダーシップが重要ですが、成功した事例の場合は庁内の職員全体の執務のあり方にもよい影響を与えています。また、CBO、NGOとの接触を通

じて、自治体の独善が改善される効果も大きいものです。

(9) 地域経営戦略との関連

　今日、地域主体の国際協力活動には地域振興の観点からの大きな期待が寄せられています。今回の調査でも、いくつかの事例を知ることができました。もともと経済局主導で始まった北九州市の国際交流や協力、伝統的な地場産業であるそろばん製造、木曽漆、リンゴ栽培などを活用した横田町、楢川村、板柳町、NGO主導のまちおこし事業である鹿児島県のからいも交流など、地域の振興に役立つ施策はやはり活気に満ちています。

　そうした意味で、草の根の国際協力、交流と地域振興策を結び付けることを高く評価したうえで、しかし、調査の過程で特にNGOの側から聞かれた意見として、次のような点を指摘しておきたいと考えます。

　まず、南の地域が抱える困難について、それが地球社会の経済構造の歪みから発生していることを理解する必要があります。ここをしっかりと見つめないと、肝心の支援が方向違いのものに終わったり、現地の問題解決に役立たなかったりしてしまいます。

　また、南の地域で活躍しているNGOの多くは構造の問題点を認識しているので、自治体や地域のCBOの理解が不十分であると、それが原因で相互の活動に摩擦が生じ、批判がこうじて不和になる危険性もあります。自治体側の地域おこし策も、こうした構造的な問題を十分に考慮したものであることが望まれるのです。

　次に、地域振興を、地域の経済的な発展だけに絞って理解することは適当でありません。今回の調査でも、提携先が中国である場合に、経済交流を強く求められている事例が目につきます。しかし、地域主体の国際協力、交流の意義は、そうした経済一辺倒の考え方を反省し、地域の福祉の向上や住民の地球市民意識の高揚などにも価値を見いだす地域振興へと転換するきっかけになり得る点にあるのです。住民が自分の地域に誇りを持てるようになり、遠くの交流相手の地域やその人々を思いやる気持ちのゆとりが持てるようになるというこ

とです。最近は使う機会が減少していた技術や道具、機械、生活の知恵を国外で有効活用できれば達成感が得られます。こうして市民が元気になることは立派に地域振興策なのです。この点では、人口3,800人の長野県楢川村がミャンマーとの国際協力、交流活動に臨んでいる姿勢、考え方、特に村長以下の多くの関係者が心を込めていっていた「交流を通じて自分たちこそ多くを学び、一層こころ豊かな生き方ができるようになる」という気持ちの持ちようが最も印象的です。

したがって、地域振興策は、まず何よりも住民の国際意識の促進と連動している必要があります。地域の経済的な発展はもちろん大事な課題であり、国際協力・交流でそれにいくぶんかでも寄与できるのであれば積極的に追求すべきものですが、それ以上に大事なのは住民の心の変化です。北九州市の国際協力について、この調査では、JICA九州研修センターの誘致、国のODA事業の一環である研修生の大規模な受け入れ、環境庁の環境研究委託事業の受託、国と組んだ大連市の都市環境整備計画の支援など、経済性を忘れていない草の根の国際協力と説明してきました。市の国際協力事業は国のODAと深く結び付いており、国のODA予算を地域に引き込むことに成功しています。しかし、市の施策の紹介がこれだけで終始すれば、おそらく、これまで施策を考え、それを実行してきた関係者は不満でしょう。北九州市の施策が成功しているのは、確かに経済性の重視もありましたが、もっと根底的な部分で、かつて重化学工業都市としての公害に悩み、それと闘って克服し、「ばい煙を星空にかえたまち」といわれるほどに環境を改善してきた住民と自治体の努力についての市民的な自負心があり、その苦しみが深かった分だけ深く真剣に、同じような公害に苦しむアジアの人々の問題解決に協力しようとした市民的な決意があります。こうした気持ちと、優れた技術の蓄積がなければ、北九州市も他の公害都市と同じ水準にとどまったでしょうし、またたとえばリオデジャネイロの世界環境サミットで、公害防止、環境保護に貢献した自治体として世界中でわずか11のベスト・プラクティスの1つとして選ばれることもなかったでしょう。

（10）住民に向けての広報、啓発

　以上見てきたように国際協力活動の成功の鍵は、草の根の住民の参加にあります。
　今回の調査でも各地で住民参加が足りない事例に出会いました。多くの自治体では、住民に対する啓発もありません。すでに繰り返し指摘してきたように、自治体の国際交流・協力活動は、開発教育、異文化理解教育と結び付けるべきです。ところが、首長に特別のリーダーシップがあれば別ですが、通常は、国際協力、交流の事業を行っている部局と、広報の部局、あるいは地球市民教育を扱う部局とが切れていることが多いのです。そうすると、実は身近なところに格好の教材があるのにそれを活用することがなく、仮に教育や啓発が行われても一般論を上から注入しようとするタイプのものに終始してしまうことになります。これは実にもったいないことで、住民への啓発や教育では、実際に隣人が行っている、生き生きとした実例に多くを学ぶことができるのです。そうした意味では、豊中市のように、市長部局と教育委員会とNGO、CBOが連携し、国際交流協会という形で統合的、計画的に地球市民教育に取り組んでいる例が参考になるでしょう。

（11）NGOに向けての広報、啓発

　自治体の教育、啓発施策は、NGOの活動・運営基盤の強化を通じた、活動育成策とも結び付かなければなりません。活動基盤の脆弱なNGOに対するカネ、ヒト、活動場所での支援は必要です。それだけでなく、NGOの関係者に対する啓発・教育事業も必要です。日本のNGO関係者は概して自尊心が強いので、彼らにも地球市民教育、啓発が必要であるといえば、相当の反発があるでしょう。しかし、今回の調査での接触を通じても、NGO関係者の中には、自分の専門とする活動以外の点では知識に欠け、市民社会のマナーに欠け、そして、自分の専門とする領域では独善的で他者の批判を受け付けない者や団体が散見されま

した。自治体が地域のNGO、CBOを集めて連絡会や交流会を開いても、他者の活動に対する無関心、自己の活動の過剰な宣伝に終始する団体が多くて、結局、会が活動中止になるという危険性は依然として高いのです。これに対しては、いくつかの自治体で、粘り強い説得とサービスの提供を通じて改善されているものもあります。NGOに対する啓発活動の要点は次の2つです。

　第1に、NGOには、日本の地域社会との連携を強化することを求めるべきです。具体的には、活動資金づくりの活動以外に、地域の住民の役に立つ情報提供などの国内活動を強化すること、他のNGO、CBOと連携してその活動から学ぶことです。今でも多くのNGOにある、日本の地域社会に対する無関心、ときには敵意は克服されなければなりません。この点では、駒ヶ根市の活動、特に、地域活動に全面的な協力を行っている訓練所の考え方が、官と民の違いを超えて、NGOに示唆する点は大きいと思われます。

　第2に、NGOには、自己の団体の運営に関するガバナンスの向上が求められています。NGOの公共性が高く評価されればされるほど、活動の説明責任、団体運営特に財政面での透明性の確保、一般会員・寄付者・活動現地の住民・近隣地の住民などの声が民主的に会の運営に反映しているという意味での参加性、そして適正な規則の制定とそれに基づく運営などといった自己管理能力の向上が強く求められるのです。今回の調査で接触したNGOの中には、こうした意味での自己管理能力に気を配っているものも多かったのですが、中には、運営に疑問符のつくものもありました。

(12) 地域国際化協会、支援財団のあり方

　地域主体の国際協力・交流では、自治体とNGO、CBOのつなぎ手として、地域国際化協会、国際交流協会、支援財団などの働きが重要になっています。特に、最近の傾向として、従来は自治体が直営で行ってきた事業を国際交流協会などへの委託事業に変える動きが強まっているだけに、協会などに一層の関心が向けられるのです。

　協会などは、まずなによりも、自治体が目指す地域主体の国際協力・交流施

策を実施する組織です。今日では、主要な自治体は地域国際化計画、国際協力推進計画を立てていますが、その中では、協会などについて、施策実施に協力する組織と位置づけられているものが多いのです。実際、物資提供事業の実施、研修生受け入れ後の処遇、情報ネットワークの構築などが円滑に進められるためには、協会の全面的な協力が必要とされています。特に、住民、NGOとの連携は、自治体当局ではうまく処理することができないので、協会に大きな期待が寄せられることになり、人材リスト、NGOダイレクトリーの作成なども期待されています。

　協会などの実務処理能力は、自治体そのものよりも高いことが少なくありません。多くの協会には、いわゆるプロパーの専門職員がいて、様々な活動を仕切っています。これが自治体からの派遣職員の場合には、仕事に不慣れであること、仕事をする期間が通常2～3年と短いこと、自治体の職員としてはゼネラリストとして期待されていることもあり、本庁志向の気持ちを押さえきれないことなどから、十分に力を発揮できない傾向があります。これに対してプロパーの職員は、協会などに長く、深く関わっており、仕事に関わる情報、知識も蓄積されているため、協会などがよい仕事をしているところには必ずよい職員がいるのです。そうした意味では、協会などの第2の仕事として、人材の養成があることになります。

　自治体の職員の出向に関していえば、国際協力や交流はそれまで担当していた仕事からするとまるで違う仕事なので、まずは新しい仕事に慣れることが重要です。その点では、なるべく早くに海外への出張の機会を設けて、とにもかくにも現地を見ておくことが大事です。また、出向のほかに、兼務という形もあります。調査事例でも、国際課と協会などの兼務という形が多かったのですが、もっと大胆に、他の部局からの応援を求めてもいいのではないでしょうか。一方、NGOについても人材養成を意図的に追求する必要があります。協会などは、NGO、CBO助成にあたっても、地域に人材を養成して蓄積するという課題意識を持ち続けるべきなのです。

　協会などの第3の仕事は、住民の活動支援、施設や便宜の提供です。これについては、基本的には地域に近い市町村レベルで展開すべきです。神奈川県が

横浜駅前に開設した「市民活動サポートセンター」はこうした場の提供として評判が高いのですが、そうだからといって都道府県レベルでの開設は例外であり、基本は市町村が支援すべきものなのです。この点でも、自治体が直営で施策を管理・運営するのは様々な点で難点が多い。すでに多くの自治体で行われているように、協会が施設を公の利用に供し、情報交換の場を設け、また、コピー機などの利用を可能にすべきなのです。それも、どこか1カ所を開放するよりも、小規模なものでよいから数多くのスペースを提供すべきでしょう。そうなると、いきおい、利用者の自主管理に多くの部分を任せることになりますが、それがNGOの自己管理能力の向上に結び付けばさらによいといえます。

仕事には地球における地球市民教育の推進が入ります。住民の国際理解の向上は、自治体国際政策の目標であるとともに、国際交流・協力に向けたNGO活動の活性化を生み出す源泉でもあります。地域主体の国際協力・交流活動にとっては、事業への住民の参加が何よりも大事なポイントですが、NGOはこうした形での地域への還元を組織する力に欠けるところがあり、協会などが率先してこれに取り組むとともに、NGOなどの経験の活用に努めるべきでしょう。

もう一点、協会などの第5の、そしてたぶん最大の仕事が、市民活動助成に対する事業の募集と資金の分配です。都道府県レベルの協会などは、特定公益法人として寄付金への免税も認められているので、民間からの資金の獲得に有利な立場にあります。また、自治体からの出資・助成の受け皿となる立場にあることはいうまでもありません。

協会などに期待されている資金の分配には、市民活動助成としての比較的少額の助成金と、NGOの運営補助、あるいは国際施策の開発に向けた、比較的にまとまった金額の助成とがあります。現在のところでは、協会などの多数は、少額の助成金の分配に集中していますが、東京、神奈川、新潟の協会のように、NGO活動の基礎となり得る額の助成が必要であり、少額の助成は、むしろ市町村の国際交流協会レベルで簡単な手続きで展開されるべきものです。

第 2 部

□　地球的課題への地域からの挑戦　□

序　章

1　グローバルな自治体

　世界は21世紀に向けて、新たな危機とチャンスの時代を迎えようとしています。地球温暖化、オゾン層破壊、核の拡散などの問題に直面し、人類はもはや未来の幸せを約束されたものと考えることはできないのです。何百万人にものぼる人々が地域の活動を通じて、地球上の問題を解決しようとしてきました。何千もの都市や町、村で、コミュニティーのグループやNGOが自治体と手を組んで、国際関係、特に「北」の豊かな国と「南」の貧しい国との関係修復に取り組んでいます。ここに過去10年間の動きを少しあげてみましょう。

○2,000近い「北」の自治体が「南」の自治体と姉妹都市提携を結び、双方の学校、病院、大学、消防局、環境保護団体、労働組合、自治体などが共に活動するような関係を作った。
○欧州共同体内の多くの国が、小・中学校のカリキュラムで開発教育を公認しています。デンマーク、ドイツ、オランダ、イギリスなど多くの国が地域開発教育センターのネットワークを作り、資料や情報、一般市民のための教育などを提供しています。
○人口75万人のドイツのブレーメン市は、南北問題のために活動しているNGOやコミュニティーのグループに年間100万ドイツマルク（60万8,600ドル）の助成金を出しています。
○旧ソ連のドゥシャンベ市が1990年に深刻な食料不足に見舞われたとき、姉妹都市であるザンビアのルサカは果物や野菜を船便で急送した。
○オランダの60の自治体は環境や行政の問題に対処するため、「南」や「東」

の提携自治体を援助しています。オランダの公務員を派遣して、現場でアドバイスをしたり、「南」や「東」の自治体職員を教育しています。
○アメリカ合衆国では27の州、25の郡、101の市でアパルトヘイトに反対する制裁を制度化し、そのため南アフリカと取引のあったアメリカ企業300社のうち200社が取引をやめたり、所有株を売却したりした。またアメリカ政府に「建設的関与」政策を撤回させた。
○エルサルバドルのサン・アントニオ・ロス・ランチョスのアマディオ・ロペス市長が、エルサルバドル軍の第4旅団によって投獄され、拷問を受けたとき、カリフォルニア州バークリー市の市長と市議会はアメリカとエルサルバドルの当局者にロビー活動を行い、無傷で市長を解放させることに成功した。

こうした地域のイニシアティブは、ほとんどが1980年代のもので、全国版ニュースの見出しになることはほとんどありませんでした。実際ほとんどの自治体は、遠く離れた国の自治体が行ったことはもちろん、自国で行われた国際的な取り組みでさえぼんやりと認識しているにすぎません。ここでは、地域主体の開発イニシアティブという新しい地球規模の運動を定義し、検討し、分析した最初の包括的な成果です。これらのあまり知られていない地域主体のイニシアティブを国際問題の主流にのせようというのが著者のねらいです。

2　地域主体の開発協力（CDI）とは何か

　CDIとはCommunity-based Development Initiative（地域主体型の開発協力）の略で、NGOや地域社会のグループが自治体と共同で行う、地域の開発を促進するための国際的な行動のことです。NGOや市民グループが単独で行った地域づくりや、単なる町の景気浮揚策や国際的問題と関連しないレベルの環境の浄化運動などは、少なくともここで使うCDIには含みません。そうではなくて、自治体の境界を越えるような政策を意味しています。
　ブルントラント委員会（環境と開発に関する世界委員会、p.7参照）によれば

「開発」という言葉の意味は、「すべての人の基本的ニーズを満たし、すべての人に生活向上への熱望を満たす機会を与えること」となります。この定義によると、開発には単に貧しい国の人々の収入を増やすだけでなく、生活向上の必要条件 ── 平等、人権、民主主義、環境保護、平和 ── を改善することも求められます。開発のこの広義の概念は、「北」側が「南」側に不穏当な経済モデルを押しつけた頃の初期の開発努力の失敗に学んでできあがったものです。この初期の過ちのツケは、今ではよく知られています。「南」のとうてい返済不可能な1兆4,000億ドルという債務。「南」側の貧困や失業、苦難を増長させた「構造調整」計画。事実上至るところで地域社会や家族、環境を破壊している貿易主体の経済などです。

CDIに従事する人たちは「市民主体の開発」に関心を抱いています。これまでの経済的な豊かさよりも、識字率、技術専門技能、自立、健全な生態系、軍備縮小、そして最も重要な個人のエンパワーメントといった高い生活レベルを実現するための必須要素に関心を向けています。南への援助や融資、投資、技術の供給は「開発問題」の小さな一部分であるにすぎず、同じくらい重要で緊急を要することは、「北」の経済、環境、軍事政策を変えることであると信じています。

開発を市民主体の観点から定義し直せば、自治体の重要さがはっきりと浮かび上がります。自治体は人々に最も近い政治の機関です。「南」では、人々の要求を理解し、建設的な政策を立案する能力は、自治体の方が中央政府よりもずっと優れています。「北」の自治体は政府よりもより迅速に、より確実に市民を動員することができます。そして官僚的でなく熱意のある人と人との関係を通じて、「南」と「北」の自治体が一緒に行動を起こすことも可能です。自治体は「市民主体の開発」を促進するために、その法的権限を使うことができるのです。ほとんどのCDI活動は以下の10項目に分類できます。

○教育

多くの自治体では人々の開発問題への関心を高めるために、学校教育、キャンペーン、ダイレクトメール、第三世界物産展、展示会、討論会、映画を利用しています。

○都市提携と姉妹都市縁組み

　南北のいくつかの都市がお互い正式に提携し、青年組織、医者、法律家、教師、タクシー運転手、警官、消防士、主婦など、区域内のあらゆる種類のグループ間の交流を始めています。

○プロジェクト支援

　多くの「北」の自治体が「南」の開発の努力を支援し、それに融資しており、その範囲は下水処理施設の建設からバイオガス発生装置の設置にまで及んでいます。

○技術援助と行政技術援助

　「北」の自治体の職員が「南」の提携自治体を研修や共同研究という形で援助するようになってきました。

○キャンペーン

　貿易、森林破壊、人権侵害など多くの地球規模の問題に関する政策を変えるために、自治体は自国あるいは他国の指導者や議会、官僚に対してロビー活動を行うことができます。

○優遇と制裁

　自治体は、南北関係で取引をしている企業に対して、投資したり契約を結んだりすることを通じて、企業や政治家に圧力をかけることができます。

○規制

　同様に、自治体がその地域での企業の業務を規制することによって、多国籍企業の国際的な行動を変えさせることができます。

○専門部門の整備

　多くの自治体は地域の開発協力部門を作ることで、CDIを専門化しています。

○国際協定

　国際協力のための特定の国際協定や組織を通じて、いくつかの自治体のグループはCDI活動を推進しています。

○助成

　国内外のCDIの草の根の推進者のために、自治体は数千万ドルを助成金と

して支出しています。

3　CDIは何を成し遂げたか

　自治体はCDIの手法を用いて、市民主体の地域開発に関するほとんどあらゆる問題に取り組んできました。最も大きな成功といえるのは地球環境の保護、人権の向上、ニカラグアのコントラに反対する国際的勢力の結集、アパルトヘイトの弱体化、東西関係の改善などです。

　自治体は政府よりもはるかに迅速に行動を起こして、地球温暖化やオゾン層破壊、森材破壊などと闘ってきました。自治体はエネルギーや水の節約、自転車道や大量輸送機関の建設、植樹、フロンガスの禁止、廃棄物リサイクル、熱帯木材の使用禁止といった包括的なプログラムを開始しました。ヨーロッパの150を超える自治体は、「気候同盟」(Climate Alliance) に参加し、2010年までに二酸化炭素の排出量を半分に減らすと明言しています。コロンビアのグリーンキャンペーンは1,000余りの自治体に、開発計画をより環境に配慮したものに考え直すよう促しました。「国際環境自治体協議会」(The International Council for Local Environmental Initiatives = ICLEI) は、世界中の数百の自治体が環境保護のための最新の技術と政策を分かち合えるよう、現在支援しています。

　自治体は政府によって無視されたり見落とされてきた人権問題も取り上げています。アメリカの少なくとも100人の市長がアムネスティ・インターナショナルとともに、良心の囚人に関心を示し、釈放を求める活動をしています。カリフォルニア州アービン市のラリー・アグラン市長はベトナムに飛び、30人の政治犯の釈放を請願しました。1970年代半ば、いくつかのオランダの都市が、浚渫・建設の大手企業であるステビン社に対して、チリのアウグスト・ピノチェト将軍が支配する抑圧政権とのプロジェクト契約をキャンセルしないなら、市との契約を打ち切ると迫りました。身近なところでは、人権を保護するため、西ヨーロッパ中の自治体は、「東」と「南」からの難民を、人間らしい基本的生活水準で受け入れるよう努力しているのです。

CDIの可能性を示す最も印象的な例は、おそらくアパルトヘイトに反対する地球的規模のキャンペーンでしょう。欧米の何百という都市が南アフリカと取引のある企業から数百億ドルの資金を引き揚げ、これらの企業と市との契約をキャンセルしました。この運動が原因となって、「北」側の企業が一団となって南アフリカを去り、「北」側の政府は制裁を実行し、プレトリアの政権は内部改革に取りかかりました。南アフリカの黒人市民組合を支援する姉妹提携が、これらの圧力団体を助ける働きをしました。

もう1つの成功例は、ニカラグアに対する約300の欧米の都市による連帯のための提携です。相当な額の金銭的援助を提供するのに加えて（ニカラグアの多くの町で、「北」側からの援助は、予算の半分以上を補いました）、「北」との連帯はアメリカが後押しするコントラ内戦に反対する国際的圧力を巻き起こしました。86のアメリカーニカラグア間の姉妹都市がアメリカ政府がコントラ側に提供した全援助よりも多い人道援助をニカラグアの町に送った結果、コントラ援助に反対するアメリカの世論は賛成の2倍になりました（結局1988年に連邦議会はレーガン大統領のコントラ支援計画を中止させました）。

最後に、自治体はヨーロッパにおける冷戦の緊張を和らげるために重要な役割を果たしました。自ら「非核自治体」を宣言し、軍拡競争に反対する学校教育のプログラムを制度化し、ソビエト連邦や東欧の都市と提携を結ぶことなどによって、「西」の数百の自治体が東西関係を再構築することができたのです。かつて提携関係といえば文化交流や親善訪問が特徴でしたが、今日では経済協力や市民社会の建設などに力を入れています。たとえば1991年にオランダはポーランドやハンガリー、チェコスロバキアの150人の自治体職員の研修プログラムを実施しました。

4　CDIはどのように発展してきたか

最近の4つの変化がCDIをより発展させることになりました。1つは酸性雨や人々の移動といった世界的な問題が地域に与える影響が高まり、自治体がこれ

らの問題解決の責任を負わざるを得なくなったことです。2つめは地球規模の輸送やコミュニケーションのコストが下がり、あらゆる自治体が国際的政治運動に様々な形で関わることが可能になったことです。3つめには、「東」や「南」に民主主義が広まり（つまずきもありますが）、かつて沈黙させられていた何億という市民が言論の自由、移動の自由、国際問題に参加する自由を得たことがあげられます。4つめの動向は自治体の重要性が見直され始めたことです。人々は、自治体によって自らを政治的に組織する新しい基盤を得られることを認識したのです。これらの要因によって、なぜCDIがあらゆる大陸（南極を除く）の国々で出現してきたのかが分かります。

　もちろんCDIの発展のスピードは国によって異なります。ベルギー、オランダ、イギリスでは旧植民地国との経済的、文化的なつながりの上にCDIが発展しましたが、その主な動機は過去の搾取に対する責任感でした。アメリカ合衆国ではアフリカ系住民が南アフリカに対する制裁運動を組織し、ヒスパニック系住民はニカラグアおよびエルサルバドルとの連帯を主張しました。ある自治体が他の自治体に関心を持ち始める要因としては、言語や都市名の類似性や、熱心なオルガナイザーの存在などがあげられます。

　CDIを批判する人々は、自治体は国際問題に「干渉」するべきではなく、外交政策は独占的に国家の権力下にあるべきだということをしばしば主張します。しかし国際問題は自分たち自身の問題であると考える自治体が増えている理由は、少なくとも6つあります。

① 数千マイルも遠く離れたところに住む人を知り、また彼らに自分を知ってもらうための実質的な方法をCDIは提供します。

② CDIによって市民は地球全体に対する責任を感じ、世界の不平等の修正に乗り出すことができます。

③ また戦争や、オゾン層破壊、不法な麻薬取引などの世界的な問題解決に有用な手段を提供し、世界中で自治体が地域統治能力を強化するのを助けます。

④ 援助や融資、技術移転、貿易を通じて、自治体は経済的利益を享受することができます。

⑤　外国文化に触れたり、外国人への寛容な態度を身に付け、彼らを理解し、共感を得ることによって、地域での生活が豊かになります。
⑥　CDIは市民と地域の行政機関とを結ぶ協力のかけ橋を築いて、政治への参加を高めます。

　こういう理由でCDIは世界中で自発的に芽を吹き始めました。1970年代と1980年代には、個人やNGO、地域のグループ、自治体、国家機関などの協力のおかげで、CDIはたいへんな勢いで広がりました。中でも率先して活躍したのが、イギリスのオックスファム、ドイツのブレーメン市、オランダの開発教育省（National Ministry of Development Education）などです。たいていの中央政府は最初はCDIに敵意を抱いていたり、無視したりしていましたが、次第に先進自治体との協力を求めるようになりました。

　様々な国でCDIの促進を支援してきたのは、都市と開発委員会（Towns and Development ＝ T&D）という国際組織です。「世界都市連合」（United Towns Organization）、「国際地方自治体連合」（IULA）とユネスコが共同スポンサーとなって1983年にイタリアのフィレンツェ市で会議が開かれ、驚くほど多数の西ヨーロッパの自治体が南北問題に携わっていることが分かりました。フィレンツェの会議に参加したNGOやコミュニティーのグループは非常に少なかったので、ブレーメン市のギュンター・ヒリゲスやアムステルダム市のポール・ヴァン・トンゲレンが提唱して2年後に西ドイツのケルン市でもう一度会議を組織しました。この会議には地方政府・民間の双方が等しく参加しました。130の組織や12カ国の自治体から代表者が参加し、南北問題への基本的に新しいアプローチを求める2ページのアピールを発表しました。

　このケルン・アピールには「慈善から正義へ」という副題がつけられており、国内および国際的な開発努力を補うために、自治体やNGO、コミュニティーのグループが共同行動をとるよう呼びかけています。その中には以下にあげるように、注目すべき指摘がいくつかあります。

○「不正に苦しむ人々にとって、援助は必要で歓迎されるものであるが、真の解決策を達成するには、援助だけでは十分ではない。」

○「環境・開発・軍縮問題の相互関係は、南北協力をあらゆる角度から分析したうえで考慮されなければならない。」
○「南」にとって経済援助は重要であるが、「私たちの社会全体への影響を考えて、国際経済社会秩序への構造的な変革が必要と認識すること」は、さらに大切なことです。
○南北活動の分権化は「人々の意識を高め、南北問題（『北』の問題も含む）のより包括的な理解を得るための出発点」です。
○地域主体の開発プロジェクト実行においては、「平等、相互性、干渉主義排除」が重要であり、「提携自治体によるプロジェクトへの完全な参加と承認」に基づいて進められるべきです。また、「発展途上国や最貧国の最も貧しい人々にきちんと焦点をあて」て行われ、「開発における女性の重要性」を認識し、「プロジェクトが環境に与える影響をあらかじめ考慮し」、「文化的多様性を維持」すべきです。

　ケルン・アピールの起草者は「都市と開発委員会」に働きかけ、アピールを翻訳してヨーロッパ中に配布してもらいました。この組織は「欧州委員会」（European Commission）の資金援助を得て、ヨーロッパの1000を超える地方でいろいろな種類のCDIを開始させました。定期的なミーティングや刊行物、会議などによって組織の運営委員会は拡大し、「国際地方自治体連合」や「世界姉妹都市連合」、ロンドンに本部のある「国際地方自治協会」（Local Government Internaional Bureau）はもちろんのこと、オーストリア、ベルギー、フィンランド、ドイツ、ギリシャ、イタリア、オランダ、ノルウェー、スペイン、イギリスからも代表が参加するまでになっています。また、日本、ノルウェー、ポルトガル、アメリカ合衆国でのCDI実践者とも、非公式な関係が結ばれました。
　1990年に都市と開発委員会は「世界ひとつに結ぶ英国協会」（United Kingdom One World Linking Association）やアフリカのNGO、コミュニティーのグループ、自治体と手を組んで、ジンバブエのブラワヨ市で「発展のための南北提携」というテーマで会議を開きました。「南」のNGOの指導者や自治体職員が集まってCDIについて自分たちの見解を話し合ったのは、これがはじめてでした。こ

れは、提携を単に人と人の交流の場とするだけでなく、持続可能な発展のための手段と考える数少ない会議の1つでした。アフリカでの熱烈な盛り上がりに押されて、インドではNGOや自治体がセヴァグラム市で同じような会議を組織し、126の代表がインドにおける持続可能な発展に必要な共同活動のためのアピールを発表しました。

5　CDI運動は何を目指すのか

　1992年10月、都市と開発協議会はベルリンで会議を開き、フィレンツェ市やケルン市での会議以後のCDIの発展の評価をしました。欧州評議会の南北センターと協力し、またドイツ政府やベルリン市から支援を受けて、会議には52カ国から300の代表が集まりました。主催者は世界中の優れた理論家やCDI実践者に38の情報提供論文の作成を依頼しました。このうち22の論文は特定の国におけるCDIの進歩をグラフ化していました（「北」が14、「南」が8）。そのほかの論文はいわゆる課題報告で、CDIの特定のタイプ（開発教育、姉妹都市提携、技術協力）か、特定の問題（環境保護、アパルトヘイト、ニカラグアでの連帯、人権、東西関係、南南関係）を取り巻く世界的ネットワークについて述べています。

　これらの論文とそれに続く議論によって、CDI運動内の非常に多くの問題が明らかにされました。次にあげるのは最も注目される点です。

○たいていの国でCDIはほとんど知られていない。
○「南」や「北」の提携自治体による本格的な評価はまだほとんどない。
○開発教育の担当者はたいていの場合、政治的行動につながる批判的な考察や、個人的責任感を市民に啓発するよりも、情報を広めるだけですませています。
○CDIの実践者は、地球の環境を保護するために、「北」と「南」双方の富裕層の生活様式を変えるという問題に対して、十分な行動を起こしていない。
○南北の経済問題に関する最も根源的な2つの問題、すなわち南が北に負って

いる1兆4,000億ドルの負債と、世界貿易の不公正な構造を変革することに、ほとんどのCDIは取り組んでいない。
○南北の提携自治体は、自立や最も貧しい市民間での「もうひとつの貿易」関係を促進するより、自由貿易の原則に従うことが多い。
○「南」の自治体が他の「南」の自治体との間で支援し合うような新しい関係を結ぶために、「北」は十分な援助をしていない。
○人権侵害や難民問題、戦争など──これらはすべて市民主体の発展にとって重要な問題であるが──に取り組むCDIに対して、あまりに多数の自治体が政治的に憶病になっています。
○「北」のCDI実践者は、「南」の援助に関して資金集めにのみ時間と努力をかけすぎています。
○多くのCDIの関係は一方的干渉と不均衡という特徴を持ち、「北」の人々は「南」の人々ほどCDIから学ぼうとしない。
○東西間の提携関係の中には、南北の提携関係を強化するというより、それに取って代わりつつあるものがあります。
○CDIの推進者は、国内外の自治体の力と権利を強化するためにほとんど何もしていない。
○自治体職員をスタッフとして置き、自治体の資金によって運営されるCDIの推進に責任を持つ機関を自治体内に設立している自治体はほとんどない。
○CDIに取り組んでいる多くの自治体は、国の省庁と緊密に行動するのは「悪魔との取引」であると気づき始めた。国の資金援助という利益より、自立を失うという代償の方が大きい。

　ベルリン会議の参加者はこれらの難題に対して、憲章と行動計画という2つの文書で答えました。そこには自治体、NGO、地域のグループのために広範囲にわたる助言が含まれています。これらの文書はかつてのケルン・アピールのように、現在都市と開発協議会によってヨーロッパ中に配布されています。これまでにオランダ語、フィンランド語、フランス語、ドイツ語、ギリシャ語、ヒンディー語、イタリア語、日本語、マハラティ語、ノルウェー語、ポルトガ

ル語、スペイン語、スウェーデン語に翻訳されています。

　ベルリン憲章と行動計画が世界中に広がるにつれて、運動は成長を続けるでしょうが、最終的にどれほど力強いものとなるのか、まだ見守る必要があります。もしこれまでの国際的援助に向けられた批判を無視するなら、CDI は良くて毒にも薬にもならず、悪ければ、国家による開発政策の悲惨な過ちを繰り返すこととなるでしょう。しかしもし運動がベルリン市で提出された勧告に従うなら、歴史の様相を変えるチャンス ── それはまだチャンスにすぎないのですが ── を得ることができるでしょう。

6　第2部の構成

　第2部は6章に分かれています。第1章では自治体主体の開発協力（CDI）の内容が述べられます。現存する開発モデルの失敗、それに代わる市民主体、多元的、相互的なアプローチの利点、自治体がこのアプローチを促進する方法などです。第2章ではCDIの10の異なった手段をそれぞれ取り上げます。第3章では自治体がこれらの手段を用いてどのように地球の環境を保護し、人権を発展させ、アパルトヘイトを弱小化し、ニカラグアの内戦を終結させ、東西関係を強化し、南南関係を支援しているかを示します。第4章ではこれらのイニシアティブが生じた理由を地球的、国家的、地域的な規模で考察します。第5章では国際問題の中の5つの主体（NGO、地域のグループ、自治体、政府、女性）がどのように自治体のCDIの動きに対応してきたかを見ていきます。第6章ではこの運動が直面している課題を見直すことでCDIを批判的に評価します。

第1章　CDI登場の背景

「南」と「北」という言葉は、1980年にブルントラント委員会の報告書『「北」と「南」：生存のためのプログラム』で紹介され、使われてきたのですが、その概念は誤解を招きましたし、現在も同じ状況にあります。純粋に地理的な点からいえば、赤道の北側にもインドやパキスタンのように比較的貧しい国はあり、一方南側にもオーストラリアやニュージーランドのように比較的豊かな国もあります。さらにいえば、「北」のどの国にも貧困な生活をしている人々はいるし、「南」のどの国にも「北」の基準から見て裕福な人は存在します。そして毎年推定7,500万人の「南」の人々が、仕事を得たり戦争や抑圧から逃れるために自国を離れ「北」にやって来るので、「南」と「北」は地理的にはますます入り混じってきています。にもかかわらず「南」と「北」という語は、この時代の重大な現実、つまりますます相互依存の高まる世界における豊かな国と貧しい国との巨大な格差をよく捉えています。

「北」の運命は「南」の運命としっかりと結び付けられているという認識が高まっています。ブルントラント委員会で指摘されたことは、経済的に発展した「北」はもはや「南」に住む34億（2000年には61億）人の人々を無視できないということです。「南」の資源、労働力、市場がなければ、「北」の経済は相当に下落するでしょう。「南」の「開発」は、もはや慈善行為ではなく、「北」が経済的に生き残るために不可欠なものなのです。

1987年のブルントラント委員会の報告『私たち共通の未来』は、南北の相互依存をさらに強調し、「北」の過剰消費と「南」の貧困が地球の貴重な生態系・生命維持システムを破壊していると述べています。オゾン層破壊や地球温暖化のような新たに生じている問題に注目し、開発は環境に安全で持続可能であることを基本原則として進められるべきだと委員会は主張しています。これ以後、

持続可能な開発という言葉は呪文のように、何千という会議や声明文、政策で使われてきました。

　しかしこれまでのところ持続可能な開発はまだまだ遠く、実現されていない目標のままです。確かに「北」のイニシアティブによって、「南」の多くの国で国民総生産や識字率、平均寿命は統計の数字のうえでは引き上げられました。しかし「北」と「南」との経済関係の結果「南」に残されたものは、1兆4,000億ドルという債務、貿易関係の悪化、国際通貨基金（IMF）や他の多くの国によって設立された国際銀行から押しつけられた苛酷な緊縮経済計画なのです。実際に、ODAのレベルは過去10年の間に低下しており、「南」の国へ流入するよりも多額の財源が「南」から流出しています（1989年で差し引き500億ドル以上）。そのうえ、世界銀行や他の資金援助機関によって推進されてきた「南」での多くの大規模開発計画は、とどまることのない環境破壊、社会動乱や貧困の拡大を引き起こしたことで非難の的となっています。最近の世界銀行の報告は、AIDSや人口増加、環境破壊によって1990年代に加えられる負担に言及し、「深刻化する貧困の拡大傾向」を予測しています。

　多くの人々が恐れているように、冷戦が終わった結果、もし「北」が「南」を見捨てるなら、この傾向は悪化するでしょう。南北の協力の必要性がこれほど重要視されることはなかったにもかかわらず、1992年のリオ・デ・ジャネイロ市での国連環境開発会議（UNCED）の乏しい成果は、多くの国家は世界の利益のために自分たちの行動を変える意思が全くないことをはっきりと示しています。

　世界が直面している環境災害や不正をどうやって根絶するかを政府が分かっていたなら、CDIは全く必要なかったはずです。しかし第2次世界大戦以降の開発の歴史は、失望と幻滅の歴史といわざるを得ません。ワシントンD.C.に本部のある「ワールドウォッチ研究所」は最近、以下のように報告しています。

>「1950年以後豊かな国と貧しい国との格差が広がり続けた大きな理由は、豊かな国がますます豊かになったからです。しかし1980年以降多くの発展途上国では貧しい人はますます貧しくなった。国民1人当たりで見ると、おそらく43の発展途上国は、80年代の最初よりもさらに貧しくなって、80年代を終える

こととなったであろう。」

　従来の開発が失敗したのを見て、開発を「市民主体の」観点から考え直そうという市民やNGOが増えてきています。地域からの活動は単に奨励されるだけでなく、要求されているのです。

1　開発の新しい考え方

　根本的に新しい開発アプローチに関心を持つ市民やNGO、コミュニティーのグループの緩やかなネットワークは、IMFや世界銀行、ほとんどの国の開発機関とは全く異質のものです。これらに携わる人の大部分は一緒に活動することはおろか、お互いのことをほとんど知りません。しかし「北」「南」「東」を通じて、はっきりと類似した結論が引き出されています。開発は市民主体で、多面的で、相互的なものであるべきだというものです。

2　人を中心としたアプローチ

　草の根グループの間では、特に「北」の逆効果でしかなかった開発イニシアティブの犠牲者たちの間で、従来の開発に関する指数 ── 高いＧＮＰの成長や貿易の黒字基調のバランス、貨幣価値の上がる通貨、高い消費率 ── は人間の生活の質にはほとんど関係がないという新しい見解が普通のものとなりつつあります。残念ながら、最も重要な問題は量的な分析がしにくいものです。人々、特に貧しい人々は自分たちの日常的な状況を改善するためにより大きな力を得ているか？　生活は生きがいがあり、満足のいくものになっているか？　家族や地域社会は強化されているか？　文化や生態系は守られているのか？　などの問題です。タンザニアの元大統領、ユリウス・ニエレレの言葉に次のようなものがあります。

「開発とは人間の開発を意味します。道路や建物、農産物生産高の増加などこうした類のものは、開発ではなく、開発のための手段にすぎない。……学校の校舎の増加はそれが人々の知性や理解力を向上させるために使われてはじめて開発といえます。小麦やとうもろこし、豆などの生産高の増大は、人々の栄養状態を改善してはじめて開発といえます。綿やコーヒー、サイザル麻の収穫の拡大は、これらの売り上げが人々の健康や快適さ、知識の向上のために用いられてはじめて開発といえます。」

開発政策の最も基本的な役割は、人々、特に政治的権力をほとんど持たない最貧の人々を勇気づけ、自分の運命を自らの手にする力を与えることでなければなりません。ニエレレは次のように提案しています。

「人間は他人によって開発されることはできない。人間は自分を開発するしかないのです。外部の者がある人に家を建ててやることはできても、その人に人間としての自尊心や自信を与えることはできない。それは人が自ら行動して自分の力で手に入れなければならない。自分の行動によって、自分の決断によって、自分が何を、なぜ行っているかをよりよく理解することによって、自分の知識や能力を増大することによって、自分の住む地域の生活に平等の原則で完全に参加することによって、人は自らを開発するのです。」

もちろんニエレレの洞察は女性に対しても同様にあてはまります。
しかし自らに活力を与えるだけでは十分とはいえず、市民主体の開発においては、他に敬意をはらうことが要求されます。すなわち自分の家族、隣人、地域、環境、文化、そして世界を尊重することが必要なのです。これは「経済成長」よりもさらに大きな枠組みの行動計画を持つことではじめて達成されるのです。

3　多面的な行動計画としての開発

　もし開発の目標が人々に活力を与え、人々相互の自尊心を高めることであり、単に抽象的な経済指標を上げるだけでないとしたら、これまで末梢的と見なされてきた多くの目標が中心的なものになってきます。市民主体の開発は、参加、環境保持、平等、軍縮など広範にわたる行動計画を含むことになります。

　参加することが開発への第1の必要条件です。言論・集会・出版・移動の自由がなければ、人は自分の運命をコントロールできません。食物、避難所、医療、住宅への経済的権利が与えられない場合も同様です。これらの権利はすべて、世界人権宣言やヘルシンキ 最終文書、他の多くの条約文にも正式に記載されており、個人が活力を得るためには不可欠な要素です。

　参加が意義あるものとなるためには、自分たちの指導者を選ぶ自由も必要です。独裁国家や全体主義国家は、戦争をし、基本的人権を侵害し、個人の主体性を抑え、人の創造的能力を消耗させるという傾向があります。民主主義は西洋において最も長い歴史がありますが、アメリカやイギリスのような確立した民主主義においても、政治参加率が低下しているということは注目に値します。「西」の諸国も含むすべての国々は、民主主義の改革に取り組む必要に迫られています。

　開発に必要な第2の条件は、環境の持続性です。どの地域も生態環境の許容範囲で行動しなければなりません。リサイクルや質素な生活様式で、再生資源を最大限に活用し、限りある資源の消費を最小限に抑えようとしなければなりません。汚染物質や有毒物質を地球環境に放出するのをやめなければなりません。地域が自給自足できるようになるかどうかは明確でないとしても、その方向を目指さねばなりません。新古典派経済学者は、嘆かわしい「外部不経済」として環境破壊の問題を切り捨てましたが、世界にはもはやそのような余裕はありません。

　開発に必要な第3の条件は、平等です。たいていの経済学者は配分の問題をうまくごまかして説明しますが、誰が得をして誰が損をしているかということ

は、人類の進歩が本当に起こっているかどうかを見極めるうえで重要な問題なのです。開発によって、ある国の少数の人間が大部分の富を支配し、選挙やテレビ局を買収し、出版報道機関を独占し、オピニオンリーダーの発言をコントロールするようなことが可能になったのなら、大多数の人の活力は失われてしまいます。国内であれ国家間であれ、総収入の不均衡は隷属、奴隷労働、搾取を招きます。社会の最も弱い立場の人が、わずかでも自分の将来を自らの手で決定できるようになるためには、富の再分配が必要なのです。

　開発に必要な最後の条件は軍縮です。冷戦が終結したにもかかわらず、世界の国々は毎年1兆ドル近くを軍備や戦争に浪費し続けています。もしこの資金を開発に回そうとするのなら、軍事費を大幅に削減しなければなりません。軍備管理、国連平和維持活動、非挑発的防衛、紛争解決などはすべて、国の安全保障を低下させずに軍事費の削減を可能にし、したがって、開発にも関連があるということになります。

4　開発は互恵的に

　従来開発とは「北」の裕福な国が「南」の貧しい国を助けるプロセスと見られていました。「第三世界の困窮」を和らげるという名目で、北は資金援助や貸与、投資、技術援助を提供してきました。しかしながら、この開発の概念には次の3つの欠点があります。

　まず第1の点は、すでに述べたように「北」のすべての援助が「南」に与えた最終的な影響は差し引きマイナスとなったことです。つまり、1980年代前半までに債務の返済の方が援助額を上回るようになったのです。「支援」や「援助」という言葉を使うこと自体が、「南」と「北」との間の経済関係の不公平性を隠してしまいます。

　2つめは、「南」の人間に向かって傲慢にもどのように生活を送るべきかを教えようとする「北」の「善意」の人々の干渉主義を、援助を受け取る側の者は不愉快に思っていることです。ケニヤのムーサ・ニールは、ジンバブエのブラ

ワヨ市での CDI 会議の参加者に向かって次のように言いました。

> 「『北』が本当に援助したいと思っているなら、まず『南』の人間に自信を取り
> 戻させることから始めるべきだ。そうすれば優劣関係はなくなるだろう。」

　干渉主義を乗り越えるためには、「北」は開発を、教えるものとしてだけでなく学ぶものと見なすことから始めなければなりません。ニールはブラワヨ市の聴衆に向かって、オーストラリアのアボリジニやアマゾンのヤノマニ先住民でさえ多くのことを「北」に教えることができると語りました。

> 「我々の文明化された基準や判断によると、こういうほとんど野性に近い生活
> をしているコミュニティーは、遅れた未開ということになります。しかしグル
> ープとしての彼らの生活はより結合力があって安定しており、教育は見かけは
> 単純なものだが的を射た、適切なものであった。とりわけ、彼らは環境と調和
> して生活を営む傾向があった。」

　一方的な開発モデルによる3番めの問題点は、「北」が「南」の貧困を作り出し悪化させているという問題には取り組んでこなかったことです。「北」の人々による浪費的消費は、特に世界の貧困層に悪影響を及ぼす2つの切迫した環境災害、つまり地球温暖化とオゾン層破壊の主な原因です。アメリカの財政赤字は、「南」の債務の利息を何十億ドルも引き上げてきました。「北」が武器輸出、秘密工作、武力介入を行ったために、「南」の独裁者は、土地改革や経済是正を求める大衆運動を抑圧することができました。「北」の企業は、「南」の本当の開発に役立つはずのものであった石油や鉱物、森林を略奪してきたのです。
　そのことを反省する「北」の人はまだ少ないものの増えてきており、古い一方通行の開発モデルの欠点に気づき始めています。「北」が根本的に変わらない限り、「南」の貧困をなくすことは不可能であると認識し始めているのです。もし「北」が浪費の激しい生活様式を変えようとせず、国の赤字を削減しないで、軍事費を「南」の経済是正のために回そうとはせず、武力介入を放棄せず、企業の活動を抑制しないで、干渉主義的振る舞いを変えないなら、意義ある開発

など全く困難です。市民主体の開発のアプローチとは、「北」と「南」の人間が同等な立場で同じテーブルに招かれ、問題の相互関連牲を認識し、両地域で政治の改革を進めようというものです。それはどの地域の人もたくさんのことを教えるとともに学ぶことができるという前提のもとに成り立っています。「南」と「北」との人の関係が調和と互いの尊敬によって成り立つのであれば、「南」と「北」の人々が一緒に働くのが一番です。

5　地域主体の開発協力

　市民主体の開発のアプローチが意味することの1つは、地域における活動が決定的に重要であるということです。NGO、地域のグループ、自治体が共に行動すれば、一般市民に活動をする力を与え、地域レベルでの専門的技術を利用し、国の官僚主義の外で改革への道を開くことによって、市民主体の開発が促進され得るのです。

6　CDIは人々に活力を与える

　自治体の活動は、開発にかかわる人達がCDIの最も明確な目標、すなわち人々のエンパワーメントを達成する助けとなります。何が人々に力を与えるかは様々です。教育や住宅が必要な人もいれば、土地改革や新たな政治制度が必要な人もいます。女性は自分たちの財産権に関してもっときちんとした法的保護を求めているでしょうし、新しい国に落ち着いた難民は言語指導や短期の経済援助を求めているでしょう。なにごとも一般化するのは危険であり、ある人にうまく力を与えた方法が、他の人には見当違いであったり、かえって力を奪ったりすることがあります。
　国際通貨基金や世界銀行、ほとんどの政府開発機関のプログラムの根本的な限界は、それらがマクロ経済の幻想に基づいていることです。つまり、人々を

十把ひとからげにして、多様な要求を均質化し、特殊なケースを無視しているのです。多様な病気のどれにも、1つの処方しかしないようなものです。大規模な開発プログラムは、援助する側とされる側双方における官僚の多重構造に妨害されます。自分の決定によって影響を受ける人々に会ったことがない専門技術者は、彼らの本当のニーズに対して鈍感になりがちです。援助の提供者と受益者との間に官僚形式主義が幾層にも重なれば重なるほど、意思の疎通や、共同の計画の作成、途中での軌道修正、特別なニーズの考慮などはますます困難になるのです。

　人々に最も近い機関であるNGOや地域のグループ、自治体を直接巻き込むことで、従来の開発協力よりも、CDIは世界の貧困者のニーズを満たすことができるでしょう。ブルントラント委員会は以下のように言及しています。

> 「NGOや民間グループ、地域のグループはしばしばプログラムやプロジェクトを実現するうえで、公的機関にかわる有効で効果的な方法を提供します。それどころか、公共機関の手の及ばない目標グループに接触できることも頻繁にあります。」

　CDIを特徴づける人と人との関係は、しばしば活気に満ち、刺激的なものです。姉妹都市提携に関わっているあるノルウェー人は、「個人的な交流は、本当に必要なものは何かという情報を与えてくれ、どうすれば経済援助を有効に活用できるか示してくれるので、開発援助についての積極的な態度を作り出す」と語ります。友好の絆があれば、提携自治体は開発プロジェクトを共同で計画し、実行し、評価できるし、もし思いもかけない環境上の、あるいは社会的問題が発生しても、修正を加えることができます。

　CDIのねらいは地球的規模の変化を作り出すことです。「北」側のほとんどの国内および国際的開発機関は「南」を助けるためにありますが、「北」を変えるためという目的はありません。それと対照的に、CDIでは双方の地域での意識や行動を変える必要性が強調されているのです。姉妹都市提携に参加しているもう1人のノルウェー人によると「外国から訪問者を迎えることで、新たな刺激を受け、関心や理解のレベルは高まるのだ」ということです。

CDIによって、「北」や「南」の人々は、はっきりと捉えられなかった国際問題を、実感できる小規模のものに分解して感じられるようになります。NGOや自治体は一緒に活動することで、南北関係がどのように自治体に影響を及ぼしているか、自治体が建設的に南北関係に影響を与えるにはどうすればいいのかを分析することができます。「北」の自治体はより持続可能な社会を目指そうと決めたり、「南」で活動している地域内の会社の行動を規制するように決定する可能性もあります。実行に移す前に国中の合意を得なければいけないのでゆっくりとしか進まない国の活動と違って、自治体の活動は直ちに始動できるのです。1つのCDIが軌道に乗れば、自治体はさらに活力を得て、他のCDIにも取り組むことができます。

　CDIを用いて、市民団体は自治体に向かってもっと効果的に行動するよう強く求めることができます。イタリアのジョーヤ・マエストロは以下のように述べています。

> 「文化や社会の伝統によって市民の要求が強いところでは、自治体の活動は際立っています。ところが市民の要求が弱いところでは当局は活気がない。」

　NGOと地域のグループは国際情勢の特定な問題に対して、革新的な解決策を提案できますが、しばしば資金や社会的信頼性を欠いたりします。そこで自治体の助けが必要になります。たとえ自治体の財政が豊かでなくても、その予算はたいていのNGOやコミュニティーのグループのものよりはるかに大きいのです。ノルウェーでは開発の仕事に自治体が加わることで、草の根グループは情報通信ネットワーク、データ処理サービス、電気通信技術にアクセスできるようになりました。市長や議会を巻き込むことによって、CDIはメディアの注目を集めるに足りる確かな社会的地位を認められることになります。いったん市長や市議会員、自治体職員が南北問題に関われば、開発協力は止まらなくなるほどの勢いを得ることになるのです。

7 CDIは地域の専門知識を利用する

　専門知識をある地域から他の地域へ伝達することで、自治体活動は市民主体の開発を促進します。自治体は人々に最も近いレベルの政府であり、人々に食、教育、家、雇用を確保する方法に習熟しています。自治体は、ゴミの収集、犯罪防止、道路や街灯の整備、消防、災害の対処、性差別や人種差別の撲滅などに主要な責任を負っています。たとえば、市の水道技師が関わっていなければ、サンサルバドルに清潔な上水道設備を建設しようとする真剣な開発努力もほとんど実を結ばなかったでしょう。

　CDIによって、「南」と「北」の自治体の専門家が集まって互いに学び合うことが可能になります。たとえばアムステルダムの消防局はモザンビークのベイラ市の消防局に2台の消防自動車（予備の部品も一緒に）を送り、ベイラ市の消防士に装置の作動や維持についての訓練をする援助を行いました。

　市民主体の開発の広範囲にわたる行動計画は、地域の専門技術の助けを借りることとなります。軍縮を進めるためには、古いミサイル工場や空軍基地を生産的な平和的産業の事業に変えるよう地域計画を変更しなくてはなりません。地域の警察が市民の言論・集会・組織・移動・出版の自由の権利を守ってはじめて市民の参加は可能になるのです。環境保護は結局は地域で実行されなければなりません。貧困者が自治体の法律のもとで平等に保護されて、地方税が累進課税制になり、自治体が貧困者の生活に必要な基本的ニーズの面倒を見て、はじめて「平等」が達成されたといえます。それぞれどの政策領域においても、「北」と「南」の自治体は互いに学ぶことができるのです。

　自治体の職員の多くは開発にとって重要な能力、つまり暴力なしに紛争を解決する能力を持っています。市長や議員は、毎日のように、路上の喧嘩をやめさせたり、内輪もめの仲裁をしたり、敵対する有権者の仲を取り持ったりするよう求められます。こういう能力を国際的な問題に応用するのは自治体の職員にとってさほど難しいことではありません。たとえばアメリカ・ミネソタ州セントポール市の自治体職員らは、「ブラック・スポット」と呼ばれる南アフリカ

の姉妹提携自治体ラワアイカンプ市と、隣接する白人の町ジョージとの間の境界をめぐる紛争の仲裁の手助けをしました（第2部第2章で詳細を述べます）。もう1つの例はあまり成功はしませんでしたが、1991年に数人のヨーロッパの市長たちが、分裂したユーゴスラビアのすべての共和国から市長を集め、話し合いと和解の場を作って、自分たちの紛争解決の能力を活かそうと試みました。

　もちろん地域の専門家は市役所の中だけでなく、地域の民間部門や個人的部門にもいます。市民主体の開発のいくつかは、特定の専門領域——警察、教師、公益事業の経営者、医師、弁護士など——で、「南」と「北」が技術情報を交換したり、成功例を話し合ったり、協力のプロジェクトを検討したときに最も成功しています。自治体が弱小であったり、全く存在しない国では、そのような交流は市民主体の開発を進めるための唯一確実な手段の一つかもしれません。

8　CDIは国の国際開発協力を補う

　自治体の行動が市民主体の開発を促進する方法として最後にあげるべきなのは、複雑に入り組んだ国家官僚制の外に、変化への新たな道をつけるということです。どこの国でも最も進歩的な自治体は、多くの場合、外交政策に携わる政治家よりも市民主体の開発に関心を抱いています。その理由は3つあります。

　1つは自治体は人々により近いということです。市民主体の開発を要求する大衆の声に最初に耳を傾け、理解を示す公務員は、たいていは自治体の職員です。自治体のレベルでは、人々と地域の政治家は緊密で個人的な関係にあるからです。国の官僚と違って、地域の政治家はたいていは電話や市議会の会合で接触できる範囲にいます。

　2つめは政府には何千という小規模なイニシアティブを支援する力量がないため、対応ができないということです。地球規模のコミュニケーション、輸送、金融、貿易、旅行という分野で、毎日文字通り何十億という業務が遂行されています。中央政府にできることはこれらの業務に関する基本原則を設定することくらいで、あとの詳細については市民やNGO、教会、企業、自治体の手に委

ねています。あまりにも多くの紛争や人権侵害、非民主的な政治慣行、環境汚染、企業の不正行為があるために、政府はすべてを自らで処理することはできません。国の政策立案者が、重税をかけるようになったり、影響力を拡大しすぎるようになったら、自治体にはそれを抑える権利、いやむしろ責任があるのです。

中央政府の中には、市民主体の開発の目標を自分たちの権力の基盤に対する脅威であると見なす人たちもいます。彼らは、もしより多くの人々が政治に参加したり、富を再配分する力を与えられるならば、政府の力が弱まるだろうということをあからさまに心配しているのです。特にこういう傾向があるのは、自分たちに独自に与えられてきた権力を慣習的に守り、草の根運動と共に活動する経験も関心もほとんど持ち合わせていない外交政策の遂行者たちです。対照的に、自治体は政府の力に対して地域の力を増大させるために、CDIを選び取ったのです。

これらの理由のため、どこの国にも、市民主体の開発を国の官僚よりも迅速に、また強力に支援している自治体が、少なくともいくつかはあるのです。国の外務当局が常に市民主体の開発に反対しているというわけではありません。しかし、オランダやドイツなど中央政府が市民主体の開発の多くの要素に賛同している国でさえ、積極的によりはやくより先へと進んでいこうとする自治体の姿が見受けられます。このようにCDIは誤っていた政府の開発政策に正しい方向を示し、さらに優れた政策を作ることを可能にします。

これまでにあげたCDIの利点は、やや理論的なきれいごとと思われるでしょう。すべてのCDIが力を与え、革新的で、機敏に対応し、効果的なわけではありません。平凡で、方向を誤った、逆効果なものもあります。すべてのCDIが地域の専門家を利用したわけでなく、地域の未熟さ、愚かさ、偏狭さ、腐敗をあらわにしたものもあります。CDIが将来、市民主体の開発を支援しようとする国のイニシアティブの邪魔をしたり、足を引っ張ったりすることもあり得ないことではないでしょう。

しかしこれまでの経緯を見ると、市民主体で多面的、相互的な開発モデルを促進する上で、CDIは国の機関よりもふさわしいようです。抽象的なマクロ経

済でなく、特定の人間関係によって人々が開発にアプローチするなら、冷淡で干渉主義的な古い習慣が継続されることは困難になるでしょう。それでもなおCDIで誤った判断を下すという可能性はありますが、話し合い、考え直し、方針を変えるための機会はCDIでは多くあります。仮に利点を考えないとしても、CDIには、たとえば世界銀行がアマゾンに高速道路や水力発電ダムを建設したために発生したような、途方もない大災害をもたらすような力はありません。

　結局CDIの最も重要な利点は、「開発」の対象となった人々の英知や構想力を開発するということです。人々は何が自分のためになるかについて、誤った判断をしているかもしれません。しかしその過ちはいずれにせよ自分自身で犯したものです。参加民主主義が世界中に広がれば、その最も基本的な原則が受け入れられるようになるでしょう。それは結果はどうあれ、自分で自分の運命を決定するのが一番であるということです。

第2章　CDIの手法

　CDIは地域社会が国際情勢に影響を与えるための手段であり、次の10の類型に分類されます。それらは、教育、姉妹都市提携、プロジェクト支援、技術／行政援助、キャンペーン、優遇と制裁、規制、制度化、国際協定、助成金です。確定した定義や、各類型をはっきりと分ける基準がないので、これらのカテゴリーの設定はいくぶん作為的ではあります。どのCDIも一般の人々の意識を高め、参加者に重要な疑問を持たせる訓練をするという理由で、すべてのCDIの手段を開発教育という項目に入れる人もいるでしょう。開発教育とプロジェクト支援、技術援助は姉妹都市プログラムの要素と見なすべきだと考える人もいるでしょう。多くのCDIは2つ以上の類型にまたがっているのです。この章では世界中の例を引きながら、各々の手段を簡単に説明します。

1　教　育

　最も簡単で一般に行われているCDIは「関心を高めること」です。南北問題に関する公教育の担当者は、次の4つの目標を強調します。
　第1に、開発やそれに関する安全、貿易、債務、環境という問題に対する「基本的な理解」が必要であるということです。問題の認知は他のすべてのCDIにとっても必要不可欠なものです。
　第2に、「疑問を持つ能力」を培わなければならないということです。誰が権力を持ち、誰が持っていないか、それはなぜか。開発計画を考案したのは誰か、現在の体制で誰が利益を得て、誰が苦しむことになるのか。世界情勢が地域の問題にどのように影響を及ぼすか、自治体が世界情勢に建設的な影響を与える

にはどうすればいいか、などといった疑問です。もし人々が批判的な考えを持つために十分な情報を得ていないなら、効果的なキャンペーンなどできないし、本当に内容のある姉妹都市提携を始めることも、相手方が本当に必要としている技術援助が何かを知ることもできません。

　開発教育の3番めの目標は、人々が世界の政治の改革に「関わっていく」よう促すことです。市民主体の開発のためには、実践の伴わない学習や、わずかなお金を募金する以上のことが必要とされます。政治的参加が要求されるのです。開発教育により、人々は自分の生活と世界中の人々の生活とのつながりが理解できるようになります。人々は世界の中での自分の役割を理解し、自分の持つ力を認識すると、自分の生活や世界を変えようとし始めるのです。

　第4の目標は、世界情勢の中で活躍するのに必要な「能力」を身に付けることです。外国語をマスターし、異文化に対して思いやりを示し、組織化する方法を身に付け、人の話に耳を傾けること、これらはすべて地球市民にとって非常に重要な能力です。

　開発教育にとってますます重要になっているのは、「北」で新しい認識を作り上げるということです。1992年の国連環境開発会議で情報の提供を行った「イギリス環境・開発教育および訓練グループ」の提案の1つは以下のようなものです。

　　「政府や公的機関の役割は重要ではあるが、持続可能な開発がどれほど可能か
　　を決定するのは、結局は各々の個人、つまり消費者・生産者・有権者の意識、
　　理解、能力、参加です。」

　ホンジュラスの農民活動家、エルビア・アルバラドはこの見解を支持してこう述べています。

　　「我々は食べ物や服やお金がほしいのではなく、あなたがたに我々と共に闘っ
　　てほしいのだ。あなたの側の人々を教育してほしいのだ。」

　もちろん「南」にも新しい認識は必要です。シエラレオネのムーサ・コンテイは、もっと多くの「南」の人間が植民地主義が残したものや、失敗に終わっ

た「北」の開発イニシアティブを理解すべきだと考えています。

> 「開発教育は、はっきりと物を見ることができるように眼の濁りを取り除く切開用器具として、利用されるべきです。開発教育とはまず我々の眼に尊厳や価値観を回復させ、そして我々が挑戦し、闘い、植民地化の結果失ったものを取り戻す準備を整えさせるべきものだ。開発教育とは、世界中に我々の貢献（たとえばブラックアフリカがエジプト文明の発展に貢献したことや東アフリカの水先案内人がバスコ・ダ・ガマがインド航路を発見するのを助けたことなど）を認知するよう闘い、主張する自尊心を我々に教え込むべきものです。」

　たいていの人は最初は、開発教育を小・中・高校や大学、成人教育プログラムの役目と考えます。確かにこういう機関は、特にまだ自分の世界観を形成している途中である若者たちに接することができるわけで、開発教育を始めるには恰好の場所といえます。デンマークの国民高等学校では125年以上もの間、生徒に開発活動に参加するよう教育しています。共同創設者のクリスチャン・コルドの言葉を借りるならば、「情報を伝える前に、まず人々を眠りから起こさなければならない」のです。アムステルダム市は中学生がニカラグアの姉妹都市マナグア市について学べるように、指導・学習の手引きを作成しています。

　うまく行われるならば、開発教育は生徒と教師の両方に行動を起こす力を与えます。1980年代にオーストリアの中学校に開発教育が導入されて以来、このプログラムに参加した生徒と教師は「南」の学校との特別なプロジェクトを援助し、提携を結ぶことを決めました。こういうイニシアティブの多くは大いにマスメディアの注目を集めました。オーストリアのある学校間提携は、オーストリアの首相が出席した記者会見で発表されました。

　イタリアの多くの学校が開発教育をきっかけに学校同士の提携を始めました。1988年にミラノ市のある中学校は2つの学校と提携しました。1つはペルーのリマ市の郊外の進取的で自主的に組織された自治体、ビリャ・エル・サルバドールにある学校で、もう1つは南イタリアの貧しい自治体、レッジョ・カラブリアの学校です。この三角提携で、ミラノの生徒たちは2つの異なった種類の南北関係を比較することができました。1年間3校の生徒たちは互いのことを学び、手紙のやりとりやアンケート、ビデオなどを通して提携校と交流しました。

1989年末にはついに直接顔を合わせました。

　フィンランドの開発教育も同様に広範囲に及ぶプロジェクトを開始しました。1988年のフィンランドの文部省の調べによると、国内92の学校が「南」の学校（うちアフリカ81校）と提携を結んでいました。フィンランドの子どもたちは文通をしたりしていましたが、中には展示品の交換や、救援物資の急送、「南」への訪問などによって提携プログラムに参加している子もいました。1960年代後半以降、フィンランドの中学校は「南」での「連帯プロジェクト」を支援するため、「1日労働作戦」キャンペーンを主催してきました。2～3年に1度、生徒は学校を1日休んで公益事業に従事し、稼いだお金をプロジェクトへの寄付します。このプロジェクトに数十万という生徒が参加し、数何百万ドルものお金を寄付しました。

　インドにおける開発教育は、主に社会関連事業のカリキュラムに導入されているのですが、政治変革のよりよい触媒となるためにはどうすればよいかを成人たちに指導しています。このクラスの参加者は市民主体の開発の基本原則や政治の組織化の原理を学んでいます。

　問題意識を高めるやり方は、多くの場合、教室内にとどまらずさらに外へ広がってきています。国連食糧農業機構が飢餓に対する世界的なキャンペーンを組織した1965年以降、ベルギーの各都市は「南」のプロジェクトのために、「11．11．11キャンペーン」で資金集めをしてきました。「11．11．11キャンペーン」は第1次世界大戦が正式に終結した日時（11月11日午前11時）にちなんで名づけられ、今ではベルギーの3つ地域の1つフランドルの308の自治体のうち約250によって支援されており、「南」に対する一般市民の関心を高め、「南」のプロジェクトのための資金を集めています。11月11日までの数週間、参加している自治体は種々のイベントで活気づいてきます。祭りや「第三世界マーケット」で、ベルギーの人々は「南」の食べ物や音楽、工芸品などの雰囲気を感じることができるのです。NCOSとして知られるNGO、ベルギー開発協力センターは、フランドル地域の市立図書館を説得し、南北問題に関する本の購入と、小さな展示会の場所の提供を実現させました。現在国内を巡回している展示会では、熱帯林保護の重要性が詳細に論じられています。ローセレールという小

さな町の中心となっているショッピング広場では、展示によって途上国が抱える環境や貿易問題が衝撃的に表現されました。ブリュージュ市には「第三世界センター」があり、4人のスタッフが、南北問題に関するパンフレットやビデオテープ、学校教材、展示品を制作しています。多くの都市は、普通無料で配布される町の広報紙や雑誌を使って、市民に11.11.11キャンペーンの活動を知ってもらうよう努力しています。ベルギーのラジオやテレビは、特別な11.11.11プログラムを放送しています。

　過去15年の間に、開発教育は市民主体の開発の理念をより多く取り入れるようになっています。「低開発」という古い見方は、今では「北」側が浪費的な生活様式を維持し、返済不可能な債務の帳消しを拒否し、誤った開発プロジェクトを押しつけることによって、いかに貧困を悪化させたかという批判的な考察に取って代わられています。開発教育の担当者は、「南」を貧窮化し自立できないものとして捉える言葉や映像に立ち向かってきました。イギリスのマンチェスター市では教師たちの地域ネットワークが「アフリカのイメージ」というプロジェクトを行っています。

　さらに多くの「南」からの移住者たちが「北」の自治体に移住するにつれて、開発教育は人種差別と闘い、多文化主義を促進するために用いられるようになってきました。開発教育の担当者が試みていることは、新しい移住者の文化的自立性を保護するNGO（ベルギーの「トルコ文化センター」やヨーロッパ中にある「ギリシャ保護者協会」など）を支援することによって、人々が「自分たちの内なる第三世界」という見方を持つように導くことです。この発想にしたがって、ルクセンブルクは都市内に住む5,000人のカーボベルデ人の文化を保護する地域のグループに少額ですが補助金を出しました。

　いくつかの国では自治体が共同スポンサーとなって多目的な開発教育センター（Development Education Centers ＝ DECs）を設立し、教師や公務員が南北問題に関する公共の活動に参加する手助けをしています。イギリスのレディング市の国際支援センターは、「南」から講師を招いて講演会を開いたり、国際情勢の中で起きている事件に関しての「緊急対応会議」を催したりします。（湾岸戦争は近年最も激しい議論を呼んだテーマの1つです。）イギリスにはこのような

DECsが40あります。オランダの州や市は、COSsenと呼ばれる22の開発協力センターに合計100万ギルダー（54万1,000ドル）の年間助成金と、さらに「オランダ開発教育国内委員会」からの300万ギルダー（162万2,000ドル）の助成金で資金を供給しています。

　開発教育は自治体職員に焦点を合わせることもあります。ノルウェーのティングヴォッル町議会は、議会の議員や職員のために特別な環境講座を開いてきました。ギリシャのNGO、HELLINASはアテネ市、ササロニキ市、パロス市、ロードス市で市長や市の職員、NGOのためにケルン・アピールに関するセミナーを催しています。NCOはオランダの議員や市の職員のためにCDI会議を開催してきました。

2　地域間提携（リンキング）

　2番目にあげるCDIの一般的なタイプは、「北」と「南」の自治体が互いに提携関係を築くということです。その関係は公式な場合も非公式な場合もあり、活動の際に自治体の正式な承認がある場合もない場合もあります。この関係は世界中の地域によって呼び方が異なり、「提携」「姉妹都市」「姉妹自治体」などと呼ばれています。

　ヨーロッパ人はツイング（姉妹都市提携）とリンキング（民間交流提携）を区別して使うことがあります。ツイングは一般に2つの自治体間の公的な関係を指し、リンキングは自治体間や自治体内の教会や病院、学校などいろいろな施設間の非公的関係のことを指します。したがって、イギリスのスティーブネッジ市はカザフスタンのチムケントとツイニングの関係を持ち、スティーブネッジにある学校とチムケントにある学校との関係はリンキングということになります。しかし多くの人はこの語をきっちりと区別して使っていません。簡単にするために、ここでは都市間提携（リンキング）に統一します。

　最近までイギリスのオックスファムで姉妹都市プログラムの責任者をしていたジェーン・ナイトは、南北間の提携を「互いの生活の実態を理解し、その結

果双方の社会を変えようとする、つまりお互いを発展させようとすることを目的とした、文化を超えた平等で互いに有益な関係につながる人と人との直接的触れ合い」と定義しています。この定義が事実に即したものというよりは願望のような要素も含んでいる（すべての都市間提携が平等な関係で、相互に有益というわけではない）としても、都市間提携の基本的概念は捉えています。すなわち、人と人との触れ合い、互いに学び合うこと、理解を深めること、相互に発展することなどです。

おそらくCDIプログラムに参加することで得られる最大の成果の1つは、人と出会うことでしょう。都市間提携に参加しているあるノルウェー人は、「訪問して「南」の人々と親密な交流を持つことが、特に刺激的です」と言っています。もちろん「北」の人間は長い間「南」の人々との個人的な交際を求めてきましたが、それらは一般的には貿易や旅行、布教活動、奴隷制のためのものでした。都市間提携によって異なった形の交流をし、「北」の人間と「南」の人間がより平等な形で出会うことが可能になります。

都市間提携はまた南北関係の縮図でもあります。それによって、双方の人々は、抽象的な国際問題について素顔で対面することになります。都市間提携によって参加者はお互いから学び、お互いを助けるという特別な機会を得ることができます。

都市間提携のもう1つの長所は、ノルウェーのいくつかの例が示すように、何歳の人でも、幼い子どもでさえも参加できるということです。1991年後半、ナデルッド町の30人の生徒がインドの2つの村、ブバネシュワールとライプルを訪れました。現在彼らは、インドの子どもたちがナデルッド町を訪れるための資金集めをしています。グリーケル町の7つの小・中学校の生徒たちはエルサルバドルの2,000人の生徒に手紙を送っています。ブリューン町がガンビアのエサウ村と都市間提携を結んだことで、4年生の生徒たちは、エサウ村の生徒らが新鮮なミルクを飲めるよう牛を買おうと寄付金集めをし、かなりのお金を集めました。オッペガード町のグレヴェルド学校は毎週"タナパラカフェ"を開いて、バングラデシュのタナパラの子どもたちに役立つプロジェクトのために資金集めをしました。これらの都市間提携に参加している子どもたちは手

紙や写真、絵、カセット、ビデオを交換して交流を深めています。

　過去20年の間に、都市間提携は爆発的に増加していますが、それらは主に北側から手を差し伸べたものでした。5つの「北」の国が1,000以上の提携を「南」と結んでいます。内訳は、イギリスは151、オランダは280（30の公式な姉妹都市提携を含む）、フランスは200で相手は主にフランス語圏のアフリカ、ドイツは600の非公式な提携（100の公式な姉妹都市提携を含む）、アメリカが719（ニカラグア、エルサルバドル、南アフリカのコミュニティーとの100の非公式な提携を含む）となっています。

　都市間提携の概念はあまりに広範に広がりすぎて、ナイトの言うように「問題はもはや提携を結ぶかどうかでなく、どこと、何のために、どうやって提携を結ぶかということなのです」。イギリスではこういう問いかけに答える一助として、1985年に「世界をひとつに結ぶ英国協会」（UKOWLA）が創設されました。「世界をひとつに結ぶ英国協会」は都市間提携の基本的問題だけでなく、以下のようないくつかの困難な問題にも即座に取り組むことになりました。つまり、「北」のパートナーはどうやって自らの人種差別主義を認識し、乗り越えるか？　またどうやって「南」の人々の関心事にもっと耳を傾け、応えていくか？　どのような開発が都市間提携によって促進されていくべきか？　といった問題です。

　イギリスのいくつかの興味深い例が示していますが、開発教育が都市間提携を生み出したように、都市間提携もまた開発教育を生み出してきたのです。イギリスのマールバラ町がガンビアのグンジュールと提携を結んだことで、多くのイギリス市民がガンビアの市民を受け入れたり、訪問したりする機会を持ち、人種差別に対する怒りを強めました。レミントンスパー町の住人たちがシエラレオネや他のアフリカ地域の学生を家に招いた後にもたらされた恩恵について、ナイトは次のように述べています。

「シエラレオネの現在の危機についての情報は、一般大衆の間で友人や知人のつながりを通しての『口コミ』によって、おそらくイギリスの他のどのグループの人々よりも、レミントンスパー町で広く正確に伝わっています。」

日本にも都市間提携から学ぶという例があります。兵庫県五色町という漁村では老人のよりよい介護の方法について、都市間提携を持つインドネシアの漁村から新しい示唆を受けました。

　イタリアの家具製造と木工細工の中心地リソンヌは、コートジボアールのマン地域と正式な都市間提携を結んで、様々なプロジェクトを開始しました。姉妹保育園ができ、そこにマン市の子どもたちがリソンヌの子どもたちの名前をつけた木を植えました。モンツァ市とブリアンツァの職人組合がコートジボアールの美術工芸品のバザーを催し、マン市に木工品の作業場を作りました。イタリアの国立商工業中学校は、持続可能な山林管理を学ぶコートジボアールの生徒に奨学金を出しました。リソンヌの10代の若者は南北問題に対する生徒のかかわり方についての雑誌作りを始めました。

　都市間提携は他の種類のCDIも生み出します。ドイツのニーダーザクセン州のある自治体は、フィリピンにある姉妹都市の住人が食べたり売ったりしている魚を絶滅させると考えられている農薬の輸出を停止するよう、ECに対してロビー活動を行いました。イギリスの町とアジアの小さな自治体は10年も前から提携関係を結んでおり、この関係がきっかけとなって、多国籍企業がアジアの部族の神聖な土地を伐採によって破壊するのをやめさせるよう、イギリス側の都市間提携の自治体は議会に請願しました。

3　プロジェクト支援

　都市間提携は常に開発プロジェクトのための種を撒くことになります。オーストリアの自治体は「南」の姉妹自治体が職業技術を学び、水路を掘り、下水処理設備を整備し、協同組合を組織するのを援助してきました。他の「北」の自治体は学校や病院、道、橋を建設するための資金やボランティア、技術などを提供しました。ケルン・アピールの基本原則に従って、これらのプロジェクトの多くは環境保護を促進し、「南」の最貧の人々、特に女性のニーズに焦点を当てています。

「北」の自治体が「北」、または「南」のNGOに資金援助をして「南」のプロジェクトを支援することがあります。ドイツのブレーメン市のケースを例にとってみましょう。ブレーメン市のCDI組織は、「南」の国々が肥料を製造する方法には2通りあることを知りました。1つは大きな西洋式の工場を建て、輸入した石油や化学薬品を原料に使うというやり方です。もう1つは同じ額のお金で2万6,000の村にバイオガス分解装置を設置し、牛の糞や農業廃棄物を天然肥料に変えるという方法です。最初のやり方は大量のエネルギーを消費する上、高価な石油や化学薬品、技術などを西洋諸国から輸入しなければなりません。2つめのやり方は料理のためのエネルギーを作り出し、輸入の必要はなく、130倍も多くの雇用を生み出します。最初の方法は国の開発機関や世界銀行のような国際組織が長い間取り組んできた方法で、2つめの方法は、ブレーメンが取り組んできた中国、インド、アフリカとの開発協力で核をなすものでした。

　ブレーメン市は、この問題がテーマの国際研究集会を主催した1979年にバイオガスプロジェクトへの援助を開始しました。その後も共同主催で2つのバイオガスについての会議を開き、「バイオガスフォーラム」という専門ニュースレターに資金援助を提供し、ブレーメン海外研究開発協会を通して実証プロジェクトを支援しました。1979年から1988年の間にブレーメン市は50万ドイツマルク（30万4,000ドル）を費やして、マリ、エチオピア、タンザニアにバイオガス技術を普及させました。

　もちろんプロジェクトの仕事がいつの場合もうまくいくわけではありません。「北」の人間が「南」で働くと、その制度的基盤・道路・管理サービスの不備、道具や設備の不足、文房具やコピー機も十分でないことにいらいらします。成功するか否かは、十分な下調べと個人のやる気にかかっています。オランダのポール・ヴァン・トンゲレンが言うように、モットーは「我々に仕事を与えて下さい。そうすれば道具は作ります」なのです。

　しかしこうしたプロジェクトには深刻な問題があります。バランスの問題です。ケニヤのムーサ・ニールはドイツの南北グループにプロジェクト支援の落とし穴について次のように勧告しました。

「『北』の『南』へのおろかな介入、特にプロジェクトという形での介入は、協力の真の必要性や目的をしばしば隠してしまうので、即刻やめるべきです。『南』において、地域の自主性の欠如や自尊心の喪失につながるような依存的態度を作ることを、『北』の人々はやめなければなりません。」

控えめながら、ニールの批判は、プロジェクトが技術を広め、援助を受ける側の自立を助けるものであるべきだと強調しています。しかし、「北」の自治体が、プロジェクトを設定する場合「南」の自治体と共同で実施できるようにすることは同じくらい重要なことです。

4 技術・行政援助

技術・行政援助によって、自治体職員はその専門知識やノウハウを外国の提携自治体と共有することができます。自治体が提供する道路の建設や上水道の設計といった知識の中には、技術的な要素が含まれています。しかし自治体の専門知識の中には、しっかりした計画、効率の良い行政、効果的な指導などを含む概念、つまりグッド・ガバナンスに関したものもあるのです。

国際地方自治体連合（IULA）は1960年代に自治体間の技術協力を促進し始め、1988年に南北間、東西間の交流に関する政策提言書を採択しました。国際地方自治体連合は「援助しよう、指導はするな」というスローガンを忠実に守り、年2回途上国の自治体職員のために特別講座を設けました（国際地方自治体連合は1991年にこれらの講座を中止しましたが、オランダ自治体協会が再開しています）。同じような交流事業が、世界都市連合、ヨーロッパ自治体・地域評議会（国際地方自治体連合のヨーロッパ部門）、イベリア系アメリカ首都連合（スペインとラテンアメリカを結ぶ団体）、アジア太平洋シティネット（アジアの24の都市と8つのNGOの連合）によって支援されています。このようなイニシアティブの中には、ヨーロッパ委員会、国連開発計画や世界銀行のような多国間援助機関から財政的支援を受けているものもあります。カナダ自治体連盟

とオランダ自治体協会による2つの交流プログラムは、特にうまく組織されており、資金的にも潤沢です。

1988年にカナダ国際開発局の援助でカナダ自治体連盟は、アフリカ2,000プログラムを開始し、3年間、都市と都市との技術的交流に資金を提供しました。参加しているカナダの各都市は、市の行政官か技術者を3人ほど短期間アフリカに研修のために派遣し、アフリカの姉妹自治体から2人以上の専門家を3週間招待することになっています。カナダ国際開発局は自治体に上限2万5,000ドルのマッチングファンド（資金を受ける側の提出金額と同額の資金を提供する制度）を提供し、これで必要経費や、アフリカの姉妹都市のための設備の購入、プロジェクト開始に要する費用をまかないます。これまでのところカナダの22の自治体が参加しています。

1991年にオランダ自治体協会は、「南」の自治体に技術的専門知識だけでなく市民社会や地域の民主主義の基本的仕組みを伝えるプログラムを開始しました。オランダの自治体職員は3カ月の間「南」へ派遣され、「南」の自治体職員は最長6カ月間オランダで自治体の実習訓練を受けます。オランダの参加者は派遣期間中も市から給料が支給され、外務省が旅行費用を提供します。また外務省は実習生を受け入れている自治体が毎週支給する給与も支払います。1991年の終わりにはオランダの60の自治体がこのプログラムへの参加の意向を表明しました。

オランダ自治体協会は、東ヨーロッパの自治体職員が参加する専門研修プログラムを開始しました。1993年には東ヨーロッパの100人以上の上級公務員と50人の自治体職員が参加しました。この経験をもとにオランダ自治体協会はオランダ、ニカラグア、チェコの自治体の3国間協力を支援するプログラムを計画しています。目標は10〜15の「南」－「北」－「東」の姉妹都市提携を始めることで、3つのどの国においても関心を高めることです。オランダ開発協力省の資金援助で、チェコの自治体はニカラグアの都市開発プロジェクトに技術的専門知識を移転することができるでしょう。

オランダ自治体協会のエリック・ヤン・ヘルトッグは、技術・行政交流が一番うまくいくのは、プロジェクトを完結させることよりも互いに学ぶことを重

要視したときであると主張しています。彼は1回の長期滞在訪問よりも、数回に分けた短期間の訪問の方がよいとしています。外国からの自治体職員は長く滞在すればするほど、仕事を1人で抱え込んでしまう傾向があるし、「南」の自治体は外からの援助に依存するようになるからです。互いに信頼や理解を築かなければならないのだから、たとえ滞在期間は短くとも、その関係は長く続かなければなりません。最後にヘルトッグは、「南」の自治体職員は「北」の自治体職員を自分たちの計画に対して助言を得る相手として利用すべきと提言しています。

ロッテルダム市とジャカルタ市の技術交流プログラムのオランダ側のコーディネイターであった故P・バン・リューベンは、参加者に次のような助言をしていました。

「自信過剰になるな。主な協力内容を限定せよ。最も有能な職員だけを参加させよ。交流は商業利益から切り離せ。明確な合意を得よ。最後に忍耐強く、勤勉であれ。」

5 キャンペーン

5番めのタイプのCDIは、国内であろうと海外であろうと説得やロビー活動という形で、政府の態度や制度を変えることです。開発についての国の立場に影響を与えた典型的な運動は、南北キャンペーンです。欧州評議会のメンバー27カ国の過半数の政府代表、議員、自治体、NGOによる「4者会談」を促してきました。このキャンペーンはもともとはフランスのストラスブール市(ヨーロッパ議会の所在地)と各国政府が南北問題に対する市民の関心を高めようとした上から下への運動として始められましたが、今では政治的プロセスは逆になっています。たとえばドイツでは南北問題の公開討論会を開くことで、NGOや自治体は、国家の開発政策の方向づけを与える一連の「声明文」(マインツ市で1988年;ボンで1990年;ベルリンで1991年)を採択することができたので

す。

　1987年にアイルランドで創設されたキャンペーン・エイドは、アイルランドの「南」への政府開発援助のレベルを上げるようロビー活動している38のNGOの連合体です。このキャンペーンの戦略で重要なことは、地域の議員や議会の支持を増やすということです。

　ヨーロッパで最も成功したいくつかのキャンペーンは環境問題について組織されたものです。1991年の秋フランドル地方のキリスト教労働運動と環境グループの連合は「木を切るなら2本植えよう」キャンペーンを始めました。ベルギーの200の自治体が1,500本の木を植え、一般市民に森林破壊についての情報を流し、1992年の国家予算から100万ベルギーフラン（2万9,000ドル）を「南」の環境保護プロジェクトのために回すよう政府を説得しました。

　森林破壊と闘うもう1つのキャンペーンは1989年にオランダで始まった「熱帯木材キャンペーン」です。オランダの3分の2の自治体が「可能な限り」市の建設プロジェクトで熱帯木材の消費を削減するという政策を採択しました。このキャンペーンは徐々にヨーロッパや日本の自治体にも広がっていきました。ミュンヘン市長のザビーン・チャンパイは、東京都知事に手紙で「ミュンヘンでは公共プロジェクトに熱帯木材を使用しないことを正式に決定しました。日本は東南アジアの熱帯雨林地帯に隣接しており、1人当たりの熱帯木材の消費量がヨーロッパよりもかなり高いようです。熱帯雨林地帯やそこの住人のためにも、我々と同じような決議を採択することを、東京都も考慮すべきです」という旨を伝えました。東京は好意的な反応を示し、今では日本の45の自治体で地域のグループがロビー活動をしています。

　ミネソタ州セントポール市の市民は、キャンペーンによって、南アフリカ当局がラワアイカンプ市の非白人指定地区を取り壊そうとするのをやめさせて、町を救いました。1987年にセントポール市はラワアイカンプ市と姉妹都市提携を結んでいます。セントポール市の市会議員ビル・ウィルソンはセントポール黒人聖職者連合の会長オリバー・ホワイト師と共に南アフリカを訪れて、ラワアイカンプの議員とラワアイカンプの市民を無理やり追い出そうとしている隣接のジョージ市の白人自治体の職員との史上初の会合をとりもちました。ラワ

アイカンプ市民協会の会員の話によると、「はじめてジョージ市の職員が我々の家にやって来て、お茶を飲みながら話し合いました。……共通の解決策を考える気持ちがある様子でした」ということです。セントポール市の市会議員は、国会議員や南アフリカの大使館員の重要な人物にロビー活動をしましたし、またセントポール市の高校生らは南アフリカの組織開発計画大臣のガート・ビリョエンに激しい抗議の手紙を送りつけました。1989年の11月までに南アフリカ政府は、ジョージ市にラワアイカンプ市の生活を向上させるための資金を無利子で融資することに同意し、非白人指定地区を自由居留地域と宣言しました。

ヨーロッパの都市はニカラグア問題に関していくつかのキャンペーンを起こしました。1988年に、第1回ニカラグア都市提携ヨーロッパ会議で150の自治体からの代表がロナルド・レーガン大統領とミハイル・ゴルバチョフ共産党書記長に、ニカラグアへ軍事介入しないよう訴えました。この会議はニカラグア政策に関してヨーロッパ委員会にロビー活動をするためにヨーロッパ事務局も設立しました。サンディニスタが「非常事態宣言」をしたとき、幾人かのヨーロッパの市長は一致してニカラグアの相手方と「沈黙外交」を行いました。

米国バークリー市とエルサルバドルのサン・アントニオ・ロス・ランチョス市との関係は、人権に関するキャンペーンが人命を救うことを証明しました。1989年1月エルサルバドルの軍はサン・アントニオ・ロス・ランチョスの市長アマディオ・ロペスを逮捕し、ゲリラの指導者という罪で拷問を加え、何らかの情報を吐かせようとしました。実際には彼の罪は、ホンジュラスにいた900人のエルサルバドル難民を軍が無人にしておきたかった町に連れ戻したことだけでした。新しく選出されたバークリー市長ロニ・ハンコックと市議会はロペス逮捕を激しく非難する声明文をエルサルバドルとアメリカ合衆国の国家指導者に送りつけました。その後ハンコックはサンフランシスコ駐在エルサルバドル総領事に会い、エルサルバドル政府人権委員会を招集し、その委員会の議会での代表ロナルド・デリュームに対して、エルサルバドルのアメリカ外交官と共に何らかの圧力をかけるよう説得しました。その後少ししてから、エルサルバドルの民事裁判官は軍の告発は「根拠がない」と宣告して、ロペスを釈放しました。

キャンペーンは政府だけでなく、広域的あるいは国際的な関係当局に対しても行うことができます。たとえば都市と開発協議会は、欧州評議会と欧州委員会に、南北開発政策においてCDIを常に優先にさせることを確保しようとしているのです。

6　優遇と制裁

キャンペーンを行う際に特に効果的なテクニックはお金の力を使うことです。自治体は、南北関係をきちんと考慮した振る舞いをしている企業や政府には経済的報酬を与え、そうでないものには罰を与えることができるのです。

　オランダで始まった注目すべき優遇的購入の例は、300を超える自治体と（12のうちの）11の州政府が、「連帯コーヒー」を購入しているものです。いわゆる「代替貿易」組織が、「南」の小規模で責任能力のある生産者から、彼らが人並みの生活ができる収入を得ることを保障するために、少しだけ高めの価格でコーヒー豆を購入します。利益の大部分をとる中間商人を介さないため、代替貿易業者はコーヒー豆を一般の煤煎業者や卸売業者に競争できる価格で売ることができるのです。このコーヒーには「マックス・ハーベラー」というラベルが貼ってあるので、買い物客は「連帯コーヒー」であることがすぐ分かります。4年経って連帯コーヒーはオランダのコーヒー市場の2％以上を占め、連帯紅茶や連帯ココアと共に、ベルギー、フランス、ドイツ、ルクセンブルク、スイス、イギリスへも輸入されています。オランダのキャンペーンの結果、低所得のコーヒー農家が年間800万ギルダー（400万ドル）の特別収入を得ています。さらに、今では職員が連帯コーヒーを飲んでいるオランダの300の自治体では、購入政策について公開の討論をしているうちに、「南」の一次産品の生産者たちが直面している不公平についての問題意識が高まってきました。

　ヨーロッパの自治体は有権者にも優先的に購入をするように促してきました。今ではドイツに500の「第三世界ショップ」、オランダに300の「世界ショップ」、デンマークに20の「第三世界ハウス」があり、これらの多くが自治体の援助を

受けています。これらの店では「南」の工芸品や服、その他を扱っており、原価かほとんどそれに近い価格で売られています。これらの品は、一定水準の労働条件で生活できるだけの賃金を払っている「南」の人々や協同組合から直接に購入されます。店内の展示やパンフレットを見て、「北」の人々はそれらの製品の製作者について学び、売上げは地域のCDIの援助に使われることもあります。

　1980年中頃大ロンドン市議会は、ロンドンの協同組合や小規模企業と「南」の業者との代替貿易の促進に熱心に取り組んでいた企業である「第三世界情報ネットワーク」と「姉妹貿易」に資金援助をしました。この取り組みがしっかりした実績をあげる前に、マーガレット・サッチャー首相は大ロンドン市議会を廃止してしまいましたが、「第三世界情報ネットワーク」有限会社は代替貿易の民間推進者として存続しています。「第三世界情報ネットワーク」や他の代替貿易組織の努力によって、「北」の貧困層と「南」の貧困層との特別な貿易のつながりを作り出す可能性が示唆されました。

　制裁は本質的には優遇の反対です。ある国や企業に対して購入や投資を拒否することで、自治体は彼らに態度を改めさせることができるのです。制裁で最も成功したのはアメリカの例で、全部で27の州、25の郡、101の都市が、南アフリカと取引がある企業（南アフリカの企業も含む）に制裁を加えました。公務員の年金資金を投資する信託義務があるので、これらの自治体のほとんどは200億ドルを南アフリカと関わりのない「クリーン」な企業に再投資しました。南アフリカと関係のある企業との銀行取引をやめたり、商品を買うのを拒否したりした自治体もありました。デラウェア州のウィルミントン港はさらに一歩踏み込んで、南アフリカからの船荷を降ろすことを拒否しました。

　これらの制裁が実施されると、南アフリカと関わりのあるアメリカの全企業の3分の2はその持ち株を売却し、アメリカ議会は1986年に包括的な反アパルトヘイト法を上院・下院の両方で、レーガン大統領の拒否権に打ち勝つのに必要な3分の2以上の賛成で可決しました。1991年の7月ブッシュ大統領は国としての制裁を取りやめましたが、州や自治体による制裁を恐れて、翌年に南アフリカともう一度株の取引を持とうとするアメリカ企業は1つもありませんでし

た。自治体による制裁は、換言すれば、南アフリカに対するアメリカの外交政策を効果的に書き換えたのです。しかも2回も。

　チリでアウグスト・ピノチェト将軍が選挙によって組閣されたエルサルバドル・アジェンデ政権をクーデターで倒した後、1975年にオランダのいくつかの都市は、浚渫・建設業界の主要企業であるスタバイン社にチリから手を引くよう勧告しました。6,250万ドルの契約をピノチェトと交わしていたスタバインの社長は、「チリではクーデターによる政権交代など当たり前のことだ」と主張して、この契約を擁護しました。オランダのチリ人コミュニティーやオランダ労働党はこのコメントに憤慨し、ボイコットを呼びかけました。ロッテルダム市やハールレム市はスタバイン社との契約を一時停止することに決め、他の市もこれに倣い始めました。スタバイン社は、全取引の中でオランダ自治体との取引は50％以上を占めるため、これらを失うのを恐れて結局はチリとの契約をキャンセルしました。

　前章で述べた熱帯木材キャンペーンもまた選択購入の好例といえます。オランダの全自治体の3分の2が、市の建設プロジェクトに使用する熱帯木材を最小限に抑えることを義務づけました。オランダ自治体協会の援助もあって、キャンペーンはオランダの熱帯木材の消費量を6〜40％削減してきました。キャンペーンに肝要なことは、民間の建築家が熱帯木材の使用をやめるよう説得することと、ハンドブック、パンフレット、新聞の社説、市議会での論議などによって一般の人々に森林破壊の危険性についての知識を与えることです。このキャンペーンの具体的な成果の1つは、1995年以降は持続可能な形で生産された熱帯木材のみを輸入することに政府が同意したことです。

　選択的投資や選択的契約のキャンペーンは、しばしば法的、政治的な強い反発を受けます。オランダの84の自治体が、南アフリカとかなり緊密な取引のあったロイヤル・ダッチ・シェル社を組織的にボイコットしようとしたとき、中央政府はこの動きを阻止してしまいました。しかしオランダでのその後の成り行きを見てみると、「失敗に終わった」ボイコットでさえ一般の人々の関心を高め、消費者個人の購入態度を変えることができることが分かります。

7 規　制

　南北問題に対して自治体が規制に関する権限を使った例はあまり多くありませんが、これまでに行われてきたことを振り返ってみると、将来それを行使できる可能性はあるようです。たとえばいくつかの自治体は、地球温暖化やオゾン層破壊を食い止めるのに、少しでも貢献するよう法律を制定してきました。何百万本もの木を植え、農薬の使用を規制し、一般家庭や産業界に厳しい省エネ基準に従うよう求め、自家用車に特別な税を課して、公共輸送機関の使用を奨励してきたのです。

　自治体が規制に関する相当な権限を持つアメリカでは、1980年後半24の都市が、地球のオゾン層破壊に関連している炭化フッ素、メチルクロロホルム、四塩化炭素、フロンガスなどの化学薬品をその自治体内で使用することを禁止しました。デンバー市の条例は、オゾンを破壊する化合物を使用しているすべてのスプレー容器、消火器、建物の断熱材、食品の容器の販売を制限し、冷却装置やエアコン、自動車の使用や修理でフロンガスを放出することを禁じています。ロングアイランドのサフォーク郡は、発泡スチロールとポリ塩化ビニールの買い物袋の使用を厳しく制限しており、後にバークリー市やパロアルト市、ポートランド市も同じような規制を始めました。これらの革新的な自治体のイニシアティブによって、州や国の議員たちはフロンガスが提起する問題を真剣に考えるようになりました。1989年に8つの州議会がフロンガスの規制を正式に提議し、アメリカ上院はクリーンエア法（マスキー法）の中で、自治体や州が立法化する妨げとなっている条項を、80対16の票差で無効にしました。

　世界的な移住の問題に対応するため、世界中の多くの都市が規制的権限を行使して、国際的戦争地帯から難民を保護してきました。たとえばアメリカでは27の都市が自らを「避難聖域」（sanctuaries）と宣言し、またグアテマラやエルサルバドルの難民を国外退去させようとしている連邦政府当局に協力しないように、市の警察に命じました。

　しかし自治体による規制的手段の行使がすべて、中央政府に快く受け取られ

ているわけではありません。ハーグ市とドルドレヒト市（オランダ）は民間の建築家や建設業者に熱帯木材の使用を許可しなかったとき（熱帯林キャンペーンの規制のほとんどが公共プロジェクトに関するものでした）、オランダ政府はその措置を無効にしました。同様にアメリカ政府は、とりわけ民間の請負業者が政府の核兵器契約のもとに仕事をすることを禁止したオークランド市の非核地域宣言を白紙撤回させました。

8　制度化

　自治体の中には暫定的な CDI を実行するだけでは満足せず、代わりにすべての CDI 活動を監督するための公的、準公的な制度を設置したものもあります。
　フランドル地域の 308 の自治体のほとんど全部に、南北問題に対して一般の人々の関心を高めるための制度がいくつかあります。すなわちその分野を担当する市会議員、諮問委員会、政策決定の公的手続きなどがあるのです。諮問委員会の仕事には、複数の活動間の調整や市議会へのロビー活動、市の開発計画と活動の矛盾点を指摘することなどが含まれています。これらの委員会は市から正式な承認を受けることもありますが、たいていは議会から独立しています。
　フランドル地方の各都市の任命された市会議員は他の責務で忙しかったり、委員会のメンバーがボランティアということもあり、ベルギーの多くの都市では開発協力のために有給の事務員を雇っています。こういう職はいろいろな名で呼ばれています。たとえばルーフェン市では「第三世界事務局員」、ブリュージュ市では「第三世界マルチメディアセンター長」、アントワープ市では「第三世界アドバイザー」と呼ばれています。多くの都市は年1回の 11.11.11 キャンペーンのために短期間だけ人を雇いますが、毎年たいてい同じ人を雇っています。
　ドイツの自治体は、CDI のためのいくつかの興味深い制度を先駆けて作ってきました。1988 年にアシャフェンブルグ市（人口6万人）では、教育機関、成人教育センター、青年グループなど 10 の地域組織を集めて南北フォーラムが設

置されました。そのねらいはグループが系統立てて共通の行動計画を策定し、重複を減らすということです。フォーラムには政党は含まれていませんが、市議会や市の行政とは緊密な関係にあります。自治体は、展示や会議、広告のスペースを確保の援助をする担当職員を通じて参加しています。市はフォーラムに毎年2万ドイツマルク（1万2,200ドル）を出資しており、そのうち半分はアシャフェンブルグ市の姉妹都市であるコロンビアのビーリャ・ビンセンシオ市の歯科治療設備に融資されています。またフォーラムはアシャフェンブルグ市の学校の開発教育を促進し、一連の南北講座を援助し、年に1度の「1つの世界週間」などの文化的イベントを催します。

アシャフェンブルグ市のフォーラムにも問題はあります。メンバーたちは自分たちのNGOの仕事が忙しすぎて、フォーラムのプロジェクトに費やすエネルギーが残っていないのです。また、フォーラムは湾岸戦争や近年の難民の流入といった突発的事態に対して緊急に対応できません。教会や労働組合、環境保護団体などの重要なグループの参加がまだまだ少ない、といったことがあげられるでしょう。

ドイツのノルトライン＝ウェストファーレン州エーリングハウゼン市という小さな自治体（人口1万7,000人）では、2つの制度によって市の行政の南北問題への取り組みが支えられています。地域環境保護および第三世界グループのネットワークとそのネットワークの5人の会員からなる諮問委員会です。その5人の構成は、市議会の4つの政党の各々から代表1人、市の職員から1人となっています。この諮問委員会の勧告は自動的に市議会の実施事業となります。

この制度を利用してエーリングハウゼン市は1990年に「水は命──ここでも第三世界でも」というテーマの市民教育キャンペーンを組織しました。「北」の水の生活環境上の重要性について、市はガイド付きの視察やフィルム上映などを催して、新しい下水処理場の開設を広報しました。「南」の視点では、ブルキナファソでの灌漑施設の建設（もともとは隣接するドイツのレムゴ市とフランスにあるレムゴ市の姉妹都市が計画したもの）についての人々の関心を高めるようにしました。

ドイツの3つめの制度上のモデルは、ブレーメン市の開発協力局によって示

されています。局長ギュンター・ヒリゲスは、ケルン・アピールの作成や普及に指導的な役割を果たしたばかりか、ドイツで南北の「4者会談」システムを設立し、アフリカやインドの「南」のパートナーとのネットワークを組織し、南北と東西のパートナーで新しい3者の「南」「北」「東」関係を築くのに重要な働きをしたのです。

　イギリスでは、お互いに多少重なりあっている団体が、CDIを促進しています。「世界をひとつに結ぶ英国協会」、開発教育センター全国協会、イギリス－オックスファムなどのNGOは、自治体に姉妹提携や開発教育への関心を持たせるのに重要な役割を果たしてきました。これらのCDIを支援してきたもう1つの重要な機関は国際地方自治協会で、イギリスの自治体と国際地方自治体連合やヨーロッパ自治体・地域協議会のような国際機関とをつなぐ公式のパイプとなっています。1990年に国際地方自治協会は、途上国部門を開設するために、英国海外開発機関から3年間（年間5万ポンド［8万9,000ドル］）の資金を受けることになりました。国の機関やオックスファムなどのNGOと緊密に活動することで、国際地方自治協会は、自治体が南北提携を改善し拡大するのを手助けしたり、国連環境開発会議の行動計画や途上国の技術トレーニングプログラムを作成したり、開発教育プログラムを企画することができました。他のCDIの活動も同様に、イギリス内の団体の調整による恩恵を受けています。

　オランダ開発教育国内委員会のポール・ヴァン・トンゲレンは、次の6つの手段を実践することをオランダの自治体に強く勧めています。それらは、

① 地方選挙の後、むこう4年間自治体の政策を導く「計画」に、開発協力の項を組み込むこと
② 市議会のために開発協力に関する詳細な「政策文書」を作成すること
③ 「市長か市会議員」を、開発協力分野での自治体活動の責任者に任命すること
④ 日常レベルで自治体のCDI政策の改善と実行の責任を負う「市の職員」を雇用または任命すること
⑤ 自治体職員とコミュニティーのグループが協力できるCDIの「政策要綱」

を確立すること
⑥ 「予算」に開発協力の項目を入れること

です。

650あるオランダの都市の過半数が、これらの勧告の少なくともいくつかを実行しています。オランダの自治体のうち3分の1が自治体政策計画に国際協力の項を加えており、3分の2が政策文書が作成し、CDIに関して責任を持つ議員を任命しており、150の自治体に、少なくとも週に1日CDIのために働く職員がいます。自治体の半分が公式な政策要綱を持っており、100の自治体が住民1人当たり少なくとも1ギルダーを費やしています。

オランダのいくつかの都市は現在「四つ葉」の関連図表を作成しています。1つの軸にCDI手段の一覧表、もう一方にはオランダでのCDIの主なテーマ一覧、つまり開発協力、平和、南アフリカ、環境があげられているのです。この関連図表は、都市が国際情勢の中で何をし、さらに何ができるかを系統的に考察するためのチェックリストとなります。

9 国際協定

開発協力は異なった国々の自治体間の協定という形をとることもあります。おそらく最も一般的なのは国境を接する自治体間の協定でしょう。たとえばアメリカとメキシコの自治体は共有する道路や橋の推持や、不法移住者や麻薬密輸のパトロール、テレビやラジオ周波帯の割り当て、共有の水源やエネルギー資源の管理のために協定を結んでいます。

国際協定は組織の形成として表れることもあります。国際地方自治体連合と都市連合はどちらも開発問題に取り組む自治体の連合体です。自治体は外国情勢に関してより高い見識を持つようになっているので、特定の開発問題を扱う国際的な自治体連合体は増えてくるでしょう。1991年40カ国から数百という都市が、固体廃棄物処理や二酸化炭素放出量の削減などの問題に関して自治体の

協力を促すために、国際環境自治体協議会（ICLEI）を組織しました。

10　助成金

　最後にあげるタイプのCDIは、自治体が財源として機能するもので、NGOに助成金を提供するという形です。NGOがすべての種類のCDIを支援できるということは注目に値します。NGOは教育や調査、キャンペーンに取り組み、姉妹提携やプロジェクト支援の責任を負うことができます。企業の不正に関する情報を集め、それをもとに自治体は規制やボイコットをしたり、言語道断な反則者からは権利を剥奪したりできます。NGOは地域社会の制度や国際社会の制度での活発なアクターになれます。これらすべての活動を背景に、自治体はNGO活動の資金を援助しています。

　概してヨーロッパの自治体は、NGOに助成金を出すという伝統が他のどの地域の自治体よりも強くあります。たとえばブレーメン市開発協力局は毎年数百万ドイツマルクを多くの地域NGOへの助成金に費やしています。そのうち3万5,000マルク（2万1,300ドル）が毎年、人権と開発のためのブレーメン情報センターに提供されることは注目に値します。このセンターは1990年に南北問題の88のイベントに責任を負ったNGOの連合組織です。イギリスでも自治体は、NGOが開発教育や姉妹提携、難民援助、非核キャンペーンを行うのを支援しています。

　これら10のCDIの手段は、自治体が南北開発協力に影響を及ぼす可能性の範囲を明確に示します。自治体がどの手段を選ぶかは、その法的権限や政治的傾向に左右され、それは国によってかなりの違いがあります。次章での成功例が証明するように、CDIの歴史は自治体がこれらの手段の1つだけでも選び、それをうまく使えば、国際情勢に対して劇的な影響を長期にわたって与え続けることができることを示しているのです。

第3章　CDIの活動対象

近年、何千もの自治体が、CDIを用いて地球環境を保護し、人権を推進し、ニカラグアでの内戦を終結させ、アパルトヘイトを弱め、東西関係を改善し、「南」と「南」の関係を築いてきました。こうした活動の成果を見ると、さらに多くの自治体、NGO、コミュニティーのグループがCDIの活動に参加するなら、将来何が実現可能か、が分かります。

1　環境保護

どの自治体も地球環境の一部です。自治体の政策の如何によって、どのくらいの排煙や二酸化炭素が大気中に放出されるか、どのくらいのPCBや重金属が水中に投棄されるか、どのくらいの固形廃棄物が出されるか、が左右されるのです。また自治体は住民に環境を保護するよう働きかけることもできます。すなわち、廃物のリサイクル、資源の再利用、エネルギーや水の節約、絶滅の危機にある種の保護、市の建設プロジェクトに使う資材の削減、自転車や大量輸送機関の利用、地域環境への関心を高めることなどを強く呼びかけるのです。アメリカの自治体は今では自治体予算の約半分を環境管理関連事業にあてており、デンマークでは予算の90％以上を費やしています。この数字を見ても分かるように、地球環境の保護や修復は、最も広く行われているCDIの活動の1つです。

アメリカの自治体は政府よりもずっと先に、多くの国際的な環境問題に取り組み始めました。1982年にニューヨーク州は国内の21の州とカナダの5つの州からの代表の出席のもと、世界貿易センターで酸性雨に関する会議を開きまし

た。1983年にニューイングランド地方の100以上の自治体は、カナダのNGOと共同で、アメリカ中西部の工場からの産業排気ガスを削減するようアメリカ政府に請願する決議案を可決しました。1986年、ミネソタ州とノースダコタ州の自治体職員は隣接するカナダのマニトバ州と協力して、アメリカ政府が高レベルの放射性廃棄物を北ミネソタに保蓄するという計画に反対するロビー活動を展開しました。

アメリカの都市は率先して地球温暖化の原因を取り除こうとしてきました。ロサンゼルス市は二酸化炭素を吸収するよう500万本の苗木を植え、14の姉妹都市に文書を送付して、同じようなプログラムを作るよう促しました。フェニックス市は1995年までに100万本の新しい木を植える計画を立てています。デイド郡は最近になってマイアミの低所得地域に森林を復活させるための「リリーフプロジェクト」を開始しました。

ヨーロッパの150を超える自治体（うちオランダ75、オーストリア20）は「気候同盟」(Climate Alliance) を結成して、地球温暖化に取り組んでいます。「北」の参加都市はエネルギーの節約や大量輸送機関、選択的な購入（たとえばフロンガスや熱帯木材を使用している製品は購入しない）によって2010年までに二酸化炭素の放出量を半分に減らそうとしています。これらの都市は、アマゾンの熱帯雨林を調査し、特別地域を指定し、保護するために南アメリカのNGOや先住民族に財政的・法的援助をしています。

先にも述べましたが、熱帯雨林保護に関するもう1つのヨーロッパの開発協力は、「熱帯木材キャンペーン」です。その中でも特筆すべきは、オランダの3分の2の市とオーストリアの連邦州の1つのすべての市が、「南」からの貴重な硬質材を公共事業に使用しないことを決めたことです。

環境保護に取り組んでいる自治体の長期的な目標は、地域で食料、エネルギー、水、材木、鉱物を自給することです。このレベルの持続性を達成するために、デンマークは9つの自治体の試験的な研究を支援しており、これらが「緑の自治体」としてどこまで到達するのか成果をうかがっています。各自治体は、環境教育や自然保護、エネルギーと水の効率的利用、リサイクル、環境青年団、環境を考慮した購入などのプログラムを持っています。カリフォルニアのデー

ビス市は同様のプログラムを、10年以上にわたって実施しています。今日デービス市の自慢は、自家用車より自転車の方が多数を占め、芝生が姿を消して庭になり、建物には厳しいエネルギー効率基準を設け、5万人の住人のうち70％がリサイクルプログラムにボランティアで参加していることです。

　オランダでは毎年4月22日（アース・デー）から6月5日（世界環境デー）までの間、地域で環境教育キャンペーンを行います。「より美しい世界を目指して共に働こう」というスローガンのもと、オランダの何百という市が、声明文を出したり、気候の変化、エネルギーの非効率的利用、交通渋滞、固体廃棄物の処理、森林破壊などの問題についての講習会を開いたりします。

　最近、オランダ政府は「南」から4人を招待して、オランダの生態系を評価し、環境浄化について勧告をしてもらいました。インドネシアの環境団体の会長、タンザニアの農業経済学者、インドの社会学者、ブラジルのリオ・デ・ジャネイロ州文化次官からなるチームは、6週間かけてオランダ国内を回り、オランダ人のあらゆる層を代表する40人の人々に会いました。その結果、この「南」からの分析者たちはオランダに、車に乗るのを控え、家畜を減らし、無駄な包装を削減して「開発過剰」という状態を変えるように求めました。

　コロンビアは債務や貧困、麻薬密売人、暴力に苦しんでいる国ですが、グリーンキャンペーンによって国内の1,050の自治体を活性化し、環境CDIのためのきっかけにしようとしました。そのキャンペーンは、1983年に、当時「自然資源と環境のための国立研究所」（INDERENA）の理事長であったマルガリータ・マリノ・デ・ボテロによって始められました。ボテロは地域の生態系を回復するためにグリーン会議を組織するよう、自治体政府やコミュニティーのグループ、NGOに呼びかけました。さらに地域の森林再生のために温室を作ったり、誤った環境管理や社会不正がもたらす破壊的な影響について一般の人々に教えるように自治体に働きかけました。2年の間に、「自然資源と環境のための国立研究所」は何百万という種と何千という教育パンフレットを国中にばらまき、国内の自治体の80％が参加するようになりました。運動のシンボル（旗のようになびいている1枚の葉っぱをつけた苗木）は国中いたるところで見られるようになりました。ごく最近グリーンキャンペーンは3つの重要な機関を設立し

ました。そのうち1つはグリーンカレッジという公開大学で、環境保護、持続可能な開発、地球的規模の平和、参加型民主主義などの講座を開いています。もう1つはグリーンセンターで、ここでは地域の指導者、市議会議員、環境計画者などが研修を受けます。3つめの機関はグリーン財団で、コロンビアの自治体の質を向上させるために、法律家、ジャーナリスト、教師、科学者からなる20のチームを組んでいます。

　近年のもう1つの進展は、カナダのトロント市とドイツのフライブルク市に本部がある国際環境自治体協議会（ICLEI）の設立です。オーストラリア、ブラジル、カナダ、ドイツ、オランダ、ノルウェー、フィリピン、セネガル、シエラレオーネ、イギリス、アメリカ、ジンバブエの主要都市を含む世界中の何百もの都市の参加を得て、ICLEIは最善の環境保護のための政策や科学技術を見いだし、他の都市に広めています。現在は都市の二酸化炭素放出量の削減に力を入れていますが、環境に関する他の問題にも取り組む計画をしています。ICLEIの徹底したロビー活動によって、国連環境開発会議は次の言葉をアジェンダ21に取り入れたのです。「地域住民と自治体、他の地域コミュニティーは、その知識と伝統的慣習のゆえに、環境管理と開発において重要な役割を担っています。」現在、ICLEIは「国連の持続可能な開発委員会」「国際地方自治体連合」（IULA）「世界都市連合」（UTO）「世界大都市圏協会」「世界大都市サミット会議」の代表らと共に、自治体が独自の地域に合ったローカル・アジェンダ21を作成するのを支援しています。

　1991年にIULAは「環境と健康と生活スタイルについての宣言」を採択し、計画、基準設定、予算、経済開発、公共教育などのすべての決定に、環境レベル、健康、人種や文化的多様性に関する評価を組み入れるよう自治体に要求しています。この宣言には次のような基本方針が記されています。つまり、環境を保護することは貧困を消滅することにつながること、住民は環境についての情報を得る権利があること、豊かさに大きな差があるので、地球の浄化に関しては「北」の自治体は「南」よりも大きな責任を引き受けなければならないこと、です。

2　人　権

　自治体は、普遍的に尊重されるべき基本的な自由と権利の存在を認め、人権を擁護してきました。自治体は、思想犯（良心の囚人）を釈放するよう外国の政府に強く要求し、残虐行為を行った国への海外援助に反対するロビー活動をし、死刑執行、拷問、ジェノサイドという罪を犯している政府を激しく非難してきました。

　実際に、1948年に国連が採択した世界人権宣言で擁護されている人権の長いリストを見れば、ほとんどのCDIは人権活動と考えることができるようです。たとえば第25条にはこう書かれています。

> 「すべての個人は、自分と家族の健康と福祉に十分な、生活水準を保つ権利を持つ。それには、食料、衣服、住居および医療そして必要な社会サービスが含まれます。また、失業、病気、障碍、夫の死亡、高齢あるいは自分で制御できない状況で生計手段を喪失した場合に、保護を受ける権利を持つ。」（萩原重夫訳：『(世界人権宣言のめざすもの』明石ブックレット、明石書店より）

　人権運動に関わる市長や市議会議員は増えてきています。オランダ・デルフト市の市長は、先ごろシリア政府を説得して、公正な裁判をせずに監禁されている医師たちを解放するための公の式典で植樹をしました。1988年にソ連（当時）のアルメニアで暴動が勃発したとき、カリフォルニア州知事でアルメニア人でもあったジョージ・ドュケメジャンはミハイル・ゴルバチョフ書記長に文書を送り、非暴力で民族紛争を解決するよう懇願しました。ニュージャージー州ティーネック市の市議会はアムネスティ・インターナショナルのキャンペーンを支援して、アマゾン開発に反対していた著名な環境保護者や労働組合員が殺害された事件を調査するようブラジル政府に要求しました。アメリカのアムネスティ・インターナショナルのキャンペーンの指導者ジャック・レンドラーが見積もったところでは、人権活動家の努力で市長や市会議員がアムネスティに参加した事例は100から200にのぼっています。

文書を送付したり決議案を可決するだけにとどまらず、さらに踏み込んだ行動をする自治体関係者もいます。1989年4月にカリフォルニアのアービン市の市長ラリー・アグランとカリフォルニア州選出上院議員アート・トーレスはベトナムを訪れました。戦争終結時にベトナムを脱出して、オレンジ郡やロサンゼルス郡に定住している家族を持つ30人の男性の釈放を求めてロビー活動をするためです。カリフォルニアの政治家たちはベトナムの法務大臣や外務大臣と会い、12月までに最初の「善意」の釈放が実施され、スー D. ドンはアメリカへ移住することができました。14年間を政治犯として、妻と9人の子どもと離れて過ごしたドンは、「アメリカの人々、特にラリー・アグランの助けがなかったら、私は今ここに来ることはできなかっただろう」と語っています。

　今日、自治体が直面している最も重大な人権問題の1つは、難民の処遇でしょう。近年何百万という「南」の人々が貧困（メキシコ人）、環境災害（サハラ砂漠以南のアフリカ人）、戦争（エルサルバドル人、ニカラグア人）、抑圧（グアテマラ人、ハイチ人）から逃れてアメリカへ流入しています。ワルシャワ条約機構の劇的な崩壊によって扉は開かれ、東ヨーロッパから大量の人々が西側諸国へ流入しています。難民の流入による経済や社会の混乱は、特に「南」の人々に対する人種差別や偏見を生み出しました。ドイツでは、最近の移住者は主にポーランド人やチェコ人、スロバキア人、ロシア人であるにもかかわらず、スキンヘッド（白人至上主義の若者ギャング）やネオファシストが攻撃する対象はアフリカや中東からの難民です。かつて「西」と「東」を隔てていた鉄のカーテンは、今では「北」と「南」を分ける有刺鉄線に取って代わられているのです。

　「北」や「西」への難民の流入の問題を考えていくと、私たちは、自治体がなぜ地球的規模の開発の問題を無視することができないかがしっかりと分かるようになります。CDIによって自治体は、移住者の根本的な問題に取り組む機会とともに、難民への対応と保護という緊急課題に人道的に対応する機会も得ることができるのです。

　イギリス、特にロンドン市は現在、西インド諸島、パキスタン、インドなどの新イギリス連邦諸国からの移住者に加え、クルディスターン（イラク）、東ヨ

ーロッパ、旧ソ連からの強制追放者たちの受け入れに苦闘しています。難民への住宅提供や他の社会福祉に関する国家政策がないので、イギリスの自治体や難民カウンシルなどのNGOがその穴埋めに乗り出しました。イギリスの自治体は現在、年間6,000万ポンド（1億800万ドル）を（肉体的、精神的に障害のある人、子どものいる家族、高齢者などの）「優先ホームレス」と認められた難民の10％に住宅を提供するために費やしています（しかしながら、ほとんどの難民は健康な独身男性であるため、このプログラムの対象にはなりません）。

　大ロンドン市内自治体資金援助プログラム（LBGS）を通じて、市内のいくつかの自治区が共同出資し、難民を支援するNGOに100万ポンド（179万ドル）を超える資金を提供しました。これらのNGOの代表は交代で6〜8週間に1度、難民特別諮問委員会という管轄下のグループで顔を合わせます。地域活動団体に追加の助成金を出した自治区もあり、8つの自治区はNGOの代表や市の職員らを含んだ独自の難民特別諮問委員会を作りました。NGOと自治体の共同作業での成功例は南ロンドンにあるコルチャックハウスで、いくつかの自治区から資金援助を受けて、エリトリア、エチオピア、ウガンダからの9人の難民の子どもたちの面倒をみています。しかしほとんどの難民がいまだ十分な保護を受けていないことは誰もが認めるところです。

　1988年オランダのライデン市は「ライデン：難民のまち」と名付けたキャンペーンを始めました。ライデン市の職員たちは、このまちが歴史的に難民を保護してきたことを訴えて、移住者に対する偏見や人種差別を抑えようと試みました。一時この町の人口の3分の2が難民だったこともあり、現在の人口の70％が難民の子孫です。

　国の国外追放政策に異議申し立てをして、難民を保護しようとしてきた自治体もあります。すでに述べた通り、アメリカの27の都市は自らを避難聖域と宣言し、エルサルバドルやグアテマラの難民を、せっかく逃げ出してきた戦争区域へ追い返そうとする連邦政府に協力するのを拒否しました。1985年オランダのエンスヘデ市は市内に住んでいた4人の難民を国外追放するという法務大臣の決定に正式に抗議しました。ごく最近、オランダ政府が、難民申請者が野宿している公園にフェンスを建てるようズィーウォルデ市に要請したところ、難

民を罪人のように扱うべきではないという理由で市はこれを拒否しました。

　ほとんどあらゆる人権問題に関して、自治体は住民を教育し、行動を促すという大切な役割を担うことができます。オランダのアルクマール市は、市内の学校に難民の人権に関するカリキュラム資料を配布しました。オランダのいくつかの市議会は、決議や助成金、キャンペーン、購入の優先や取りやめという形で、人権主義を支持しています。1988年オランダの25の自治体は、難民申請者の扱いに関するアムネスティ・インターナショナルの基本方針をヨーロッパの諸政府が忠実に守ることを要請する決議案を可決しました。

　人権侵害を犯している地域との関係を断ち切るべきかどうかということは、しばしば相当に論争を呼ぶ問題です。アムステルダム市は、インドネシア政府が著名な共産党の指導者たちを処刑した後で、ジャカルタ市との姉妹都市関係を断つことを決めました。この決定は、「与えられる援助が本質的に人権侵害を促すことにつながったり、圧政政府への有力な支援となり得るならば、現存している関係を再考するべきである」と決めている市の「国際開発協力の基準」に従って下されたものです。

　中国と姉妹提携を結んでいるアメリカの都市は、人権侵害に対して異なったアプローチを取りました。中国とアメリカの姉妹都市の約半分が1989年の天安門広場の大虐殺の際に、お互いの関係を「強化する」という対応をしました。その根拠は、中国の権力者に人権問題への関心をもたらすよう姉妹都市が対話のチャンネルを持ち続けることにありました。姉妹都市関係を維持することで、アメリカ市民は、中国の反体制の人々や他の人権活動家とのつながりを保つこともできます。また関係を持ち続ければ、パソコン、ウォークマン、ファックス、コピー機などの技術製品の寄贈が促され、それらは中国政府の情報や討論の独占を徐々に弱めることになるでしょう。

　アムネスティ・インターナショナルのオランダ支部のアルヤン・エイジは次のように述べています。

　　「ここで重要なのは、単に2つのどちらかを選択することにあるのではなく、相手方の活動に関わるというプラス効果が、どの時点で人権侵害を正当化する

ことになるのかを明確にすることです。この分かれ目を探すことはときに非常に困難なことです。」

3 反アパルトヘイト

アパルトヘイトが南アフリカの公式な政策とされて以来、南アフリカの黒人コミュニティーのグループとNGOはそれをなくす闘いを続けてきました。しかし「北」のNGOや自治体は、1970年代の終わりになってようやく反アパルトヘイトキャンペーンに参加したのです。プレトリア（南アフリカの行政首都）の白人政権に圧力をかけるというアフリカ民族会議（ANC）や他の団体からの要請に応えて、自治体やNGOは「アメとムチ」の政策で南アフリカのアパルトヘイトを弱めようと決め、実行に移しました。最も成功したキャンペーンとして、オランダとアメリカの例をあげてみましょう。

オランダの自治体は、人々の関心を高めることを通じて、反アパルトヘイト運動を始めました。1983年アムステルダム市はボーア人（南アフリカのオランダ移住民の子孫）にちなんで名付けた道路や広場の名称を廃止して、新たにルツーリ、ビーコ、マンデラなどの名を付けました。2年後、デーフェンテル市の市議会は市のイベントで南アフリカの製品を使うことを禁止し、市民に南アフリカの製品を買わないように呼びかけました。

オランダでは南アフリカの製品はほとんど出回っていなかったので、論議の焦点は、ロイヤル・ダッチ・シェルのような南アフリカに多大な投資をしている企業をボイコットすべきかどうかに移りました。1987年10月、アムステルダム市、アルンヘム市、ハーグ市、フローニンゲン市、ワディンクスフェーン市は自治体反アパルトヘイト会議を開催し、自治体が制裁を行った場合のメリットを考察しました。この会議に先だって、オランダ政府は制裁は容認できないと明言しています。この政府の声明によって、会議参加都市は意見を調整し足並みをそろえた行動が必要であると考えるようになりました。9カ月後、オランダの20の都市は、ハーグ市に本部を置く反アパルトヘイト自治体連合

(LOTA) を創設し、1年でその連合への加盟都市数は80に増えました。多くの場合、反アパルトヘイト自治体連合への参加決定は、すべての政党の市議会議員が賛成して議決されています。

1988年はじめ、ヒルフェルスム市は政府に真っ向から挑み、市所有の鉄道車両に関するシェル社の入札受け入れを拒否しました。シェル社は政府に訴え、閣議は即座にヒルフェルスム市の決定を無効としました。反アパルトヘイト自治体連合はその後、加盟都市に肯定的優遇政策を用いるように勧告しました。つまり、南アフリカと関わりを持つ企業をボイコットするより、関係を持たない企業に特別な報酬を与えるべきだというのです。このときは22の市議会が一致して行動したので、（ヒルフェルスム市のときのように）どの都市も罰せられることはありませんでした。1990年1月、政府は自治体の代表者との話し合いに同意しましたが、そこでも、またその後の5月の話し合いでも妥協案は得られませんでした。政府はその時点で22都市の肯定的優遇政策を無効にしました。

反アパルトヘイト自治体連合による自治体ボイコット組織化計画は結局失敗に終わりましたが、政府と自治体の衝突は新聞やテレビで大きく取り上げられ、一般の人々のアパルトヘイトへの関心を高めるのに役立ちました。1990年初頭に反アパルトヘイト自治体連合は戦略を変更しました。ヨハネスブルク市近郊でいくつかの市民団体に会った後、反アパルトヘイト自治体連合は南アフリカの黒人との人的交流を促進する包括的な綱領を採択しました。その後、オランダ自治体協会の一部となった反アパルトヘイト自治体連合は、南アフリカの指導者に自治体の運営技能を指導しました。たとえばハーグ市は住宅政策の専門家の市職員をヴァットヴィル市に派遣しました。またハーグ市の市民は年間の会費を払うことで「象徴市民」となりました。1991年のはじめ、反アパルトヘイト自治体連合はニュースレターを配布したり、会議を開いたりして、新しい協力事業へのオランダの都市の加盟を得ました。このときには、中央政府は反アパルトヘイト自治体連合の計画を単に支援するにとどまらず、資金も援助しました。

アメリカにおける反アパルトヘイトCDIはオランダと同じような進展をしましたが、1つだけ異なった点があります。それは州や自治体の制裁活動を政府

が先んじてはっきりとは禁止しなかったので、法的に是認されていたということです。最初にアメリカの都市が南アフリカと取引のある企業から権利を剥奪したのは、1970年代の後半です。1980年代中頃までには70以上の都市、20の州が同様の行動を実施しました。すでに述べたように、この運動は非常に強力で、ついには連邦議会を説得して、レーガン大統領の「建設的関与」政策を放棄させました。ボルチモア市が制定した投資引き揚げの条例に対する控えめな抗議を、アメリカ国務省は遠回しに支持してきましたが、正式に訴訟を起こすようなことはしませんでした。司法当局は「州の権利」が（優先すること）ついて保守的な見解を支持しており、自治体は自らが選んだどのような企業にも投資し、契約することを可能とされるべきであると考えています。

　アメリカの制裁運動は、主に東海岸にある2つのNGO、トランスアフリカとアメリカ・アフリカ委員会によって組織化されました。西海岸では南アフリカから国外追放されたルイス・フリードバーグが、1987年に全く異なった取り組みを始めました。フリードバーグのアメリカ―南アフリカ姉妹都市プログラムは、アメリカの都市と南アフリカの市民団体を結び付けようというもので、最初は制裁を実施している自治体から疑いのまなざしで見られていました。しかし、ラワアイカンプ市を崩壊から救うなどの実績が認められ、徐々に反アパルトヘイト活動家に敬意をもって受け入れられるようになりました。今日、アメリカの10の市が市民団体と提携し、技術援助や精神的支援を行っています。

　「北」がこのような活動をしている一方で、南アフリカのNGOや地域のグループは白人支配の終焉に向けて準備してきました。非白人指定地区内にある市民団体は効果的に、コミュニティーのほとんどが指導を頼める自治体を形成しました。

4　ニカラグアとの連帯

　CDIが最も成功した例の1つは、ニカラグアと「北」の都市との間に広がった連帯ネットワークです。1979年にサンディニスタがアナスタシオ・ソモサー

ディベイレ将軍の専制的な独裁政権を倒した後で、西ヨーロッパの自治体はニカラグアと200以上の提携を結び、アメリカでは86の姉妹提携が成立しました。これらのうち「北」の市議会に承認されているのは4分の1しかありませんが、ほとんどが少なくとも市長や市議会議員の非公式な支持を受けています。

ニカラグアとの提携には2つの目的がありました。特定の開発プロジェクトを援助することと、第三世界、とりわけニカラグアの開発問題に関して「北」の人々の関心を高めることです。

サンディニスタが、資本主義と社会主義双方の欠陥を排除した新しいタイプの国家体制を（少なくともはじめのうちは）作り上げようと、反乱を起こして圧政政権を打倒したことを、「北」の多くの人々は賞賛しました。これは自分たちの力で開発を進めようとする人間の顔を持った民衆の革命で、世界中の貧困国のモデルとなり得るものでした。若く理想主義的な「北」のサンディニスタの支持者は、ニカラグアの発展に実質的な貢献をして、ニカラグアの人々と連帯したいと考えていました。

連帯運動のもう1つの動機は、アメリカがサンディニスタに対して隠れた戦争を仕掛けるのをやめさせることです。ロナルド・レーガン大統領は任期のほとんどの間、反革命ゲリラのコントラを武装し、支援したり、世界銀行などの国際金融機関に圧力をかけてニカラグアへの融資をやめさせたりして、サンディニスタ政権を追い払うことに全力を注ぎました。地域のグループは自治体間のネットワークを利用して対抗し、戦争の暴虐性を市民に宣伝し、レーガン政権の攻撃的な政策に抗議しました。（南・中央ヨーロッパでは市議会がイニシアティブをとりました。）

サンディニスタ政権は連帯運動を温かく受け入れました。人的交流や都市間のつながりによる巨大なネットワークは、非同盟というニカラグアの外交政策によく適合しました。また1988年の地方自治法で正式に承認された地方分権化や地域民主主義の強化に向けてのニカラグアの努力とも、うまくかみ合いました。

ニカラグアとの連帯提携には、4つの特徴的な要素があります。1つは「北」の人々が提携している相手方の都市のプロジェクトに財政的・技術的援助、お

よびボランティアの支援をすることです。これらのプロジェクトは社会的・物質的構造基盤の強化を目的とし、(ニカラグアにはNGOがほとんどないこともあって)ニカラグアの自治体が管理します。2つめは、「北」の活動家が提携関係を利用して市民に、ニカラグアやコントラ戦争、「南」の開発への課題についての情報を知らせることです。3つめは、個人的な関係が「北」とニカラグアの人々とが互いに敬意を深め、技術情報を共有することを可能にすることです。オランダ—ニカラグア都市提携評議会のロナルド・ヴァン・デル・ヒエデンは次のように述べています。「ニカラグア人が自分たち自身の開発のために、日々の努力で乗り越えていかなければならない問題は、多くのヨーロッパ人がすでに経験したことです。この問題共有の意識によって、ヨーロッパ人は長年にわたって活動を続けようという熱意を持つこととなったのです。」4つめは、提携関係がニカラグアへの政治的支援を呼び起こすために使われたことです。ヨーロッパとアメリカの市議会での提携を是認すべきかどうかという議論は、一般の人々の関心や共感を集めました。

　これらの提携の結果は感銘深いものでした。何千人というヨーロッパ人やアメリカ人がニカラグアを訪れ、「南」の開発の実態を知り、自分自身の生活を変える個人的な体験をしました。何億ドルもの資金がニカラグアのプロジェクトのために集められ、貧困を軽減するためだけでなく、自治体組織や市民社会を強化するためにも使われました。1988年10月にハリケーン・ジョーンがニカラグアを襲って、10億ドル以上の被害をもたらしたとき、援助は特に大きな意味を持ちました。アリゾナ州ツーサン市では災害見舞いとして、マナグア市とブルーフィールズ市に薬や自転車の部品、学校用品、工具、太陽電池パネルなどを満載したスクールバスを含む30トン、15万ドル相当の援助物資を空輸しました。

　連帯運動のもう1つの直接的な成果は、ニカラグアへの公的援助が増え、アメリカ政府のコントラ戦争援助に反対する声が大きくなってきたことです。オランダでは与党キリスト教民主党の国会議員らはアメリカの政策を支持していましたが、それでも市長や区長、市議会議員の自治体メンバーの一行はニカラグアを訪問し、提携プログラムを支援し、連帯運動に積極的に参加しました。

同様に、レーガン大統領の共和党のメンバーであったウィスコンシン州とミネソタ州の多くの州議会議員は、コントラ戦争に反対の意を表明しました。

　連帯運動によってコントラに対抗するための重要な基盤ができました。オランダの150人以上の市議会議員がアメリカの政策に反対する声明文に署名し、在オランダのアメリカ大使に手渡されました。1988年1月にアメリカの32人の市長は記者会見を開き、コントラ側への武器援助をやめるよう要求しました。姉妹都市提携プログラムの一環として、他の市長らは新聞編集者やビジネスマン、オピニオンリーダーと共にニカラグアを訪れ、彼らは皆、レーガン政権が流していた情報とは全く異なった見解を持って帰国しました。政治コラムニストのアレグザンダー・コーバンによれば、これらの証言によってアメリカの人々は、「(国務次官の) エリオット・エイブラムズや他の者がどんなに非難してもかき消すことのできないようなレベルのニカラグアに関する知識と直接体験」を得たのです。この運動によってアメリカ世論は2対1でコントラ援助反対派が優勢となり、1988年2月アメリカ議会はコントラ援助の停止を決定することとなりました。

　ニカラグアとの提携プログラムに参加しているヨーロッパの都市の中には、連帯グループと共に活動する特別な財団や協会を設立して、幅広い政治見解を持つ政治家やオピニオンリーダーを仲間に引き入れたところもあります。このような政治的に穏健な組織はサンディニスタ政権や民族解放戦線自体を支持することはしませんが、ニカラグアの人々が外からの干渉なしに、自らの開発の方針を選びとる権利を支持します。1990年の選挙期間中、連帯グループは地域の民主化を手助けし、公平な選挙が実施されるよう監視しました。

　ヨーロッパの人々はいくつかの方法で提携関係を制度化しました。ベルギー、ドイツ、オランダ、イギリスでは全国的な連絡事務所が開設されました。1985年フランスのエヴリー市は世界都市連合 (UTO) の援助で、ニカラグアのエステリ市と提携を結んでいるヨーロッパの4つの都市、ビーレフェルト市 (ドイツ)、デルフト市 (オランダ)、セント・フェリウ・デ・リュブレガット市 (スペイン)、シェフィールド市 (イギリス) と会合を持ちました。1988年、アムステルダム市や都市連合協会、それに他のいくつかのNGOは、最初の「ニカラ

グアとの都市提携についてのヨーロッパ会議」を開催し、西ヨーロッパの14カ国、オーストラリア、アメリカ、ニカラグアから都市やNGO、協会の350人の代表の参加を得ました。会議ではマナグア市、レオン市、マサジャ市、マタガルパ市、チナンデガ町、コリント町、ナンダイメ町、コンデガ町、サンカルロス町、レギオIV（ニカラグアの行政区域）と姉妹提携を結んでいる「北」の都市の活動を調整する小さなグループの形成を促しました。またこの会議によってアムステルダム市に情報センターが設立され、ヨーロッパ共同体からの資金提供のおかげで、そのセンターは定期的にニュースレターを発行し、ヨーロッパとニカラグアの活動を調整するミーティングを開くことができました。

　ニカラグアとの連帯運動は、自治体が政府の外交政策とは相容れない外交政策のイニシアティブをとれることを立証しました。アムステルダム市長エド・ヴァン・ティジンは、1984年にマナグア市長サントスと協力協定に署名し、物議を醸しました。2週間前にオランダの開発協力大臣が、ニカラグア政府に援助を削減する旨を伝えたばかりだったのです。最終的にオランダ政府は、アムステルダム市にはニカラグアの当局と独自の関係を持つ権利があると認めました。

　サンディニスタ政権が全国区と多くの自治体で敗北した1990年の選挙以来、いくつかのヨーロッパやアメリカとの提携関係は解消させられました。しかしサンディニスタがまだ市議会を支配しているレオン市やハラパ市などの自治体との提携関係は継続しています。経過はいつも円滑に進んだわけではありませんが、UNO（反政府連合）が支配する都市でさえも多くの場合は、「北」の活動家は提携関係を維持してきました。マナグア市の新しいUNOのリーダーはシアトル市とマディソン郡との公的な関係を解消して、10万人の保守的なニカラグア亡命者が住んでいるマイアミ市と新たに関係を結びました。シアトル市とマディソン郡はマナグア市の教会や児童教育センター、学校、青年グループと活動を続けることで対応しました。コネティカット州のノーウォーク市は、ナガロテ市の旧サンディニスタの姉妹都市委員会と新UNO委員会の合併の仲介の手助けをしました。

　ロナルド・ヴァン・デル・ヒエデンは、ニカラグアとの連帯運動は以前と変

わらず意義があると主張しています。ニカラグアの政治はまだ変わりやすい状態にあります。UNOは崩壊しつつあり、サンディニスタは「熱帯のペレストロイカ」を経験している状態で、どのような政治的見解を持つ「北」の人にとっても、協力する機会はたくさんあります。確かに「北」の援助の必要性はこれまでになく高まっているのです。貧困や失業は増えつつあり、ニカラグア政府は経済構造調整に伴う影響に対処しており、最も基本的レベルの技術の援助を緊急に必要としています。

5 東西関係

アメリカとソ連のデタント（緊張緩和）が崩れた1980年代はじめに、「西」側の自治体は「東」の自治体と接触を始めました。ヨーロッパにおける限定核戦争で勝利を得るための超大国の（指導者の）軽率な発言や、歴史上最大規模の軍事力の強化などが契機となって、「西」側の平和活動家らが（「東」側でも多くが同様に）立ち上がり、超大国の対立を抑えるために活動を始めました。

最初、大西洋の両側の自治体は、核兵器に反対するキャンペーンを開始しました。ヨーロッパでは数百万人がデモ行進をして、パーシングミサイルIIや巡航ミサイル（いわゆるユーロミサイル）の配備をやめるよう訴え、アメリカでは900の市が、軍拡競争の「互いに検証可能な凍結（フリーズ）」を要求する決議案を可決しました。23カ国の約4,500の自治体が非核宣言をしました。ほとんどの場合、非核自治体は単に自分たちの核兵器に対する嫌悪感を公表しただけですが、ときには意欲的な学校教育キャンペーンを実施しました。アメリカ国内の180の非核地帯宣言自治体の半分では、実際に核兵器業務に刑事上の罪を科しています。たとえばシカゴ市では市内で核兵器の請負業務に携わった者は誰でも1日1,000ドルの罰金が科せられます。またアメリカの12の自治体は、核兵器製造に関わっている企業に投資したり、そこから製品を買うことを拒否しました。

しかしながら、徐々に「西」側の自治体は兵器廃絶運動の限界を感じるよう

になりました。非核地帯のキャンペーンには賛否両論があり、成功した場合でもしばしば賛否の差はほんのわずかにすぎませんでした。平和活動家たちは、軍拡競争の根本的原因、つまり冷戦の解決に取り組まなければならないと考えるようになったのです。東西の敵意をより建設的な関係に変えてはじめて、軍拡競争は止まり、ついには核兵器は減少すると考えたのです。

　アメリカではしっかりした「市民外交」運動が形成され、中にはソ連－アメリカ間の姉妹提携となった例もあります。1979年にソ連がアフガニスタンに侵攻した後、存在していた6つのソ連－アメリカ姉妹提携のうち5つが一時中断されました。アメリカに本拠地を置く国際姉妹都市協会とソ連の同等の組織はどちらも、この敵対している時期に交流を支援したら何が起こるか分からないので、新しい関係を結ぶのを拒否しました。しかし「東」側との接触に対する関心は高まり、アメリカのいくつもの都市が公的機関を通さずに関係を結ぶことを決めました。1988年までにアメリカの30の都市がソ連の都市と関係を結びました。国際姉妹都市協会とソ連の機関はこのままでは好機を逸すると分かり、趨勢に従うことにしたのです。

　ソ連の都市と姉妹提携を結んだアメリカの都市の多くは、国務省や新聞編集委員、市議会内の「反共産主義者」による批判に直面しました。しかし姉妹都市関係の最大の目的は、アメリカ人がソ連のすべてに関して抱いている嫌悪感をじっくりと見直して、中傷や武力による威嚇を対話や建設的協力に置き換えることにあるのです。運動は予想以上に成功しました。ソ連でクーデター未遂事件が起こった頃までには、アメリカの自治体はソ連の自治体と75の公式な姉妹提携を結び、さらに50の姉妹提携が形成されつつありました。

　アメリカ－ソ連の姉妹提携運動が軌道に乗るにつれて、文化や友好の活動は減り、技術交流や貿易により関心が集まりました。このことは、1989年にベルリンの壁が崩壊した後、いたるところで結ばれたアメリカと東欧間の姉妹提携の路線に影響を与えました。冷戦終結後、アメリカの都市は東欧の都市とビジネス関係を確立し、東欧（主にポーランド）の議員や職員を教育しましたが、このときは国際姉妹都市協会とアメリカ市長会議からはっきりとした支援を得ました。

西欧－東欧間の姉妹提携は、異なった性格を持っていました。ここでは社会的・政治的グループと共に、人権や市民社会の実現を促進するというのが特徴です。東欧圏の関係当局の中には姉妹提携の活動家を好意的に扱わない国もありましたが、ミハイル・ゴルバチョフのグラスノスチやペレストロイカ政策の影響を受けたハンガリーやポーランドでは歓迎されました。

　ドイツではゴルバチョフが政権の座につくずっと前から、東側との姉妹提携を始めていました。ウィリー・ブラント首相の「オストポリティーク（東方政策）」に刺激され、西ドイツは1970年代に東欧との姉妹提携を開始しました。1982年から87年にかけてヨーロッパの平和運動が威勢を増す中で、西ドイツの姉妹都市提携は倍増しました。しかしすべてのドイツ人が、それを歓迎したわけではないのです。ザールルイ市とアイゼンヒュッテンシュタット市が東西ドイツ間で最初の姉妹提携を結ぶまでには、その関係が妥当なものかどうかで、世論は二分されていました。西ドイツ政府の官僚がウィスバーデン市とポーランドのブロツラ市との関係を壊そうとしたとき、そのことがかえって東西姉妹提携に関して一般の注目を引き、関心を高める結果となり、姉妹提携を促進する主な要因の1つとなりました。

　1986年から1989年の期間に、2つのドイツの間で60の姉妹都市提携が結ばれました。東ドイツ政府はこれをコントロールしようとしましたが、草の根の交流や協力は政府官僚が予想したよりもずっと深まっていました。1989年の夏に、エーリッヒ・ホーネッカーが姉妹関係を解消するように命じたにもかかわらず、ライプツィヒ市などいくつかの東ドイツの都市は西ドイツとの関係を維持していました。ベルリン大学のベアテ・ワグナーは、「自治体の協力構造は国家政策よりも安定していることが証明された」と主張しています。

　東西ドイツが統一されても、いくつかの提携活動は継続していました。たとえば（旧）東西ドイツの学校同士の交流は盛んになりました。しかし、協力のための通常のルートが開かれたので、概して一般の人々は姉妹提携に関心を持たなくなりました。

　オランダでは過去10年間に東西の姉妹提携は劇的に増え、1980年以前はほんの少数であったのに1985年には25の都市が姉妹都市となり、今日では276の都

市が「東」と姉妹提携を結んでいます。そのうち15は旧ソ連の都市とのものです。この提携関係に加わったオランダの都市は最初、非公式なグループや反体制の人々と活動を始めました。こうした人々の多くが政治の中枢に入った現在では、オランダの姉妹都市は彼らが市民社会を発展させ、民主化の道を切り開くのを支援しています。

　1990年5月ロッテルダムにて開催された最初の東西姉妹都市会議には、250の自治体から450人の代表が集まり、ヨーロッパ中で寛容・平和・正義・参加型民主主義を強化するために、自治体のつながりによる対応を呼びかけた「チャレンジ宣言」を出しました。この宣言は、東西の姉妹都市関係が金融や貿易、海外投資などの「専門的問題」にだんだん偏っていくにつれ、「市民社会運動の活動家」が感じた苛立ちを反映しています。例をあげますと、1991年オランダがポーランドやハンガリー、チェコスロバキアからの150人の職員のために研修プログラムを実施しましたが、オランダのインターチャーチ平和評議会のディオン・ヴァン・デン・ベルグによれば、そのときには「労働組合の地域支部、平和運動、女性グループなどの間で、また政党の地域支部間でさえ、ほとんど何の交流もなかった」のです。理由の1つとして、自治体は東西のつながりを伝統的な交流関係と見なしており、公式交流、スポーツや文化交流、教育プログラムの場とだけにとどめてきたことがあげられます。また、市民社会運動の活動家は相手方の自治体の他のグループとの共同活動において、十分に魅力のあるモデルを作ることはできませんでした。この傾向に潜む危険は、ロッテルダム市の自治体職員キース・ボーデが述べているように、「民主的政府の敵である技術主義、官僚主義、中央集権主義という3つのキーワード」に要約されます。

　ボーデは以下のように主張します。

> 「自治体政府向けの援助プログラムは、専門的問題の解決のみに集中すべきではなく（それも重要ではありますが）、政府自体の民主化、意思決定のプロセス、自治体政府の職務執行にもしっかりとした注目を向けるべきです。次に重要なのは、社会の民主化のために活動している社会グループを援助することです。現在では特に、平等で市民の権利が保護されている社会の建設に取り組ん

でいるグループと共に、民主主義の敵といえる人種差別主義と闘うグループに目を向けるべきでしょう。」

　オランダの多くの都市はこの「挑戦」を続けています。ザンスタット市は姉妹都市提携をしている（旧東）ドイツのツウィッカウ市を、新しい失業者援助プログラムで支援しています。ヘールレン市とハンガリーのジェール市は姉妹提携を結ぶことで、高齢者ケアに携わるコミュニティー活動家間の協力が促されています。ナイメーヘン市とフローニンゲン市はどちらもロシアの都市（それぞれプスコフ市とムルマンスク市）と姉妹提携を結んでおり、身障者団体間の協力プロジェクトを促進しています。ヴォールビュルフ市は、チェコ共和国のフラニツェ市に住むロマ（ジプシーと呼ばれていた非定住者）たちの地位を改善するプログラムを実施する財団を設立しました。ハーグ市とワルシャワ市は、民主化への過程における障害や実績についてのセミナーを準備しています。12のオランダ自治体は、「東」の提携自治体と共に、アイントホーフェン市で「ヨーロッパの未来——共通の責任；人種差別とナショナリズムとの闘い」をテーマに国際青年会議を開催しました。

　東欧の自治体が、悪化する経済、社会、政治問題と直面する中で、民主化や正義にも取り組むよう姉妹提携プログラムの範囲を拡大する必要があるとの認識が強まっています。多くのハンガリー人を抱えるスロバキアの都市と姉妹提携を結んでいるオランダの都市の市長は、「自国のスポーツマンたちのことはしばらく忘れて、中央・東ヨーロッパの友人やパートナーと一丸となって、ナショナリズムが高まる中で、市民が直面している悪夢のような事態に注意を向け始めなければなりません」と、最近語りました。

　これらの東西姉妹都市提携から、1991年11月にユーゴスラビアの各共和国内で内戦解決に取り組んでいる自治体職員を、ヨーロッパの市長や自治体の代表が支援するという1つの新しい成果が生まれました。オランダ自治体協会の自治体平和政策ネットワークとオランダ・インターチャーチ平和評議会によって主催された会議は、個人が反戦活動を組織することを各共和国が容認するよう求める声明を発表しました。その後もスボティツァ市（セルビア）、オフリド市（マケドニア）、ストラスブール市など多くの場所で会議が開催されました。ヨ

ーロッパ自治体の常設会議（欧州会議の一部）は、これらの会議の参加都市と密接に活動しながら、旧ユーゴスラビアの都市での民主主義派の活動家の処遇を監視するための特別委員会を開設しました。

6 南南関係

　1984年にペナン（マレーシア）で開催された第三世界会議では、次のことが宣言されました。工業国は商品や、貿易、産業、サービスを完全に支配し続けることを今でも望んでいます。今緊急に求められることは、「北」と「北」だけでなく、「南」と「南」の間で関心のある人々や組織が真剣に話し合うということです。この話し合いは具体的で効果的な行動につながるでしょう。

　ペナン宣言は「南」の多くの人が感じている欲求不満と希望を反映しています。欲求不満は南北関係の不均衡、つまり「北」の多国籍企業による過度な搾取、「北」のテレビ番組や宗教による文化支配、世界銀行のプロジェクトや国際通貨基金の構造調整計画など「北」の多くの「開発」政策が招いた逆効果、非同盟主義や新国際経済秩序に対する「北」の攻撃などに基づいています。セイドウ・サルが南南関係についての都市と開発協議会の報告書に書いているように、「植民地主義がもたらした最悪の罪は、本来は力強くて威厳のある人々から徐々に自信を奪い、西洋の文化、宗教、価値観、思考方法、科学技術の方が、自分たちのものよりも優れていると信じ込ませること」なのです。

　しかしながら、こうした「南」の人々は、「北」の経済支配を断ち切り、代わりに民衆の参加や「民間セクター」に力を入れた新しい経済システムを「南」に構築することに望みを持っているのです。サルが主張するには、「ザンベジ渓谷では、農民は彼らの文化、歴史、生態環境、信仰体系、精神性、同胞愛や連帯に基づいた価値観、木や森や種に対する深い理解に基づいた自らの知識体系を認識しつつある」のです。この地域固有の知識を評価し、蓄積し、分け合うことで、「南」の人々は互いに助け合い、イデオロギー的にも経済的にもさらに独立できるようになるでしょう。

1986年のアフリカの危機についての国連特別会議の後、多くのNGOは「南」と「南」が協力するという概念を促進し始めました。南南関係と貿易を促進するために、アフリカのNGOはダカール市に自発的開発機関フォーラムを設立し、またアジアとアフリカのNGOは共同でニューデリー市に本部を置く南南連帯ネットワークを作り上げました。南南連帯ネットワークの組織者によれば、これは開発技術に関する情報の多くが、「北」の開発機関へのアクセスや「北」で作られた情報に依存しているという認識の中から生まれたのです。

　1991年1月にコトヌ市で開催された南北NGOの交流会議の1つで、「南」の参加者は「北」のNGOに南南ネットワークを支持するよう呼びかけました。コモンウエルス事務局やキリスト教エイド、イギリスのオクスファムは前年にすでに南南関係を援助しており、ブラワヨ市で開かれた開発のための南北提携会議が、姉妹提携に参加しているアフリカの都市の間の協力を促進するよう宣言するのを手助けしました。

　ここであげた6つの成功例ではどれも、比較的少数の自治体が国際的課題に驚くべき大きな影響を与えることができています。懐疑的な人は世界中の何十万という自治体の多さに比べれば、取るに足らないほど少ない数であるという点を指摘して、この運動を簡単に片付けてしまおうとします。反核・反アパルトヘイト運動に参加した自治体は、世界中の自治体の1％にも満たないでしょう。しかしほとんどの自治体が沈黙しているからこそ、ほんのわずかな発言でさえ世界中の注目を集めることができたのです。CDIの歴史が示唆しているのは、100の自治体いや12の市、いやいやたった1つの村でさえ、大胆に行動するなら、開発問題のリーダーシップをとり、政治的に世界をゆるがすことができるということです。

第4章　CDIを生み出した要因

　CDIの高まりにはいくつかの要因があります。国によって程度は異なりますが、どの国においても技術・経済・政治の発展が、CDIを生み出す状況を作り出しているのです。なぜCDIの広まりの程度が地域によって異なるかは、それぞれの国に特有の要因を見ていけば分かります。最後に強調したいことは、自治体は、国際的に効果的な活動をすることによってのみ、地域レベルで効果的に機能することができるという認識が広がりつつあることです。

1　地球的規模の要因

　「世界が小さくなっている」とか「国際問題はそのまま地域の問題となった」、「地球規模で考え、地域レベルで行動しよう」ということが一般にいわれるようになりました。こうした認識は、人類史上新しくユニークで、どの国にとっても避けられないほど日常的となった4つの状況が作り出したものです。
　1つ目は、地球的規模での問題が急速に地域に浸透していることです。少し前までは、国民や自治体は国際情勢から隔離された状態にいることが可能でした。しかし現在では世界の中の一地域で問題が増大すると、世界的な反響が生じるのです。さらに多くの国が核兵器、化学兵器、細菌兵器を所有し、そのうえに飛行距離が何百マイル、何千マイルもあるミサイルを装備するようになるにつれ、地域紛争が次第に拡大して、全地域的、世界的な大厄災になる可能性が増大します。どの国も世界の環境問題から逃れることはできません。オゾン層破壊、酸性雨、地球温暖化という問題に国境はありません。世界単一市場経済の強力な威力に巻き込まれない国はありません。東京で株価が下がると、そ

の日のうちにヨーロッパやアメリカの金融上の地滑り的下落がもたらされ得るのです。世界のある地域で戦争、飢餓、不況、天災が発生すると、何百万という難民が別の地域へ逃げ出すことがあるのです。

　1990年代における2つ目の特徴は、ますます多くの市民が国際的問題に参加する手段を持つようになっていることです。200年前に大陸間を旅しようとすれば、何週間もかけて荒々しい大海原を船で渡らなければなりませんでした。今では同じ距離を、ジェット機に乗ってほんの数時間で旅行できます。以前は、馬が運ぶ速達の手紙が、最もはやくメッセージを伝える手段でした。今では事実上、世界中どこへでも直ちに電子メールやファックスを送ったり、電話をかけることができます。

　輸送やコミュニケーションの技術革新には、いくつかの重要な意味があります。独裁的指導者が、人権侵害をひた隠しにしたり、外国の製品や思想、訪問者などの影響から国民を遠ざけることはますます困難になってきています。同時に、世界中の友人と連絡をとったり、会ったり、共に働いたりすることがより容易になったとすべての国の市民が感じています。今では何百万という人がかつては一握りの外交官にしかできなかったような海外旅行や国際交流ができるようになりました。そのために、市民は国際問題にますます大きな関心を持つようになり、実際に関わるようになったのです。

　3つ目の傾向として、東欧や旧ソ連を支配していた全体主義や、ラテンアメリカの大部分やアフリカのいくつかの地域を支配していた独裁主義に対して、民主主義が勝利を収めてきたことがあげられます。人類史上はじめて、大多数の人々が自らの政府を選ぶ権利を得たのです。抑圧体制はもはや人々を幸福にできないと分かり、消滅しつつあります。国家統制という圧政はどうしても技術革新や労働意欲の妨げとなります。人権侵害は国際非難の的となり、経済を悪化させます。いったん民主主義を味わった者は、軍事政権や冷徹な政党にやすやすと屈服したりしません。

　「成熟」した民主主義でさえ大規模な見直しが必要なのですから、アメリカ国務省のメンバーが最近主張しているように、ヨーロッパや北アメリカの伝統的民主主義が「歴史の終焉」を迎えているといっているのではありません。

たとえば、どの民主主義においても外交政策決定に関する秘密主義的・権威主義的構造を民主化する必要があります。市民が参加するための仕組みが不十分な強大な地域的・世界的機関（たとえば、ヨーロッパ評議会、関税貿易一般協定、世界銀行の3つは明らかなケースとしてあげられます）の成長は、民主主義への新たな脅威となっています。しかし世界中に残存する独裁者にとって、抑圧を続けることは明らかに困難で危険になってきています。

　民主主義の発展は、これまで沈黙させられてきた何億という市民が、今では言論、旅行、国際問題への参与の自由を手にすることを意味します。民主主義はCDIの主な担い手であるNGOや自治体の形成を促します。たとえば、アルゼンチンとフィリピンが1980年代に軍事独裁政権を倒した後、両国でNGOやコミュニティーのグループが劇的に増加しました。

　最後にあげる傾向は、自治体の重要性が増していることです。世界が複雑になるにつれて、人々は次第に地域レベルで問題に取り組むようになりました。自治体が力を得ることは、地域偏狭主義や同族主義、人種差別を温存することにもなり得るわけですから、必ずしも良いことばかりとは限りません。しかし自治体は私たちにとって「わが家」と呼べる場です。働き遊び、友人を作り、子どもを育てる場なのです。政治的機関に最も近づきやすく、共同で行動を起こすために必要なものや人々の関心、そしていろいろな手だてを得ることができる場でもあります。自治体はトランポリンのようなもので、市民はそこで弾みをつけ、自分たちだけで行動するよりはるかに大きな勢いを得て、国際情勢の中へ飛び出していきます。市民だけではとてもそのような力を発揮することはできません。

　これらの傾向を考察すると、なぜ市民が、東西の軍備縮小、ユーゴスラビア内戦解決、南アフリカの人権、環境保護、それにもちろん南北開発協力など非常に多くの地球的規模の問題に行動を起こしているかが理解できます。国際問題の影響力の増大や世界市場の拡大は、市民が世界情勢に関わっていく誘因となり、交通やコミュニケーションのコストの低下や、民主主義の普及はその手段を提供し、自治体の重要性の高まりが政治的基盤を作り出すのです。世界は変化しており、CDIを避けることができない状態になっているのです。

2 各国に特有な要因

　一般的な国際的動向によってだけではなく、その国に特有の要因によっても、CDIは発展してきました。ベルギーやオランダ、イギリスでは、植民地主義の歴史が重要な影響を及ぼしてきました。旧植民地との経済的・文化的なつながり、大きな旧植民地からの移住者人口、過去の「南」での搾取に対する責任感などはすべて、これらの国がCDIを始める重要な動機でした。

　植民地を持ったことはなくても、外交政策に大きな利害関係を持っている「北」の国々においても、多数の移住者集団は特定のCDIのためにロビー活動を行ってきました。アメリカではアフリカ系アメリカ人が南アフリカに対する制裁運動に大いに貢献し、ヒスパニック系アメリカ人はニカラグアやエルサルバドルとの連帯を要求してきました。

　「南」の国々は自分たちを植民地主義と帝国主義の犠牲者と考え、CDIを過去の不正を修正する手段と見なしています。たとえば、姉妹提携によって、「南」の人々は援助を確保し、「北」の態度を変え、「北」の軍事介入を防ぎ、アパルトヘイトに対する「北」の援助を断ち切り、「北」の政治家たちが世界経済を再構築するよう圧力をかけることができるのです。

　植民地主義に関わる要素の1つは言語です。イギリスの自治体は主にアフリカの英語を公用語とする国々と提携し、スペインの自治体はラテンアメリカ、フランスの自治体はフランス語を公用語とする国々とそれぞれ提携を結んできました。

　2つの現象が、ヨーロッパが多くのCDIの揺籃の地となってきた原因としてあげられます。1つは戦後の政治的・経済的統合のプロセスです。このプロセスはフランスとドイツの和解に始まり、フランスと西ドイツの自治体がお互いに1,000以上の友好関係を設立したことで確固たるものになりました。ヨーロッパ経済共同体の発展は、文化・貿易・金融・地域開発のパートナーとして、ヨーロッパの自治体間の絆を強めました。同じような統合の過程がアフリカやラテンアメリカでも始まっているので、そこでも自治体が国境を越えた広い地域

や国際社会の問題に関わるようになるでしょう。

　ヨーロッパの都市が地球的規模の開発をアジェンダに加えることになったもうひとつの要因は、「東」と「南」からの大量の移住者です。イタリアのジョーヤ・マエストロは、次のように書いています。

> 「非ヨーロッパ人が町に増えていることによって、世界の最貧地域からの移住者の流入を止めるために行政上の措置以外に何ができるかという議論が、いたるところで沸き起こっています。より首尾一貫し、より民主的な開発援助の政策を示そうとする意向が、この議論の中から固まってきました。」

　もちろん、移住者に対する過激論者の反応と、それに伴う人種差別や右翼政党の台頭などで、ヨーロッパの地方の議会は緊急により人道的な政策を表明するよう迫られています。移住者によって、「南」の自治体も国際問題に関わるようになりました。多くの「南」の人々にとって「北」へ移住した友人や家族の処遇は大きな関心事であり、南北姉妹提携は連帯を表す手軽で強力な手段です。

　自治体のイニシアティブに対する国家の抑圧が、CDIへの触媒の働きをすることがありました。1969年に国連総会が「開発の第2の10年」を宣言し、その問題を学校教育の中に広めるよう呼びかけたとき、オランダのいくつかの都市が「南」のプロジェクトに送金する案を承認しました。しかしオランダの州知事と内務大臣はこれらのCDIを禁止しました。オランダ自治体協会の会長はこの処置に異議を唱え、市民に最も近い行政の支持を得ないなら、政府は開発問題に関して世論に影響を及ぼすことはできないと主張しました。この議論は国会にまでおよび、1972年までに内務大臣はCDIを許可しました。この最初の闘争以来、オランダでCDIは急速に広まりました。

　いくつかの国でCDIが生じたもう1つの要因は、自治体が他の自治体の中に類似性を見いだすということにあります。名前が似ているということから、カリフォルニア州のパロアルト市はフィリピンのパロ市と姉妹都市になりました。都市の大きさが似ている、産業が似ている、地理的特徴が似ているなどが動機となって姉妹都市となることもあるのです。

　それからもちろん特別な人物の存在も忘れてはいけません。CDIの陰には1

人以上の指導者がいます。それは国の政治家や自治体職員であったり、民衆の運動に取り組もうとしている党首であったりします。また、平和、正義、環境の問題に取り組んでいるNGOのリーダーや宣教師、コンサルタント、非凡な統率力を持った市民であることもあります。オーストリアのある学生がラジオのアナウンサーコンテストで優勝して、国が「南」の問題にもっと肩入れするよう呼びかけたのがきっかけとなって、オーストリアのミュルツシュラーク市とタンザニアのアルーシャ市の姉妹提携が成立しました。ノーバート・ノイサーがドイツについて、「ほとんどの場合、特に中小規模の自治体では、活動的な地域市民のイニシアティブを通じて、自治体や市長は南北問題に立ち向かうようになりました。これらの場合、個人的な一人ひとりの関わりが決定的に重要です」と書いています。

3　自治体はなぜCDIを行うのか

　CDIがどうやって生じたかという問いかけに密接に関わりがあるものに、自治体がCDIに取り組み始めた動機は何かという問題があります。その問いかけへの答えのいくつかは第2部第1章で述べたように、CDIが純粋に市民主体の開発を促進している無数の行動に示されています。CDIは南北双方の人々に力を与える手助けをし、巨大な国際問題を扱いやすい大きさに縮小し、地域の専門家をうまく利用し、政府よりも多くの活動の機会を提供することができます。

　しかしCDIが自治体のためになるとは本当はどういうことでしょうか。自治体はなぜCDIに関心があるのでしょうか。これまでの形跡をたどってみると、自治体の住民はCDIによって重要な目標を6つ達成してきました。つまり、①縮小している世界の一部になること、②地球全体への責任感、連帯感に基づいて行動すること、③世界問題が地域に及ぼす損害を小さくすること、④国際関係による経済利益を確保すること、⑤文化交流がもたらす恩恵を享受すること、⑥地域の政治参加を増やすこと、です。

4　地球社会の構成員になる

　どこに住んでいようと人間にとって重要な目標は、尊厳を持って生きることです。小さくなった世界の中で人々は友人や隣人、同国人だけでなく、国際社会からも認識されることを求めています。何千マイルも離れた場所にいる人々を認識し、また彼らから認識される実質的な手段をCDIは提供します。

　ピーター・ニオニは、論文「南北提携：『南』の見解」の中で、「国際理解や異文化間の理解と国際間・個人間関係における調和と平和という崇高な理想が、南北双方における自治体提携の動機の大半を占める」と記しています。

　CDIによって「南」の人々は自分自身の言葉で発言する力を得るので、「南」の多くの自治体はCDIを採用しています。ムーサ・カンテイはCDIを植民地主義の残した傷を克服するための手段と見なしています。「私たちは、時間はかかろうとも意味のあるアイデンティティーの探索を始め、私たちの存在を確立し、自信を育てていかなければなりません。私たちの存在そのものが植民地時代の支配者に否定されていたのです。もし仮に何らかの理由で彼らが私たちの存在に気づいていたとしても、私たちの人間性そのものが疑われていたのです。」

　「南」の人々が自分たちの権利を主張し、「北」との新しく、より平等な関係を確立するための機会をCDIは提供します。カンテイは「一度人々が自分のアイデンティティや価値を確立したら、その人たちは変革への重要な人物になり得る」と主張します。

　これは「北」にとってもあてはまることです。CDIは「北」の人間に支配者という非人間的な役割を捨てさせる機会を与えます。「北」の人間に過去と向き合わせ、互いの尊敬に根ざした国際関係を体験させることによって、CDIは人類の発展を促進するのです。

5 地球全体に対する責任を負う

　自治体の市民がCDIを始めた2つ目の一般的な理由は、地球全体に対する責任感に基づいて行動するということです。北ヨーロッパには恵まれない人々を助けるという根強い伝統があり、CDIは人類に対する各個人の義務の一部と見なされています。ノルウェーのトール・ヘンリク・アンダーセンは、「北欧では……私たちの文化的伝統と価値観がしばしば、最初にCDIと関わっていく理由です」と述べています。オランダのポール・ヴァン・トンゲレンの報告によれば、「私たちの社会や文化は人権、自由、民主主義、キリスト教的、人道的伝統などの価値を大切にしており、主要な世界的問題の解決に関わって献身的な姿勢を示すことは、自治体を含めて私たちすべての義務とされる」のです。

　ほとんどの国において、困っている人を助けるという伝統があります。この義務感は都市が災害の被災地に援助の手を差し伸べる場合に、最もはっきり表れます。1988年の12月にアルメニアのレニナカン市、スピタク市、キロヴァカン市が大地震に見舞われ、死者25,000人、負傷者が何万人も出たとき、アメリカーソ連の姉妹都市委員会は自発的に行動を開始しました。ロシア語に堪能な救急外科医で、シアトル市とタシケント市の姉妹提携プログラムに古くから参加しているロイ・ファレル医師は、最初に現地に赴く決断をしました。ファレル医師は3日以内に、地域のいくつかの病院から何十万ドル分もの医療品、レクリエーショナル・エクイプメント社から料理・キャンプ用品、フライングタイガー航空会社からボーイング747ジェット、13人の外科医と12人の診療補助者を含む30人のアメリカ人チームを集めました。アメリカのいくつかの姉妹都市グループは、他の慈善組織と協力して、数百万ドル分の食料、毛布、建設資材を被災地に送りました。

　経済的に余裕のない自治体でさえ、困っている人がいたら同じ人間として援助の手を差し伸べます。旧ソ連のドゥシャンベ市は、姉妹都市であるザンビアのルサカ市が1989年に洪水に見舞われたとき、20万ドル相当の衣料、毛布、靴、その他の援助を送りました。1990年にドゥシャンベ市が食料不足になったとき、

ルサカ市は恩返しに、とうもろこしやジャガイモ、アボカド、パイナップルなどの援助物資を送りました。

　多くの自治体は慈善的な貢献をするだけでなく、根本的な不正を正したいと考えています。都市と開発協議会のモットー「慈善から正義へ」に従って、世界のほとんどの人々が直面している経済的・政治的・社会的不正を取り除こうとしています。不正と闘うときに意識の底にある感情を表すために「連帯」という言葉が使われることがあります。抑圧を受けている人に寄り添い、共に闘うときに、「連帯」が生まれます。詳細は次に述べますが、好例は、アメリカ政府が経済制裁を行ったり、コントラに武器を送ったりしてサンディニスタ政権を追い出そうとしていた1980年代に、アメリカとヨーロッパの自治体がニカラグアと結んだ400のネットワークでしょう。

6　国際問題が地域に与える損害を軽減する

　多くの自治体にとって低開発に付随して生じる副作用は、もはや抽象的なものではありません。中南米の貧困がアメリカ合衆国の自治体に与えている損害を考えてみてください。低賃金、抑圧、戦争にうんざりした何百万というラテンアメリカの人々が、アメリカ合衆国に不法に入国し、何千もの自治体の社会福祉事業を無理やり拡大させ、アメリカ中で賃金を引き下げています。アンデス地方の貧しい農夫は麻薬原料のコカを栽培すれば儲かると分かっており、この農民を統治する、コロンビア、ペルー、ボリビアは債務国であるので麻薬所有者を取り締まる余裕がないために、アメリカへのコカインの密輸は着実に増加しており、アメリカ国内の路上を戦場に変えています。（人口60万人のワシントンD.C.では1991年に約500人が銃で殺害されており、そのほとんどに麻薬の不正売買が絡んでいます。）

　世界の一部の貧困が徐々にあらゆる地域の自治体に悪影響を及ぼしつつあります。最低賃金以下で働く労働者を利用しようと多国籍企業は国境を越えて進出していくため、先進国で職がなくなってきています。しかし貧しい国においても、貧困な消費者は国境を越えて移動する企業が生産した製品を購入するほ

ど収入を得ていないので、それほど新しい職が作られているわけではありません。オゾン層の破壊や地球温暖化の脅威は不気味に広がり、避暑地では、人々はもはや戸外で泳いだり、日光浴をしたりできなくなるかもしれないという差し迫った問題を抱えています。沿岸地帯の自治体は、（高価な防壁を築かなかったら）海面の上昇に伴う浸水が起こるのではないかとおびえています。農村は黄塵地帯になるのではないかと懸念しています。最貧国は、核兵器、化学兵器、生物兵器を手に入れることによって、そしておそらくはそれらを使って自分たちの威信を高めようとしている民衆扇動家や異端者たちの温床となっています。

単独の自治体の力でこれらの問題を消し去ることはできません。にもかかわらず、「よそでやってくれ」（NIMBY = Not In My Back Yard）という自治体を乗り越え、一歩先へ進んで、多くの自治体は「ここから始めよう」（BINBY）という新しい哲学を実行し始めています。良い地球市民の例を示すことで、他の自治体の参加を勧誘できることを理解しつつあるのです。このように、フロンガスや他のオゾン層を消滅させる化学製品を違法なものとしたり、二酸化炭素の放出量を減らすよう要請する都市が増えてきていますが、それはこの政策が経済的な利益を生む（短期的にはほとんど利益はない）からではなく、地球が生き残るために必要だからなのです。

7　国際関係から経済的利益を引き出す

自治体によっては、CDIは経済的向上の魅力を備えています。経済発展に必要な援助や技術、融資、専門的知識を得るためにCDIを利用しようと望んでいる「南」の自治体にとって、経済的な動機は確かに重要です（しかしながら、ほとんどの「南」のパートナーは「北」との提携の質が、少なくとも総収益と同じくらい重要であると考えています）。

アメリカの姉妹提携プログラムがヨーロッパのものと著しく異なる点は、国際姉妹都市協会に加入し、「南」の地域と姉妹提携を結んでいるアメリカの自治体の80％が商取引の促進に関わっているということです。アメリカの市長たち

が足しげく「南」を訪れるのは、外国投資を誘致するか、地元の製品の売り込みのためです。たとえば、ニューヨーク市長のデイビッド・ディンキンズは、南アフリカへの最近の訪問の目的の1つは、プレトリアに多数者による政府が成立したので、ニューヨーク企業の製品やサービスのための市場を確立することと言っています。注目すべきは、動機が完全に一方の利益のためというケースはほとんどないということです。というのは、新自由主義の貿易政策を実施している者は、経済利益は売り手と買い手の両方に自然に生ずるという「比較利益」の理論を信じているからです。

　日本では、経済的な利益を追求する動機はより明白で、市町村は商業や観光目的のため、「市や県のイメージ」をよくしようとCDIを利用しようとしてきました。日本の商工会議所が未熟練労働者を入国させる手段として「技術援助」のプログラムを用いた例もあります。この例が示唆するように、いかに善意の経済上の振る舞いであっても、それが真に平等な協力に根ざしたものでないなら、搾取につながる可能性があるのです。

8　文化をより豊かにする

　最も一般的な2つのCDIは開発教育と姉妹提携ですが、これらは地域の文化的生活を豊かにします。世界中で人と人との交流、文通、芸術展、フェスティバル、コンサート、バザーなどのプログラムが次から次へと実施され、そのほかにもCDIを用いて、自治体をより活気に満ちた生活の場とするような活動が何百も行われています。

　ヨーロッパでは、開発教育と姉妹提携は、自治体内の外国人に対する寛容、理解、思いやりを高めるものと見なされています。近年、難民への攻撃が高まるにつれて、外国人短期居住者、外国人労働者や難民を地域に溶け込ませるための改善策を見いだす必要性が叫ばれています。ノルウェーのトール・ヘンリク・アンダーセンは次のように記しています。

「姉妹提携は私たちの典型的な考え方や偏見に対する挑戦です。民族主義的傾向にストップをかけ、私たちの社会や生活様式を映し出す鏡となります。姉妹提携によって、『相手方の顔』が見えるようになるので、その相手の犠牲の上に成り立った生活を続けるのが心苦しくなってくるのです。」

9 政治的参加を増やす

6つ目にあげる自治体にとってのCDIの恩恵は、政治的参加を高めるということです。CDIは大衆の間に興味と刺激を生じさせ、国際情勢への参加に関心のある市民に機会を開きます。カリフォルニア州のパロアルト市の市議会で記録に残る限り最も傍聴者の多いものの1つになったのは、自治体議員が「核兵器競争の相互的で検証可能な凍結」を支持した決議案について討論したときでした。

CDIを活用しているいろいろなグループに助成金を出すことも政治参加を高めます。デュポン社が巨大な廃棄物焼却炉を建設するのをやめさせるために、開発教育センターが大規模なキャンペーンを指揮したので、アイルランドのデリー市は地域の開発教育センター（DEC）への年間2,000ポンド（3,600ドル）の助成金は価値ある投資であると分かりました。そのキャンペーンには地域の62のグループが関わり、最終的には市議会の過半数が加わりました。もし市がCDIを支持していなかったなら、不必要な焼却炉が建設され、多くの市民が市に対する信頼を失ったかもしれません。

最後に、CDIは市民社会を強化することができます。世界中で重要性が高まっている問題に関して、市民と議員が協力するために双方をつなぐ橋を形成します。CDIは最も良い状態の参加型民主主義を示すものです。

これらのすべての要因が示すように、CDIは一時的な流行ではなく、小さくなった世界にとって避けられない現象です。ある国の自治体が他よりも性急にCDI運動にのめり込んでいるという差はあっても、いずれはあらゆる国の自治体が参加するようになるでしょう。理由は簡単です。CDIを活用している自治

体は実質的な地域の問題を解決し、より住みよい場となるのです。しかし、国際舞台で活躍する人々が皆、このような変化を肯定的に捉えているわけではありません。

第5章　CDIに対する反応

ケルン・アピールは「ヨーロッパ中の自治体に向けて発せ」られましたが、CDIは政府や国際組織、女性たちなどの組織にも反応を引き起こしました。その反応は概して好意的ですが、中には、懐疑的、批判的な人もいます。

1　NGOと地域社会のグループ

自分たちだけで取り組むには、地球的規模の開発という問題があまりにも大きかったので、多くのNGOや地域社会のグループは自治体と協力関係を持ち始めました。自治体と公式に関われば、資金、正当性、利害、専門技術という面で活動を大きく発展させられることが分かったのです。たとえば、ドイツの地域のグループは、自治体といろいろな分野で活動を共にすることで、より効果的に一般市民に知識を広めることができることを悟りました。「1つの世界週間」や展示会、文化イベントなどで、市が後援すればより多くの人々を集めることができます。

しかし、自治体とあまり密接に行動することに慎重になっているNGOや地域のグループもありますし、中には自治体とは全く関わらないものもあります。他と連携することは行動の自由を失うことにもなるからです。たとえば、公正貿易を強力に提唱していた組織がいつの間にか、「世界調和」のための弱々しい政治的な意味を失ったキャンペーンの一部とされていたということにもなりかねません。自治体は当たり障りのない、曖昧でうんざりするような開発政策を考案する傾向があると批判しているドイツのNGOもあります。日本では自治体は基本的に政府の方針に従うので、NGOは行動を共にすることに消極的です。

「南」の大部分の地域でも同じようなことがいえます。インドのマーナブ・チャクラボーティは次のように述べています。

> 「『南』では自治体と民間組織は敵対していないにしても、互いに相手に対してかなりの懸念を抱いています。ブラワヨ市（ジンバブエ）、フリータウン市（シエラレオネ）、プーナ市（インド）は、注目すべき例外です。『南』では自治体は中央集権制官僚制の一部と見なされており、多くの場合経済的に破綻しており、真の権力も責任も一般市民に対する関心も全くないと考えられています。」

　自治体が自分たちの活動を侵害するかもしれないと懸念しているNGOやコミュニティーのグループもあります。日本の吉田新一郎は「革新的なNGOが新しいプログラムやプロジェクトを開始し、何年もかけて一生懸命取り組んでよい成果をあげた頃に、自治体が割り込んできて、NGOを援助するのではなく、その功績を乗っ取ってしまうことはよくあることです」と述べています。フィリピンのNGOは自治体との共同活動には消極的です。1950年代にフィリピンの自治体職員はアメリカのＣＩＡやアメリカ国際開発機関から資金援助を受けて、「コミュニティー開発」プログラムに取り組み始めましたが、彼らはこれによってアメリカの秘密工作や対ゲリラ用活動と緊密な関わりを持つようになったからです。

　それから、自治体の政権が変われば、活動が中断するという危険性が常にあります。選挙で自治体の指導者が変われば、NGOや地域のグループの活動が突然一時停止するかもしれません。1990年にサンディニスタ政権が、政府や多くの市議会の主導権を失ったとき、ニカラグアと「北」との提携のうち、いくつかが消滅しました。

　このようなリスクにもかかわらず、実際どの国の例を見ても、NGOや地域のグループはCDIに着手するための共同活動には十分価値があると認めています。自治体とは暫定的な形で共同活動を行い、独立したプログラムを存続することによって、活動の自由を保っています。要となっているNGOやコミュニティーのグループからの代表らによって設立された諮問委員会が、市議会に対する対抗勢力となっているような自治体では共同活動もうまくいっているようです。

たとえば、グアテマアラのパツン町には、「非政治的で、選挙された運営委員会」があり、ノルウェーのクラケロイ町との関係を運営する役目を担っています。

2　自治体

　ますます多くの自治体が、NGOやコミュニティーのグループと共に活動する価値を確信するようになっています。民間団体の協力によって、自治体はより多くの人々に接触し、広範囲に及ぶ支持者を集め、大勢のボランティアを動員することができます。にもかかわらず、自治体の指導者が皆、協働活動に自信を持っているわけではありません。

　特に自治体が政府の機関であったり、民主的構造を欠いていたりすると、NGOやコミュニティーのグループに門戸を開くのを嫌がります。エドゥアルド・ガレアツィとフアン・ルイス・メレガが言及していますが、アルゼンチンでは、自治体が過度に官僚化された構造となっている（それで問題を解決することができない）、あるいは過度に政治的な構造となっている（政治的利益のために正しい解決ができない）ので、自治体の中には草の根グループとは関係を持たないものもあるのです。

　NGOと地域のグループはよく「無党派」か「非党派」を公言していますが、実際、党派心はかなり強いのです。自治体職員はあるグループと協力して、他とはしないということの政治的影響を熟慮しなければなりません。企業でなく、環境保護団体と協力して地球温暖化の防止に取り組むという計画を決定する都市は、実業界からは疎んじられるかもしれません。環境保護者でなく企業と協力しても同じように不満は出るでしょう。

　政治家は次の選挙を考慮しなければならないので、NGOやコミュニティーのグループよりも慎重になる傾向があります。過激な行動を企てたり、「無責任な」発言をするグループと関わり合いになるのを恐れている自治体職員もいます。1980年以前はドイツの多くの都市は、国際的な開発は国家の指導者の手に委ねるのが最善の「外交政策」であると主張し、CDIを完全に避けていました。

予算を引き締められ、都市の衰退が進んでいる時期、自治体はお金のかかるCDIに反対します。たとえば、1990年の夏、250人のエリトレアの子どもたちがロンドン市に流入したとき、7つの市内の自治区は子どもたちに対して責任を持つことを拒否し、他の自治区は法的訴訟の恐れが出るまでぐずぐずして対策に取りかかりませんでした。より一般的にいえば、難民問題に関するロンドンのNGOと自治体との関係は、協力と対立の間を揺れ動いており、政治的に論議を呼ぶ問題に取り組むことに対する自治体職員の抵抗が明らかにされてきました。イギリスのNGOと自治体は、中央政府がもっと責任を負うべきだということには同意見を持っていますが、自治体の適切な役割については意見が異なります。難民に対する一般の人々の懸念や人種差別感を煽ろうとしている自治体職員もおり、彼らは外国人を無視し、追放するための口実を作り上げるのに熱心なようです。

国際情勢が自治体での生活にますます影響を及ぼすようになるにつれて、CDIを求める市民の要求を無視するのは危険である、と自治体の政治家は考えるようになるでしょう。非常に大きな勢力を持つ非常に多くのグループが地域での活動を求めています。自治体職員はこのような要求を完全に退けるよりも、費用効率の良い偏向のない手段を工夫したいと考えるでしょう。CDIから政治的色彩を除く1つの方法は、すべての政党の代表が参加する特別委員会を創設することです。前述したノルウェーのクラケロイという町は、議会の各会派の代表4人を含めて5人の委員から構成される友好委員会を通じて、パツン町と提携を結んだのです。

これまで調査されたどの国においても、NGOやコミュニティーのグループと同様、自治体の職員もCDIに取り組み始めています。さらにオランダ自治体協会のような自治体の連合体は、10年前にはCDIに反対していましたが、今ではCDIのために有給のスタッフを雇い、より多くの議員が関わるよう奨励しています。これらの先例があるために、他の国の自治体はCDIに取り組みやすくなっているのです。

3　中央政府

　CDIに対する政府の反応は4つあります。無関心、調和、反対、協力です。おそらく最も一般的な反応は無関心でしょう。50年前、自治体が外交政策に関わるなど、政府には想像もできませんでした。今でさえ国際関係理論の主流学派 —— 現実主義 —— は、国家の下の活動単位を意味のある存在と見なしていません。

　しかし1950年代から、次第に「北」の政府の中には少数ながら、自治体が外交政策のために役立つことを認め始めるものも出てきました。ヨーロッパにおける次の世界戦争を避けるため、欧州石炭鉄鋼共同体をつくるというジャン・モネのビジョンを実施したフランスとドイツの外交政策立案者は、フランスとドイツの都市間に1,000の網の目状の関係を形成するのを支持しました。アメリカでは、人と人との交流を通じて資本主義と民主主義を促進する手段として、ドワイト・アイゼンハワー大統領が姉妹提携プログラムを開始させました。1970年代にオランダ政府は、民衆に最も近い自治体政府を討論から締め出すならば、南北開発の戦略について世論に影響を与えることは期待できないと実感したのです。現在日本の政府は貿易力を強化するために、47都道府県9政令都市の「海外研修生プログラム」を財政的に援助し、日本の「国際化」キャンペーンを指導しています。

　しかし自治体がある一線を越えてCDIを推し進めると、政府がそれを規制しようとします。オランダ、イギリス、ドイツの政府はどこも、自治体が海外でその予算を使う法的権限があるかどうかを問題にしました。結局これらの国では、自治体の資金は「南」で活動する同国人には提供され得るという妥協案が打ち出されました。

　CDIが政府の従来の外交政策の領域に立ち入れば立ち入るほど、反発は激しくなりました。それで、アメリカでは多くの都市は「自治体の外交政策」の見地からCDIを構想しますが、国の法令や裁判事例によっていくつかの大きな制限が設定されているのです。アメリカの都市は南アフリカと取引のある企業か

ら権限を剥奪することはできますが、民間請負業者による核兵器事業を禁じる権限はありません。また知事には、州兵を海外での訓練に送り出すことをやめさせる権限はありません。

イギリスでは、国家のCDIへの攻撃は、地方自治をめぐる自治体との徹底した闘いと並行して始まりました。1980年代中頃、マーガレット・サッチャー首相は進歩的な自治体のイニシアティブに苛立ち、大ロンドン市議会を含む6つの市議会を廃止しました。これはつまり、多くの自治体機能が中央政府に移管されたことを意味しました（残りの自治体機能は32の権限の弱い自治区に移されました）。サッチャーはまた「地方税税率上限規定」を自治体に求め、強引に税やプログラムをカットさせました。CDIは食料や住宅補助のように生死に関わる問題と見なされることは滅多にないので、多くの場合、予算削減の折には最初の犠牲にされました。たとえば、レディング市の意欲的な国際フォーラムは展示会やフェスティバル、芸術、姉妹提携プログラムに資金援助をしてきましたが、最初の犠牲となったうちの1つとなりました。

アメリカとイギリスのどちらにおいても、議論の的になるCDIも、あまり党派によって左右されないCDIと並んで推進されてきたということは注目に値します。非核地帯については、イギリス世論が大きく分かれましたが、開発教育や姉妹提携は広く受け入れられました。アメリカでは進歩的な支持者層が市議会に対して、軍備競争を糾弾し、南アフリカから権利を剥奪し、ニカラグアと提携するよう強く迫っている一方で、より穏和な支持者層は姉妹提携や地球的規模での貿易を促進していました。

アメリカ、イギリス以外の政府があまり保守的でない「北」の国々では、政府と自治体関係者との摩擦は最小限に抑えられてきました。事実、カナダ、フィンランド、フランス、ドイツ、オランダ、ノルウェー、ジンバブエなどの国では、自治体は国家機関と密接に協力して、CDIを実施してきました。これらの国々の指導者は賢明にも、世界の開発には非常に多くの問題が絡み合っており、外務省が単独で処理できるようなものではないことを認識しています。カナダやドイツ、オランダなどいくつかの事例では、関連の自治体やNGO、コミュニティーのグループへの政府の援助は、多額の助成金を含む内容となってい

ます。

　前章でも述べたように、比較的裕福で民主的な地方分権主義の国の自治体が、CDIを始めるのに最も適していました。このことは、国がより豊かになり、より民主化が進み、地方分権化が進めば、CDIはアメリカやヨーロッパと同じような発展段階をたどり始めるはずだということを示唆しています。日本やイタリア、ギリシャ、スペイン、「南」の多くの国など、地方分権化が始まった国々の自治体でCDIに対する真剣な取り組みも始まったというのも不思議ではありません。これまでのところ、これらの国でのほとんどのCDIは国家政策と一致しているものです。しかしもし、「北」の他の国々で示された行動パターンがあてはまるなら、議論の分かれるテーマの自治体イニシアティブが起こるのもそう遠い未来ではないでしょう。

4　国際組織

　市民主体の開発の促進という点から見れば、世界銀行やIMFの過去の行為は失望するばかりなので、多くのCDI活動家はこれらの国際機関と共に行動するのを嫌がります。「ブレトン・ウッズ体制は解決したよりも、さらに多くの貧困や困難を引き起こした」と信じている人々にとっては、そこからお金を受け取るという行為さえ胡散臭いのです。同様に、世界銀行やIMFの官僚は、10億ドル以下の金額について考えることには慣れておらず、CDIの重要性など理解できないのです。

　にもかかわらず、最近になって国際機関がCDIを援助した例がいくつかあります。たとえば、世界銀行とイタリアは、国際地方自治体連合やカナダ都市連盟、その他のいくつかの自治体の組織と共同で、サハラ砂漠一帯のアフリカのための自治体開発プログラムを開始しました。国連開発プログラムと国連人間居住委員会もまたアフリカの都市開発に投資しています。

　結局CDIにとって最も重要な国際組織は、自治体のために自治体によって設立されたものです。この類に入るのは、国際環境自治体協議会、世界都市連合、

都市と開発委員会です。自治体が参加できる機能を持つ地域の組織もまた有用です。たとえば、ヨーロッパ評議会とヨーロッパ委員会は都市と開発協議会に7年間資金援助を行っています。

5 女 性

ケルン・アピールは、開発プロジェクトとは「開発過程における女性の重要性を認め、女性の地位の改善と向上を保障するものでなければならない」と強調しています。それはなぜでしょうか。バングラデシュの姉妹提携パートナーは次のように見ています。

> 「女性は獲得した知識をより広範囲に広めるので、もし国全体を教育しようとするなら、まず女性から始めなければなりません。男性に何かを教えても、彼は自分の仕事をするときにその知識を活用します。しかしその知識を女性に与えるなら、彼女はそれを家族全員で分け合うので、はるかに多くの人々に広まります。」

CDIの実践者の中には、この勧告を胆に銘じてきた者もいます。ノルウェーのリゾール市の2つのコミュニティーのグループは、ガンビアのストゥコバ村の420人の女性が、野菜を栽培するための土地を得られるよう援助しました。ネソデン市に本部を置くノルウェーの提携グループがバングラデシュの極貧の村に住む女性を教育するため、テレビ番組を利用して120万クローネ（18万7,000ドル）の寄付金を集めました。ニカラグアとオーストリアの姉妹提携プロジェクトの中には女性農業家の育成に注目しているものもあります。オランダのデビルト市がベナンのガクペ村に公衆衛生センターを設立することを決議したとき、女性グループを引き込むために特別の努力をしました。ブレーメン市は、バイオガス発生装置の一部を、主にインドのプーナ市の女性が使うために設計しました。

しかしこれらはむしろ例外で、ほとんどのプログラムは女性のニーズのため

に手を加えることはありません。さらに、CDI が女性に恩恵をもたらすかどうかについての研究はほとんどありません。その種の調査は驚くべき発見をもたらす可能性があるのです。オランダの CDI 組織者が最近知ったことですが、マックス・ハーベラーの「連帯コーヒー」キャンペーンに参加している「南」の協同組合の多くは、女性を締め出していました。これについて議論が起こり、「北」の活動家らはこれらの協同組合は女性にも開かれるべきだと主張するようになりました。この種の綿密な調査がすべての CDI にとって大いに必要なのです。

　CDI 運動が抵抗を受けるのはおそらく避けられないことでした。他の多くの社会運動のように、CDI も伝統的な理解、思考様式、関係を覆します。あるグループから力を奪い、他のグループに力を与え、国際社会の基本原則を再構築するよう迫るのです。

　しかし、CDI は強力な世界の動向に基づいています。世界中で、自治体の職員は次第に NGO やコミュニティーのグループに従うようになり、国の官僚は自治体に、男性は女性に従うようになっています。このような変化がゆっくりと（多くの場合ゆっくり過ぎますが）生じていますが、変化の方向は明白です。CDI への外的な障害は消失しつつあります。残る最も重要な問題は、よくあることですが、CDI 実践者自身が近視眼的になることなのです。

第6章 21世紀への挑戦

　どの運動にも見られるように、CDI運動も現実には欠点や誤り、矛盾だらけです。残念ながらCDIの実践者は一般に楽観的、楽天的で、希望にあふれており、これらの問題を軽く見るか、無視する傾向にあります。しかし運動というものは、自己反省的になった場合にのみ成功します。欠陥に取り組み、誤りを矯正し、矛盾を解決しなければなりません。学ぶことも、成長することも、変化することもできない運動はすぐに廃れてしまうでしょう。

　この章はCDI実践者らが直面している14の課題を取り上げており、どの課題も都市が直面している障害や、可能な解決法を明らかにしています。

1　情報の把握

　多くの研究者の熱心な努力にもかかわらず、CDIについては一般の人々にほとんど知られていません。1990年に都市と開発協議会の評議委員と数人の外部の助言者が、CDIを調査する計画を立案しました。この計画とは、18カ国から一流のCDI理論家や実践者を集めて、入念に構想を練った指針と調査方法に基づいて正確な報告書を作成しようというものでした。かかる費用は約80万ドル以上と見積もられました。

　結局、ベルリン会議に向けてCDIに関する報告書を準備するために集まったお金は、この予算の5％以下の金額でした。必要な費用と使った金額の巨大なギャップを思えば、会議で提出されたものがどれも興味深くて詳細なレポートであったことは、研究者の献身的努力によるものです。とはいっても、レポートで報告されている内容の多くは曖昧で漠然としたものでした。

いくつの自治体が姉妹提携プログラムを持ち、予算はいくらで、何人の市民が参加しているかという単純な数字さえ、ほとんどの国で出せません。スペインやアメリカなどでは大規模なアンケート調査が行われていますが、回答は比較的少なく、いつも完全な回答とは限りません。

　CDIの調査は2つの問題、つまり専門用語の統一と分類の問題に直面します。ある国で姉妹提携活動と見なされていることが、他の国では開発教育と呼ばれています。さらに公式提携と非公式提携をどのように比較するべきでしょうか。公的承認とは何を指すのでしょうか。

　こうした問題は「南」の研究者にとって特に困難です。「南」では道路や電話、コピー機、ファックスの不備がデータ収集の妨げとなっています。ザンビアのCDIに関するレポートを作成しているガブリエル・C・バンダは外国との姉妹都市提携についての情報を集めるのに苦労しました。ザンビア政府が持っている記録は粗末なものであり、外国大使館や外交関係者は、自治体がどんな活動をしているかについてはほとんど知りませんでした。姉妹都市提携について国と自治体の双方から情報を得ることができても、この2つの情報は（たとえば、ある姉妹都市提携の期日に関して）互いに矛盾していることがありました。

　ベルリン会議の論点レポートを作成していた研究者らも厳しい困難に直面しました。旅行や国際電話インタビューのための予算がないため、他国で誰が重要人物なのか確認するのが難しいのです。ほとんどの国には、たとえば環境問題CDI全体についての情報・資料を持っている第一人者的な人はいません。ある国に10人の重要人物がおり、各々環境問題に取り組んでいるとしても、この分野全体を把握している者は1人もいないという場合があります。5,000マイル離れたところにいる10人の人たちから情報を得るのは容易ではなく、特にこの人たちが互いに競い合っているような場合は、困難です。ほとんどの論点に関していえることですが、根本的な問題は、首尾一貫した全国的なネットワークの形成はまだほんの初期の段階であり、世界的なネットワークは全く存在しないということです。

　たとえ研究者がニカラグアとの姉妹提携や南アフリカに対する投資引き揚げ政策の数を正確に数えたとしても、プログラムに関して把握したとはいえませ

ん。何人のボランティアや自治体職員がこのプログラムに参加しており、年間の予算はどのくらいかなど、興味ある疑問は無数に湧いてきます。

何年もの間、データ収集を続けてきたオランダやアメリカなどの一握りの国を除いては、今のところこのような疑問に対するまとまった回答はありません。データのない状態でCDIの政治的重要性を評価するのは、不可能でないにしても困難です。

CDI運動の最初の課題は、各国でCDIに関する重要なデータを定期的に収集、更新、改善するための全国的な中心的存在となってくれるような個人やNGO、自治体を見つけることです。これらの中心的な人々がデータを集めるのを援助するために、都市と開発協議会や他の組織が、世界中から集めたCDIデータの要約を毎年出版するということも考えられます。

2　冷静な評価

データが十分でないため、CDIについての真剣な研究は非常に少ないのです。CDIについて書かれたものの多くは、評価全体に個人的な感情が入っていることがよくあります。たとえばノルウェーのレポートの中で、スールダル町と、ネパールのウルマとウルミの両村との間の姉妹提携に関する考察が次のような言葉で表されています。「村の人々はノルウェー人訪問を、音楽や踊りで祝福しました。友人が尋ねてきたことを心から感謝しました。」ここで基礎となっている論理は、もし「北」か「南」のパートナーのどちらかが不満を抱いたなら、プログラムは中止され、提携関係も消滅してしまうということです。

確かに双方が関わり続けることが、南北関係が互いに有益であることの1つの重要なテストとなりますが、それだけではありません。スールダル町とウルマやウルミの村の提携関係をより注意深く考察すると、次のような疑問が生じます。スールダルの訪問による短期的・長期的な影響とは何でしょうか？　誰が得をし、誰が損をしたのでしょうか？　実際に共同で計画し、協議しているでしょうか？　双方で本当の人間的な成長があったでしょうか。訪問によって

第6章 21世紀への挑戦

両自治体は世界情勢へより責任を持って参加するようになったでしょうか？

1990年11月、開発のための南北姉妹提携というテーマの会議がジンバブエのブラワヨ市で開催され、「南」の参加者は姉妹提携に対する「北」の態度に激怒しました。「北」のグループが寄付金集めの際に、飢えた子どもの写真など否定的でステレオタイプのアフリカのイメージを用いていることに腹をたてている人もいれば、援助物資の中に期限切れの薬が入っていることがあると苛立ちを見せる人もいました。「北」の人間は、「南」が何を求めているのか聞かなくても自分たちには分かっていると思い込んでいるようだという意見もありました。

残念ながら、会議で表明された一般的な懸念は、現在囁かれている具体的な批判とは違っています。「南」のパートナーの熱意（あるいは沈黙）はCDIがうまくいっている証しだと、「北」のパートナーは思い込んでしまっているようで、一方「南」のパートナーは不穏当なCDIを実施している北側に対して、相手の感情を損なわないような言葉で批判したいと切に願っているようです。

研究に関するもう1つの問題は、CDIの数をそのまま成功の指標とすることです。量が質を表すわけではありません。アメリカでは数字の上では700以上の南北姉妹提携関係が存在していますが、その多くは、おそらく現在は機能していません。オランダ人は、姉妹提携の数が着実に増えているのはCDIが発展しているしるしと見なし、一方フィンランド人はCDIの数が増加しなくなったのは運動が弱まっているということだと結論しました。実際には数字から判断できることはほとんどありません。姉妹提携の劇的な増加は、特にある特定の自治体が外国で多くの提携をしていること場合には、表面的な指標と見た方がいいし、増加の速度が落ちてもそれは関係を深め熟成している期間を示しているのかもしれません。

「北」と「南」の研究者は集まって、CDI調査のための指針を用意し、それを広く普及させるべきです。そのうえで共同で調査を実行すべきです。「北」と「南」の自治体は互いに耳を傾け学び合う機会として、共同研究を実施できます。

3 開発教育を政治活動に結び付ける

　一見したところでは、開発教育プログラムはどれも批判しにくいものです。熱意にあふれた人々が新しい情報を吸収したり、新しい技術を学んだり、新しい知識を実行に移そうとしているプロセスを批判することなど誰ができるでしょう。確かに目標を果たしている講演会やイベント、パンフレット、映画、活動などは、価値ある前進といえます。しかし、もし開発教育が私たちに問題意識を持たせるためのプロセスであるなら、それについての問題点も厳しく追及しなければなりません。

　開発教育がどれほどの新しい情報を人々に伝えているのでしょうか？　講演会は行われ、イベントは開催され、映画は上映されていますが、人々が確かに知識を身に付け、成長している確固とした形跡は見られません。

　開発教育がほとんど何も教えていない典型的な例がベルギーの「11. 11. 11 キャンペーン」です。このキャンペーンは、教育よりも資金集めの方が成功していると批判されています。もちろん、「第三世界マーケット」やフェスティバル、街頭演劇が悪いというわけではないのですが、このような活動が南北関係に関する重要な情報を伝えているのでしょうか？　人々がラテンアメリカの債務地獄を理解するのにサルサ音楽が役立つでしょうか？　ケニアの伝統工芸が、ダニュル・アラップ・ムワー大統領の人権侵害についての関心を高めることができるでしょうか？

　開発教育が本当にうまくいっているなら、なぜ「北」の国々が「南」の債務の一部でさえ帳消しにしようとせず、「北」の国民所得のわずか0.7％さえ分け合おうとしないのでしょうか？　開発教育がなければ、政府の政策はもっとひどいものになっていただろうという返答があるかもしれません。しかし、開発教育の目標が行動と変革を起こさせることなら、開発教育は明らかに成功しているとはいえません。

　開発教育に携わっている人々は、単なる情報以上のものを伝えるよう努力しなければなりません。（開発教育の専門家が主張している政策も含む）開発政策

について深く考えるよう人々を導いたり、人々が政治に積極的に関心を抱くようにするものでなければなりません。後者を実現する有効な方法の1つは、地球的な問題を地域や個人の行動と関連づけることです。たとえば、デンマークの緑の自治体プログラムなどのような生活様式の変革を進める学校教育キャンペーンなどは、有効な影響を及ぼしつつあるようです。パオロ・フレイアが『被抑圧者の教育学』の中で主張している教育方法、すなわち学習と政治的能力の獲得は一緒に起こる、という教育方法を採用することも重要になるでしょう。最後に、南北の人々は一緒に集まって、開発教育の経験を分かち合うべきなのです。

4 CDIを環境保護に使う

世界の経済活動の全体レベルはすでに地球の生態系が許容できる限度を超えています。オゾン層は薄くなり、世界の気候の温暖化は進み、肥沃な土地は枯渇し、種は何千という単位で消滅しつつあります。ビジネスは今までどおりにはいきません。

さらなる経済の発展は、2つの方向、つまり低開発と過剰開発により環境問題をさらに悪化させようとしています。低開発が続く限り、世界の10億の最貧の人々は薪のために森林を切り倒し、加速的に人口を増やし、排泄物や下水汚物を処理しないで湖や川に流すでしょう。開発過剰が続く限り、10億の最も裕福な人々が多量の肉を食べ、ガソリン浪費の車を運転し、多量の固形廃棄物や毒性廃棄物を生産し続け、いずれは地球の食料、水、生物量、エネルギーの供給量は消耗してしまうでしょう。たとえば日本人（彼ら自身も過剰消費ですが）と比べると、アメリカ人は1人当り2.5倍のエネルギーを消費し、2倍以上の廃棄物を生み出しています。開発研究者のデイビッド・コーテンは次のように述べています。

「過剰消費者と極貧者との間には、地球環境の持続を助けている30億の人が存

在しています。彼らは自転車や公共輸送機関を使って移動し、肉はときたまほんの少し食べる程度で穀物や野菜で健康な食事をし、きれいだがボトル詰めでない水を飲み、廃棄物のほとんどをリサイクルしています。地球の生態環境と基本的に調和しているのです。」

　環境を保護し、人類の長期的な生き残りを保障するために、CDIは2つの任務を果たさなければなりません。すなわち、世界の貧困者の生活水準を高め、裕福な人々の生活様式を変えさせなければなりません。

　市民主体の開発から学んだことは、貧困者を助けるには、自治体は物質援助ではなく技術を移転し、世界経済をより公正にするよう努力しなければならないということです。しかし持続可能な開発のためには、技術を環境に優しいものに転換することも必要です。正しい手段を用いれば、「南」は「北」のような生態環境上の過ちを犯すことなく発展できます。同じ資金を効率のよい大量輸送機関（鉄道）に費やすことができるのに、なぜ高速道路を建設するのでしょうか？　太陽熱利用の設計が可能なのに、なぜエネルギー浪費型のビルを設計するのでしょうか？　小型で経済的な蛍光灯の方が長く持続し、費用も安くてすむのに、なぜ新しい家には白熱電球を取り付けるのでしょうか。南北の自治体は、この種の適切な技術の開発・生産・普及のために指導的な役割を担うことができます。「メガシティーズ・プロジェクト」の事務局長、ジャニス・パールマンは、「第三世界の都市では、人口の3分の1から半分の人々にしか、物質的な産業基盤は行き渡っていないので、過去の無駄で資本集中的な技術を省いて、直接21世紀型の問題を解決した新技術に向かう機会がたくさんある」と書いています。

　ケルン・アピールでは、特に「北」における生活様式の変革が強調されました。アピールが最初に公布されて以来7年が経った今、南北両方のエリートが消費量を減らさなければならないのは明らかになってきました。残念ながらこの目標に真剣に取り組んでいる自治体はあまりありません。エネルギーや水の効率の悪い利用や、貴重な資源の再利用の失敗、自動車の氾濫、不必要な牛肉の消費について一般の関心を高めようとしているのは、CDIを行っているほんの少数の自治体だけのようです。これらの進歩的な自治体においてもそのほと

んどが、エネルギーの節約、リサイクル、大量輸送機関、より健康的な食事などを促進する包括的なプログラムを持っていません。将来CDIは南北双方での生活様式の変革に積極的に取り組まなければなりません。

　生活様式を変えず、技術だけ改善することで、将来地球に人が住み続けることを可能にできるのかという疑問は、答えの出ない見当違いの質問です。世界の環境危機は非常に切迫しており、自治体はどちらの課題にもできるだけ積極的に取り組まなければなりません。

　「北」と「南」の自治体が互いの協力をもとに取り組める最も単純で効果的な活動の中に、環境を改善するCDIがあるのです。この創造的な事例は気候同盟で、そこに加盟している「北」の自治体はエネルギー使用量を削減し、「南」のNGOは熱帯雨林を保護しています。オランダのブレダ市は一歩踏み込んで、地球温暖化に立ち向かう共同活動計画を立案しました。ブレダ市は、二酸化炭素の放出を埋め合わせるために高速道路の脇に植樹をする一方で、ポーランドの姉妹都市が植樹するのを援助し、ボツワナの林業組合に共同出資しました。

　「北」と「南」の自治体は環境問題に共同で取り組みだすと、彼らはCDIについての答えにくい疑問に直面するようになるのです。開発教育の資料は、その紙を作るために森林を切り倒すほどの価値があるのでしょうか？　姉妹提携の恩恵とは、その締結のために人がわざわざ飛行機燃料を消費し高度の上空を汚染してまで「南」へ飛行機で飛ぶほどの価値があるのでしょうか？　タンザニアのムワンザ市での再造林計画を資金援助するために、フィンランドのタンペレ市がクリスマスツリーとして木を切り倒して販売したことは、賢明な行動といえるのでしょうか？

5　世界の政治経済問題に取り組む

　もし、ケルン・アピール「慈善から正義へ」が十分に理解されているなら、CDIは南北経済関係に関する根本的な2つの問題に取り組まなければならないようになるでしょう。すなわち、「南」が「北」に負っている1兆4,000億ドル

の債務と、世界貿易の不公正な構造です。

　債務危機が始まったのは1970年代で、その頃「北」の銀行家らが、豊かな産油国からの何百億ドルという預金をなんとか貸し出したいと望んでおり、そこで「南」の指導者を説き伏せて巨額の開発借款を貸し付けました。アマゾン密林の水力発電ダムなどの巨大プロジェクトが、急速な工業化への道を開いてくれるという過った考えを、世界銀行の専門家を含む「北」の経済学者らは「南」に売り込みました。「北」の人間の中には、「南」の指導者がこれらの借款を利用して、「北」の最新兵器を購入するようロビー活動をしている者もいました。ほとんどの「南」の指導者は民衆の委任もないまま、借款を取り決め、国内で過半数の国民が貧しい生活を送っているというのに、かなりの私腹を肥やしていました。

　債務危機に何の責任もない個人、すなわち「南」の貧しい人々が今現在債務返済のために最も高い代償を払っているわけです。世界銀行やIMFの構造調整計画によって、「南」の国々では通貨の切り下げや、公務員の削減、食料、衣料、住宅、医療、教育の助成金カットなどを余儀なくされました。その結果、貧困化が急速に進んできました。同時に、「北」は自らの市場を保護し、世界の商品協定を廃棄しようと努めており、そのために「南」が貿易で債務を解消することは不可能となっています。

　北側には解決策として「債務と自然の交換」を申し出ているものもいます。しかし実際にはこれまで25の交換がなされましたが、1兆4,000億ドルの債務には取るに足らない影響を与えるにすぎませんでした。さらにこれらの交換が貴重な土地への国の統治権を譲り渡すことになるので、激しい論議を呼びました。土地の支配権が、そこにずっと住んできた住人に何の相談もなく、外国人に引き渡されていたとういう例もあります。「債務と自然の交換」はいくつかの森林を保護するかもしれませんが、南北経済関係の全体的な公正を改善するにはほとんど役にたちません。

　「南」の債務が免除、あるいは無効にされないなら、「南」は外貨を稼ぐために輸入よりも輸出を増やさなければなりません。これはつまり、緊縮経済と社会的困難が持続し、環境への負担を増加させ、自立の見込みをなくしてしまう

ことです。ペルーの経済学者バビエル・イギニスは、「債務危機に対する西側の解決法は気に入らない。非常に多くの人々の命を奪う」と述べています。

　世界経済が直面している2番目の問題は「自由貿易」という妄想です。経済学者のデイビッド・リカードは1817年に、自由貿易は比較優位の法則により、どの国にも利益をもたらすと主張したときには、彼は資本は固定していると前提していたのです。しかし今日、多国籍企業は低賃金や安価な資源を求めて、本質的にはどの国にも義務を負うことなく世界中を自由に動き回っています。どの国も ── 実際あらゆる国のあらゆる自治体も ── 競って企業投資を求めています。競争に乗り遅れないため、政府は賃金や利益のカットをし、環境基準を緩和し、製品安全に関する法律の抹消に努めてきました。狂乱的な競争は今も続いており、労働者、消費者、環境に関する国の水準を皆が「一致して」落としているのです。もしこの傾向が続けば、現在「南」中に広がっている企業の搾取が、やがて世界中で見られるようになるでしょう。

　環境の水準が各地で同じように下げられているということは、重大な危険をはらんでいます。不吉なブルントラント報告以来、数年の間に、地球環境は予想したよりも悪化しているという新しい証拠があります。オゾン層は予想したよりも早く破壊が進んでおり、中緯度地帯で生活している人々や動植物はまもなく多量の紫外線を浴びる危険にさらされるでしょう。今後数十年の間に地球温暖化は必至なものとなるでしょう。つまり将来、南極の氷は溶け、海面は上昇し、海岸地域は浸水し、砂漠は広がっていくということです。海洋汚染は誰の目にも明らかになり、健康に害を及ぼさないレベルの水銀やPCB、他の毒物に汚染されていない魚を手に入れるのは困難になるでしょう。

　（自由）貿易の原則によると、企業は自由に国境を出入りできますが、労働者はできません。その原則のもとでは、労働者の権利や環境保護の最低基準は定められず、自治体は適当と判断したときに規制し、投資し、契約の締結をする重要な権利を剥奪されるのです。ヨーロッパ共同体の国々を拘束している憲章と類似した社会的憲章をGATT（関税と貿易に関する一般協定）に作ることによって、世界貿易の公正さが改善されるまで、「南」に労働搾取工場を開設して伝統的なパターンの搾取を続ける「北」の企業は増え続けることでしょう。

「北」にも「南」にもこれらの地球的な問題を論議している自治体はほとんどなく、問題解決に向けてCDIを計画しているものも滅多に見られません。確かに自治体が簡単にこれらの問題に取り組むことはできませんが、にもかかわらず選択肢はあります。すなわち債務危機と公正な貿易に関して一般の人々の関心を高めること、国の官僚や国際機関にロビー活動をして債務を免除させること、GATTに社会的憲章を加えることなどです。また世界の他の自治体と共に活動を始め、企業の活動に対する格付けをしたり、極めて悪質な違反企業には制裁を加えることもできます。たとえ世界の都市の10％だけでも無責任な企業の製品の購入や、株や債券への投資を拒否すれば、多くの企業が行動を改めるでしょう。アメリカでは国や自治体の基金のほんの一部が制裁的拒否を実施したことで、南アフリカに株式資本を持つアメリカの企業の3分の2がプレトリアとのビジネスを中止するほどの効果が表れました。

　「北」の自治体がこれらの問題を「北」の開発計画の中心に位置づけるべきだというのが、ほとんどの「南」の国におけるCDIの相手の見解です。もし「北」の自治体が数百万ドルの援助や技術をブラジルの姉妹都市に送ったとしても、同時にブラジルの債務軽減を拒否する政治家を支持しているなら、本当に進歩があったといえるでしょうか。「北」の自治体が、ブラジルで時給40セントで子どもを雇うような多国籍企業の本部を置くならば、アメリカ―ブラジルの姉妹提携プログラムは、南北で搾取を続けるための単なる策略にすぎないのではないでしょうか。

6　貿易システムに疑問を持つ

　南北の提携自治体は貿易に関して、理論だけでなく、自治体間の問題として疑問を持たなければなりません。ほとんどの場合、提携を結んでいる自治体はどの貿易関係も有益であると思い込んでいます。しかし貿易業務が本当に建設的であるかどうかは、次の疑問を考えてみれば分かります。誰が得をしているのか、貧乏人か、少数のエリートか？　交易品を生産することによって、どの

ような環境的、文化的な影響があるか？　貿易を行うことで提携先の自治体の自給度を高めているか、それとも危険な依存関係を形成しつつあるのか？　これらの疑問は、南北の自治体間の貿易だけでなく、「南」の自治体間の貿易にもあてはまります。

「南」のCDIに携わっている多くの人々は、より活発な南南貿易を望み、その手段として南南の姉妹都市の提携を主張しています（「南」と「南」の貿易関係が姉妹提携を導くこともあります。ザンビアの報告によれば、多くの姉妹都市関係は、南部アフリカ開発調整会議や選択的貿易地域会議に参加したことがきっかけとなって成立しました）。理論的には、南南貿易によって「南」の人々の「北」への依存は低下し、貿易による利益が増大し、「北」の中間商人に暴利をむさぼられるのを防ぐことができるのです。

しかし、南南貿易には、少なくとも現在考えられる限りでは2つの問題があります。1つは、それが「南」のエリートをボロ儲けさせる可能性があるということです。「新しい」貿易の原則が適用されないなら、すなわち小規模で協同事業的な取引が優先されず、中間商人による利益の吸い上げを妨げないなら、南南貿易は「南」の中で世界経済の最悪の形態を繰り返すことになり得るのです。貿易に関する優先権は、どこに住んでいるかにかかわらず、貧しく財産のない人々に与えられるべきです。南南貿易のよりよいモデルは、「南」の貧困者が「北」の貧困者と手を組んで、勢力を増す南北のエリートに対抗するというものです。

2つ目は、「南」は貿易自体が開発のための最も望ましい方向であるかどうか、自問しなければならないということです。南北のどちらからの商品やサービスにも依存しない地域経済を発展させる方が、自治体にとってより価値があるのではないでしょうか。ケニアのセイドウ・サルは、「南」、特にアフリカの民衆は、世界市場に巻き込まれないように抵抗し、代わりに自らの経済的・政治的機関を創設すべきであると主張しています。「アフリカの草の根団体と共に働いている活動家や支援者の役割は、人々が自分の力を信じ、自分の問題は自分で解決できると自信を持つよう励ますことです。南南協力のねらいは貿易自体ではなく、自信を確立するために必要な技術、資金、人の交流を支援することで

あるべきです」とサルは述べています。

7 南南関係の支援

「南」の自治体間の貿易の真価が疑わしいとしても、他の種類の南南関係は間違いなく価値あるものです。たとえば、「南」同士の姉妹提携によって、「南」の人々は他者へ価値ある援助をすることとはどういうものかを体験することができるのです。非常に多くの場合、「南」の側は援助を受ける立場にあり、そのため劣等感や怒りといった感情が生じることがあります。双方が与え、受けとる平等な関係になることで、「南」の自治体は自信を持つことができます。「南」同士が姉妹提携を結ぶことで、より大きな理解、感謝、連帯がもたらされるのです。

南南関係の本当の価値とは、それによって「南」と「北」との提携をなくする（おそらくそれは不可能ですが）ということではなく、「南」が「北」との関係をより公正な形で再構築できるということです。より大きな自給力がつけば、「南」が「北」と契約交渉をする際により強い立場を得ることができるでしょう。南南関係によって、貧困な自治体は南北双方の対抗勢力に立ち向かうために、資源、人材、エネルギーを蓄える力を得ることができます。

「南」の相手方自治体が他の「南」の自治体と提携を結ぶのを、「北」の自治体が援助する場合があります。このために、政府が介入しないよう手段を講じることが1つの意味ある目標となります。たとえば、「南」の自治体が契約や投資の際に「南」の企業を優先する権利を、GATTが侵害しないよう「北」の自治体は絶えず警戒を怠らないようにしなければなりません。

ブラワヨ・アピールは「この会議の創始者である『北』の人々が、アフリカ、アジア、ラテンアメリカで同じような『開発のための地域間姉妹提携』会議を積極的に奨励し、支援する」よう求めています。確かにこのアドバイスは今でも有効です。「北」の自治体は、南南間の会議、協力、プロジェクト、貿易のために資金を集めて、「南」との連帯を示すことができるのです。

8　人権保護

　ブラワヨ・アピールの中で、「開発のための姉妹提携についての南北国際会議」の参加者は「アパルトヘイトやその関連機関、他の形のすべての人種差別や抑圧に反対するキャンペーンを実施し、人類の権利と尊厳が尊重され、推進される世界の実現を目指すすべての運動を支援する」ことを約束したのです。インドのセヴァグラム宣言は自治体が「人権についての……具体的なプロジェクトを持つ」よう求めています。

　このような宣言の精神を持って、南北開発協力に関心のある自治体は3つの形で人権問題を扱っています。1つは、市民主体の開発を成功させるためには基本的な市民的自由が不可欠であることを認識し、いくつかの自治体は政治犯を釈放させ、抑圧をやめさせ、アパルトヘイトを消滅させようと努めてきました。2つ目として、人権に関心を持つことで、自治体内の難民の扱いにも関心が高まりました。3つ目の形は、紛争解決です。弾丸や手りゅう弾、爆弾に生活を破壊されることなく、市民の基本的な権利を保護するために、ニカラグア、南アフリカ、北アイルランド、中東、ユーゴスラビアなど世界の戦争で破壊されたほとんどの地域で、自治体は話し合いによる平和な和解を促してきました。

　この3つの形のいずれにおいても、大きな成功も失敗もありました。自治体が訴訟に対しても責任を負うことで、釈放された政治犯もいれば、いまだ刑務所の中で苦しい生活を送っている人もいます。南アフリカ国内の活動家らが指導し、世界中のNGOや自治体が加わったキャンペーンのおかげで、アパルトヘイトは弱まってきましたが、完全に消滅したわけではありません（訳者注：アパルトヘイトはこの本の書かれた直後の1994年に廃止されています）。難民を助けようとする地域の努力のおかげで、生活が向上した難民もいますが、外国人に対する人種差別や憎悪は高まる傾向にあります。闘いを終わらせるための自治体の努力のほとんどは外交のほんの末端でしかありませんでしたが、何千という「市民外交官」に支援された何百という東西姉妹都市関係が、冷戦終結に役立ったという事実を見逃すことはできません。同じように驚くべき成果は、

アメリカーニカラグア間の姉妹都市運動が他の連帯グループと一緒になってアメリカ議会を説得し、コントラへの軍事援助を中止させ、3万人の命を奪った内戦を事実上終結させたことです。
　多くのCDI実践者は人権問題を行動の対象に加えたがりません。そのこと自体が論議を呼んで、CDIが社会の主流から取り残されることを恐れているのです。たとえば、外国の人権問題のために闘うということは、暗黙のうちにではありますが、自分の国の政府が十分なことをしていないということと同じことです。政治犯の釈放のためにロビー活動をするということは、外国の政府を非難し、それに対立することになるのです。難民を擁護することは、政治的に強力な外国人排斥主義者に抵抗し立ち向かうことになります。平和主義者になるということは、政府に侵略者というレッテルを貼り、武器製造などの効率のよい金儲けを妨害していることになりかねません。これらのイニシアティブは非常に政治色が濃いため、開発教育や姉妹提携などの「主流」のCDIの支持者には受け入れられない場合があります。
　人権CDIの懐疑論者と支持者の間のギャップを埋める、1980年代の南アフリカとニカラグアの2つの重要な教訓があります。これらのイニシアティブが無視できないほど頻繁に成功していることを、懐疑論者は認めるべきです。人権イニシアティブは他のCDIと両立できるよう、党に属さず、協調的なやり方で行うことができることを、人権CDIの支持者は認めるべきです。この点はさらに詳しい説明が必要です。
　一般市民は、犠牲になりそうな人々と緊密な関係を確立するだけでも、人権侵害を防ぐことができるのです。ノルウェーのクラケロイ市がグアテマラのパツンの小さな山村と姉妹提携を結ぶ決議をしたことには、本質的に異論を唱える人はいませんでした。しかし、ノルウェーの一般市民は、パツンでの出来事を証言したり、定期的に訪問したり、パツンの指導者と接触したりすることは、グアテマラの軍隊や暗殺隊が侵略や暴行という形で行動するのをやめさせるのに貢献したのです。
　難民を支援するCDIもまた必ずしも政府と対立的である必要はありません。異なった人種のグループが参加するフェスティバルなどは、各民族の食べ物、

音楽、芸術、ダンスの良い部分を地域に紹介し、紋切り型の悪いイメージを壊すことができます。さらに地域の住民と難民との友情は、偏見や不安、人種主義を減らすという様々な効果を生みます。

　戦争と平和という問題に対してさえ、協調的な方法でのアプローチが可能です。アメリカとヨーロッパの平和運動は1980年代に核兵器システムに対して抗議することから始めましたが、次第に東西関係の改善に目を向けるようになりました。平和行動主義がただ武器や戦争をなくすだけでなく、紛争の根本的な原因を取り除くための前向きな努力であると定義されれば、一般の市民により支持されるようになるでしょう。自らを「平和運動屋」とは全く見なしていないアメリカやヨーロッパの市議会も、ソ連との姉妹提携プログラムを支援するのには何の躊躇も見せません。自治体職員によってユーゴスラビアの内戦を和解させようとしたオランダの最近のイニシアティブは、どちらの側にもつかないで紛争解決を進めることが可能であることを立証しています。

　それでも人権イニシアティブが論争の種となるなら、自治体はすべての考えを満足させるCDIを開始するのもいいでしょう。たとえば、ザルツブルグ市の市議会はニカラグアとの姉妹提携に反対している保守派をなだめるため、彼らの好みに適ったタンザニアのシンギダ市との姉妹提携を開始しました。ザルツブルグ市の革新主義者も保守主義者も両方が、これで自分たちの主張を反映したCDIを持ったのです。

　人権に対する理解を一般の人々の間で高めるために、自治体が取れるとても簡単なイニシアティブがたくさんあります。ヨーロッパ評議会の南北センター主催でリスボン市で開かれた「民主主義と人権」の会議で参加者がまとめた結論は、政府は人権に関する国際的な憲章や協定を翻訳して配布し、すべてのレベルでの人権教育を推進し、人権問題に関する定期的なラジオ放送を企画し、人権NGOや市民団体を援助し、議員や弁護士、警察官、刑務所職員、教師やジャーナリストのために人権研修を行うべきであるということでした。これらの課題はすべて自治体レベルで実施できるし、またされるべきものです。条約の批准は普通は中央政府の特権ですが、自治体レベルでも市議会の決議によって象徴的にではありますが、人権に関する条約を批准することは可能です。

9　援助を超えて

「援助は不正に苦しむ人々にとっては必要で歓迎されるものですが、真の解決のためには不十分なものです。非常に多くの場合、援助は『北』の良心をなだめる口実に使われ得るのです」と、ケルン・アピールは助言しています。自治体は援助を超えるべきだというこのような強い主張にもかかわらず、多くのCDIが主に単なる援助プログラムに終わっていることに、失望せざるを得ません。たとえば、ノルウェーのCDIに関するレポートは、援助の不都合な点に関する素晴らしい批判で始まっていますが、資金集め活動以上のものではない12の姉妹提携プログラムを無批判に紹介しています。南北の両方の研究者は、援助プログラムを依存と搾取の形の継続であると批判していますが、「北」のほとんどの自治体は援助を与え続け、「南」の自治体はそれを受け入れ続けています。

　それでも南北のほとんどの自治体の間には、本質的な不平等が存在していることを忘れずにいることは重要であり、援助はそれに取り組む1つの手段です。アフリカCDI協会の事務局長であるグラディズ・マセコはこう書いています。

> 「社会的、経済的、技術的、教育的、文化的価値観において、あまりにもかけ離れた発展水準を持つ人々を、姉妹提携によって同等にしようとするには限界があります。姉妹提携が示唆しているように、同等になろうと努めるより、『南』が『北』に追いつこうと努力するのが必然なのです。」

　危機を迎えているときは、被害を緩和するために援助は特に有益になります。最近の調査によると、1980年代にアメリカや西ヨーロッパの姉妹都市が31のニカラグアの自治体に送った援助は、自治体の支出の半分を占めていました。ニカラグアの最も貧しい自治体では、援助はその自治体の投資の90％にもなっていました。

　援助を募ることの意義の1つは、「北」の人々に資金集めという具体的な仕事を提供することです。ナミビアのオヴァンボランド州とフィンランドのエスポー市との提携を組織したフィンランド人のハニ・ヌオティオがこう書いていま

す。

　「物質を募るのではなく、他のタイプの活動に切り替えることに決めましたが、そうすると人々を活動に引きつけるのが難しくなりました。品物を集めることは簡単で、実際的でした。今では活動はより具体的でなくなり、多くの人にとってお金が唯一の参加方法となっているようです。」

　南北協力の基礎を援助資金集めに置くことの危険性は、ノルウェーのクリスティアンサンド市がバングラデシュのラージシャヒ市との姉妹提携で経験したように、人々が寄付金集めに飽きたとき、そのつながりも切れる可能性があるということです。同様にノルウェーのネソデン市は、バングラデシュの貧しい女性たちのための寄付金集めにあまりにもエネルギーを注ぎすぎて、気がつくとそれ以外のつながりはなくなっていました。
　援助にどんな価値があろうと、「南」から「北」への資源の流出は巨大な量で、自治体の援助で埋め合わせれるようなものではありません。現在の「南」から「北」への金銭の流出をやめようと思えば、開発協力に関わっている2,000の自治体が各自毎年25万ドルずつ寄付しなければなりません。
　市民主体の開発にとって、最終的に大切なことは、自治体が自治体内のことを自分たちで処理する能力を高めることです。そのため援助が役立つこともありますが、ほとんどの場合、単に浪費されています。援助を贈ろうとするのならば、本や指導教材、適切な技術を相手方に渡すのがよいでしょう。他の2つのタイプの贈り物、つまり「市民社会を強めること」と「代替貿易を始めること」も考慮する価値があります。
　市民社会とは、政府に頼らず社会問題を解決する市民の能力に関連しています。健全な市民社会では、青年グループ、エイズ援護団体、PTA、環境保護団体、公共慈善事業団体、協会などを含む広範囲に及ぶNGOが活発に活動しています。NGOは社会問題を迅速に解決し、恵まれない人々の声に耳を傾け、政府の指導者に圧力をかけることができます。その結果として、多くのヨーロッパの自治体は市民社会の発展を、姉妹提携プログラムの中心課題としています。教会や大学、女性のグループが関わった姉妹提携プロジェクトが急増している

ことは、市民社会化の促進に関心が高まっていることを示しています。
　市民社会の中で同じように重要な活動をしているのは、労働組合と政党、人権グループです。オランダ自治体協会が、東欧の都市の職員に、複数政党民主主義、正当な法の手続き、言論の自由、労働者の権利、活発なボランティアセクターについて教えた努力の成果は、CDIによって市民社会をいかに促進するかについての好例となっています。もう1つの良い例として、ジンバブエとフィンランド全国通商貿易労働組合との間の労働組合同士のつながりがあります。
　代替貿易もまた考慮に入れるべきです。工芸品やコーヒーなどの商品を「南」の小規模生産者から生産者協同組合から直接に購入することで、代替貿易の卸売り業者は、生産者が一定水準の賃金を受け取ることと、中間商人に暴利をむさぼり食わせないことを保証しています。ヨーロッパの自治体は「連帯コーヒー」を飲んだり、「第三世界マーケット」で工芸品を売ったりして代替貿易を支援してきました。何年かのちには、代替貿易に利用できる製品は、ココアやナッツ、他の一次産品にまで広がるでしょう。

10　南北関係のバランスを保つ

　ケルン・アピールは、南北の関係は「平等、相互関係、干渉主義でないこと」を基本とすると力説していますが、現実はこのとおりではありません。報告されているほとんどすべての南北間の姉妹提携やプロジェクトは「北」が開始したものです。ほとんどの場合、訪問に出かけるのは「北」の人間であり、「南」の人の旅費を払うのも北側です。「北」の自治体はCDIに関するほとんどのミーティングや会議のスポンサーになっており、こういう集会はたいてい「北」の国々で開催され、「北」の言語で進行されます。ピーター・ニオニは彼の論文「南北提携；『南』の視点」の中で次のように述べています。

　　「南北関係の平等を理想とする熱心な南北運動に矛盾が生じてきています。『北』のプロセスに対応してきた南北姉妹提携を持つ『南』のどの国にも、どの大陸

にも、どの地域にも組織的な発展はありませんでした。『北』の提携自治体が持っているほどの資源を『南』のグループは持っていません。南北の間にはこれほどの格差がありながら、双方の自治体の間にどうやって相互協力という意識が持てるというのでしょうか。」

なるほど、注目すべき「南」からのCDIもありました。1990年にソ連のドゥシャンベ市が飢餓に見舞われたとき、ザンビアの姉妹都市ルサカ市は食料を船で送りました。ジンバブエのブラワヨ市での開発のための南北提携会議を開催する際、南部アフリカのCDI実践者らは指導的な役割を果たし、またインドの主催者らは1992年にセヴァグラム会議を開催しました。どちらの会議でも姉妹提携がどのようにバランスのとれた形で発展できるかについて、「南」の見解が表明されました。

しかし提携関係に完全なバランスを取り戻すためには、「南」の自治体から学ぶことがたくさんあるということを、「北」の自治体は認めなくてはなりません。イギリスのカークリース大都市圏自治区が青年雇用訓練プログラムの内容を改めることに決めたのは、この問題への姉妹都市ブラワヨ市の上手な対処法を学んだからです。イタリアの自治体は姉妹都市リオ・デ・ジャネイロ市から多数のストリートチルドレンにどう対処すればいいかを学び、コネティカット州のニューヘブン市は在宅介護システムや成人の読み書き学習プログラムの改革についてニカラグアの姉妹都市レオン市から有益な助言を得ました。

アンバランスは南北のCDIに悪影響を与えます。ザンビアのガブリエル・バンダは次のように語っています。

> 「私たちが先輩 ── 後輩としてではなく、友人として交流する平等な関係づくり成を目指すことが必要です。ジンバブエのような地域の都市は、私たちが利用でき学ぶことができるような価値ある重要な経験を持っており、このような都市を受け入れなければなりません。そうすることで私たち自身の価値が高まり、私たちが取り組んでいるすべての都市や開発関係への貢献が意義あるものになります。」

現在のアンバランスな状態の原因と結果はどちらも、CDIが「北」でなく

「南」の開発にのみ注意を向ける傾向にあるということです。「北」が「南」を「救い」、「援助する」という力関係は、「北」が宣教師や征服者として搾取してきた伝統を継続しているにすぎません。「北」のCDI実践者は自分たちの経済的・社会的・政治的問題を隠すのをやめなければなりません。たとえば「北」にも現在1億人の貧困者がいると見積もられています。

　もっといろいろなタイプの「北」の人間が姉妹提携プログラムに参加すれば効果があるでしょう。「北」のCDI実践者のほとんどは高学歴で、中流階級以上で理想主義者である傾向があります。この人たちは自分たちの自治体の構成員、特に貧困者、ホームレス、老人、身障者、失業者、病人などを正当に代表しているわけではありません。

　「南」でCDIに携わっている人々も多様化する必要があります。ケニアのマシュー・キベの報告によると、非常に多くの場合、「南」の自治体の官僚や他のエリートは姉妹提携関係を独占し、乗っ取ろうとしているのです。

>「自治体の構成員が自治体の事柄に関わるべきであるということを、議員が理解していないのは問題です。交流訪問をするなら、自治体の住民自身もその交流訪問に参加したいのだということを、議員に分からせるのは難しいのです。」

　南北の自治体がアンバランスという難問から抜け出すもう1つの方法は、双方が各々で活動できる共通の問題を見つけることです。「北」と「南」の提携自治体は各々独自の開発プログラムを開始し、教材を共有することに同意することができます。各々の環境保護のために行動を改善することを約束することができます（気候同盟が好例です）。軍事費の削減や無責任な企業に相応の制裁を与えるために、各々が政府に対してロビー活動を行うことができます。自らの地域に住む外国生まれのマイノリティの保護の改善を協議して決めることができます。

　しかしある程度のアンバランスは避けられません。CDIには「北」は「南」よりはるかに優れた政治的・技術的才能を持つという前提があります。南北の自治体が共同で「南」に上水道を整備することを決めたとしても、彼らはそれ

を恥ずべきことと感じるべきではありません。どの健全な関係にとってもそうであるように、健全な姉妹提携関係にとって重要なのは、提携自治体が関係のアンバランスさに常に警戒を怠らず、それを最小に抑えようと努めることです。

11　CDIの多様化

　冷戦の終結はCDIに大きな影響を与えているということについては、CDI実践者らはほとんど異議がありませんが、この変化が良いか悪いかについては一致していません。以前「南」へ注がれていた援助は今では「東」へ向けられてきており、「北」の自治体の中には「南」との協力に関心を失ってきているものもあると、嘆きの声があがっています。これが事実なら「南」の損失は「東」の利益になります。しかし、冷戦の終結によって軍事費の削減が実現するなら、その節約分を「東」と「南」の両方にとってより価値がある財源に回すことができます。

　国家の優先課題が変わることがCDIにどのような影響を与えるかは定かではありません。政府が「南」の援助に関心を失っても、西側の進歩的な自治体はどんどん関わっていく道を選択することもあります。結局のところ、先進的な西側の自治体がCDIを開始したのは、政府の開発プログラムが失敗したことが原因なのですから。たとえば、ロンドン市では、全国的に難民に対する敵意が高まっているにもかかわらず、また地域活動のための力や資金が縮小されるにもかかわらず、多くの自治区はより熱心に難民の保護や定住に力を尽くすようになっています。

　「北」の自治体が、「東」と「南」の姉妹提携関係の片方を犠牲にして一方だけに偏ることなく、両方との関係を支援すべき大きな理由があります。オランダのデーフェンテル市はカメルーンとエストニアの両方でプロジェクトを抱えており、その関係の各々に自治体の異なったメンバーが参加していることが分かりました。デーフェンテル市のジョン・カイパーは「概して、南半球の問題に従事しているグループは、政治的には左寄りの若い人々からなっており、東

欧に関心を持つグループはより年配の人々の注目を集め、政治的には右でも左でもありません」と言っています。「東」と「南」の双方の協力関係を維持すべきもう1つの理由は、各々のプログラムがお互いに何かしら学ぶことができることです。ゆえに競争ではなく、協力を目標にするべきなのです。だからデーフェンテル市はカメルーンとエストニアのプログラムに別々に資金を割り当てることに決めました。

競合を避けるもう1つの方法は、「北」「南」「東」の自治体が参加した三当事者間を開始するということです。たとえば、オランダの自治体はオランダ、ニカラグア、チェコ共和国の自治体が関わったプロジェクトをまとめています。アメリカは東欧と「南」の提携自治体と日本の姉妹都市との関係を作ろうとしています。これらの三当事者間によって、理論的・文化的・政治的問題が提起される一方で、「南」－「北」／「東」－「西」協力の新しい画期的な一面が付け加えられるということがあります。「南」「東」「北」の人々が各々の自治体の持つ特別な能力や経験に気づくならば、ある自治体との関係のために他の自治体との関係をなくすのは愚かなことと分かるでしょう。

12　自治体の強化

開発協力における共同活動を強力にするものの1つは、自治体の役割です。自治体はCDIに資金や権威づけ、専門技術を提供できます。しかし南北の多くの国々——ギリシャやインド、日本など——の自治体の政治的発展は始まったばかりの段階で、その自治権や権限は制限されています。国家の承認が得られない段階では、自治体への資金を単純な開発教育や姉妹提携にさえ費やすことはできません。インドのマーナブ・チャクラボーティは「市民に税を課すための十分な権限がないために、『南』の多くの自治体は財政的に脆弱な状態です。もし権力の委譲や地方分権化が大々的になされないなら、『南』の多くの国々で大衆の民主的参加は難しいでしょう」と書いています。

権限の弱い自治体にとって重大な課題は、政府に地方分権を認めさせること

です。ヨーロッパ評議会主催の地方自治に関する会議（1985年）と国際地方自治体連合の地方自治世界宣言（1985年）を採択し忠実に支持するよう、政府の官僚にロビー活動をするのもよいでしょう。しかしこれらの協定を支持している国でさえ、自国の自治体が様々な種類のCDIを実行するのに必要な権限を与えているわけではありません。たとえば西ヨーロッパの多くの国は、ＥＣ法を、政治的な理由で自治体が企業をボイコットしたり、権利を剥奪するのを禁じているものだと解釈しています。

　もし自治体が環境保護や世界経済に意味ある影響を及ぼそうとするのであれば、次のことを権利として要求すべきです。

○たとえ政府の見解と異なっていようとも、学校教育イニシアティブを支援する権限
○外交政策に関するものを含む問題に関しても、国の指導者に対してロビー活動する権限
○公衆衛生、安全、福祉を保護するために、自治体内で取引している企業を規制する権限
○自治体が企業に対して行う投資、契約、商品購入に関する決定に政治基準を加える権限
○累進課税によってCDIに必要な税収を増す権限

　全国的規模でCDIを推進しているNGOや都市、町の機関は、これらの改革の重要な役割を担うことができます。たとえばイギリスの国際地方自治体協会は主要な下院議員に熱心に働きかけて、イギリスの自治体に海外援助を進める権限を与えるという議案が、下院で検討されるまでにこぎ着けました。

　要するに、あらゆる地域で自治体は、より強力な政治的権限を要求すべきなのです。自治体は、自国内においても国際的にもその要求をすることができます。「大衆の草の根運動に協力している『北』の機関は、同時に『南』の民主化と自治体構造の強化を強く要求しなければなりません」とチャクラボーティは忠告しています。もちろん「南」の人々は同様に「北」の自治体を支援するで

しょう。自治体に力があれば、人々は自分自身の運命を切り開くことができますが、脆弱な自治体は遠く離れた国家的、地域的、国際的な官僚システムに自分の運命を任せることになることを、どこの自治体も主張すべきなのです。

13　国際活動を制度化する

　CDIがより強大に、より多面的になるにつれて、特別な問題が自治体を襲い始めます。非効率性が生じるのです。たとえば、1つの自治体を本拠とした3つの姉妹提携プログラムが、共同で1つのニュースレターを作成するのではなく、3つの異なったニュースレターを発行しようとするかもしれません。CDIがちぐはぐに進められる可能性もあります。フロリダ州タラハシー市が最近当惑したのは、市当局のある部局は南アフリカと取引のある企業から基金を引き上げているのに、もう1つの部局は南アフリカとつながりのある企業に取り入っていることが発覚したことです。また情報公開の進んだ公共的な機関がなければ、自治体の国際関係活動は特別の利益集団に占められる可能性があります。1つのグループがCDIを独占すれば必ず、── それが活動家や教会、会社であれ ── 民主主義は腐敗するのです。

　非効率的な運営、ちぐはぐな展開、適当でない代表を回避するため、首尾一貫した国際政策を打ち出し、自治体内のすべてのグループの声に確かに耳を傾けるために機関を設立してきた自治体もあります。こういう機関があると政権が交代しても継続性を保持することができます。たとえば、1990年の政権の交代の際に、ニカラグアの自治体と正式に姉妹提携を結んでいた「北」の自治体は、非公式の提携関係の場合よりも簡単に関係を存続することができたのです。

　自治体の総合的な政策の好例は、オランダのフローニンゲン市が1989年に出版した『自治体と地球的認識の養成』に収められているものです。これは自治体がいかに持続可能な開発、平和、人権、地球環境保護を促進できるかについての包括的な政策計画です。この計画の結果として、市は現在年間30万ギルダー（16万2,000ドル）以上の助成金を第三世界センター、第三世界ショップ、

平和情報センター、フローニンゲン—サンカルロス姉妹提携プロジェクト、(タンザニア難民のための)サマフコプロジェクト、南アフリカのトランスヴァール市との姉妹提携などに費やしています。市の各行政部門もまた、市の国際政策の展開を支援するために、市の職員を任命しており、これらの部門の連携は半日勤務のコーディネーターによって調整されています。

　フローニンゲン市の成功を可能にした重要な要素は、年間の計画であること、NGOと自治体職員の継続的な参加、有給のコーディネーターの存在、大きな予算の編成などにあるようです。フローニンゲン市の成功が確かなものとなった他の要因として、市内のすべてのNGOやコミュニティーのグループが計画を練ったり批判したりする機会が保障される公聴会の定期開催があげられます。どこの自治体も「世界の中における自治体の状況」についての報告を作成し配布することを検討すべきです。地域の関心に根差したCDIを実践することは、市民の支援を維持するために必要なことです。市長や議員がCDIを市民の参加や市民への説明なしに行おうとすると、その人は次の選挙で反発を食らうことになるというのが、これまで何度も繰り返されてきた教訓です。

　多くの国では、お金が足らないことがCDIの最大のネックの1つですので、自治体が予算をつける必要性は強調すべきことでしょう。たとえば、アメリカでは平均的な姉妹都市プログラムは年間1万ドルを使っていますが、その4分の3は民間によってまかなわれているのです。イタリアでは政府によって課せられた支出制限によって、自治体は優秀なスタッフを雇うことができません。また、自治体がイタリア外務省からの予算に頼らなければならない分、自治体のプログラムは予期しない予算の遅れや官僚主義による混乱に苦しむことになるのです。ケニアのマシュー・キベが述べているように、「財政的な貢献は力である」のです。お金は「真剣な」開発イニシアティブには(それだけでは不十分であるにせよ)必要なものです。これが、市民やNGO、コミュニティーのグループが自治体に支援を要請する主な理由の1つなのです。

　ベルギーの自治体のCDIへの財政支出を増やすために、ベルギー開発協力センターは自治体予算の0.7％を開発協力に使うよう自治体に要求するキャンペーンを起こしました(国連は北の国が南の国の開発促進のためにGNPの0.7％を

使うようにと助言しています)。より控えめな財政支出の目標——自治体によってはより現実的な目標といっていますが——は、1人につき通貨の1単位を支出することです。この目標に従って、オランダの100の大規模自治体はCDIに市民1人につき1ギルダーを使っているのです。同様に、ドイツの多くの自治体は1人につき1ドイツマルクを支出しています。

14 政府の支援を得る

　自治体と中央政府との関係が親密で、協力的であることは、CDIにとって明らかにメリットがあります。オランダでは、自治体と政府との関係が密接であることによって、CDIを支援するNGOと自治体への資金援助が大きく増大することになったのです。協力によって、自治体と国の政治家がお互いに学び合うということもありますし、CDIに関する教材が共同で作成されるということも可能になるのです。また、自治体と国の協力によって、全国的なキャンペーンがより多くの人の関心を引くように計画されることもできますし、国の政策により国民の声を取り入れることも可能になるのです。

　しかし、すべての政府は、少なくともいくつかのCDIを毛嫌いしています。アメリカ司法省は、連邦裁判所に圧力をかけて、自治体の非核地帯宣言やホンジュラスの軍事訓練への州知事による制限を無効であるという決定を下させました。サッチャー首相は1980年代半ばに大ロンドン市や他のいくつかの自治体政府を廃止し、自治体の非核地帯宣言やニカラグアとの姉妹都市提携を骨抜きにしました。日本の中央政府は「地方政府」への補助金制度を利用して、CDIが市民主体の開発よりも日本の企業を支援するものになるようにしました（訳者注：日本の補助金制度にこの記述に相当するものは存在していない)。CDIに非常に協力的であったオランダ政府でさえ、南アフリカへの自治体の制裁措置は無効であると見なしました。

　これらの例から分かることは、自治体は政府の攻撃からCDIを守るよう予め準備しておく方がよいということです。すでに述べたように、ある分野におけ

る自治体の権限を地方の権利として守ることは、1つの有効なステップです。自治体独自の予算でCDIを保証することもまた有効な手段です。

　さらに別の選択は中央政府に対して抵抗することです。中央政府と法的な闘争をすることが市民への外交政策の教育となり、共鳴する自治体の支持を集め、国の指導者を弱め、野党の指導者の力を強めることにつながると分かっている自治体もあります。だから、アパルトヘイトに反対する多くのオランダの自治体は、政府がはっきりと非合法であるとの見解を出しているにもかかわらず、ロイヤルダッチ（シェル）をボイコットする方法を模索し続けたのです。そして、「過激な」運動はときとして勝利するのです。アメリカでは南アフリカへの投資引き揚げ政策は一握りの勇敢な自治体によって始められましたが、その後大きな運動に発展し、最終的にはアメリカ議会で承認されるほどになったのです。

　対立にはリスクが伴います。姉妹提携に関心のある穏健主義者たちは、過激なイニシアティブはCDIへの政府や自治体職員からの支持を得にくくしていると激しく抗議します。自治体が中央政府に影響を与えるのに協調によるのがいいのか、対立によるのがいいのかは、その国々の特有の状況によります。アメリカの外交政策──つまり大規模な軍拡、南アフリカへの「建設的関与」、ニカラグアとの隠れた戦争、「南」に対する敵意など──が市民主体の開発アジェンダと全く正反対であった1980年代においては、多くのアメリカの自治体が政府と敵対的な「自治体外交政策」を打ち出すのは正当化できるものでした。しかし、冷戦が終わり、アパルトヘイトがなくなり、ニカラグアに平和が訪れ、「南」との関係がより友好的となった現在においては、アメリカの自治体は政府との妥協や対話が可能になったと考えるようになっています。

　ヨーロッパの自治体はアメリカの自治体よりも運が良く、政府はより好意的です。自治体の見解が国の政策と大きく異なるイギリスのような国でさえも、不満な自治体は強力な政党やＥＣの機関や多面的な対話構造を通じて国の指導者に影響を及ぼすことができます。

15　全国的、地域的、国際的な枠組みの創造

　CDIをコーディネートする全国的な機関のないイタリアのようなところでは、イニシアティブはばらばらで、なかなか広まりません。反対に、CDIの活動を記録し、分析し、発展を支援する強力な機関が少なくとも1つはある国では、CDIの質も量も劇的に向上するのです。ときには、ベルギーのNCOS（ベルギー開発協力センター）、ドイツの「人類の地球」（Terre des Hommes）、スペインのアフリカーラテンアメリカ研究所（IEPALA）、イギリスのオックスファム、アメリカの政策研究所などのような熱心なNGOがこうした機関の役割を果たしています。また、オランダのNCO（オランダ開発教育国内委員会）やアメリカの国際姉妹都市協会のように政府から多大な資金援助を受けているNGOが中心的な役割を果たしている国もあります。ドイツのマインツ市やブレーメン市のように自治体がネットワークの中心的役割を果たしている場合もあります。またオランダ自治体協会やイギリスの国際自治体協会のように都市の連合体が中心的な役割を果たしていることもあります。

　周到に制度化された機関の活動を通してCDIのネットワークを作る方が、偶然にまかせてネットワークができるのを待つよりもよいのは当然です。定期的に調査をしてその結果を公表することでCDIへの一般市民の関心は高まりますし、懐疑的な自治体議員の支援を得ることにつながります。会議やセミナーを開くと、経験のない自治体は経験のある自治体から学んだ知識を共有することができ、行動を起こすきっかけを得ることができます。多面的に対話をするようにすると、さらに多くのNGO、自治体、政治家、国の官僚がCDIに取り組むようになります。ケルン・アピール、ベルリン憲章や他の類似した宣言文を配布すると、自治体が地球的な運動に関わっているのだと感じるのを助けます。自治体職員や公務員、大学教授など特定のグループをターゲットとした会合を開くことも、CDIの支持を拡大するのに役立ちます。CDIの成功をまとめたパンフレット、ニュースレターや報告書などを作ると、成功の秘訣を他の自治体に広めることになります。こうした活動は国内での共同出資によってさらに加

速され得るのです。オランダ開発教育国内委員会の呼びかけによって、オランダの自治体の3分の2が1年に300から400の教育プロジェクトに共同出資したり、全国的な調査や会議の開催、ブックレットの作成を支援したりすることによって、開発協力に加わるようになりました。

　もちろん国内における協力・調整を支持する議論は、さらに広い地域レベルにおいても有効です。都市と開発協議会は、ヨーロッパ評議会やヨーロッパ委員会からの共同援助を得ており、広域の運動を形成する機関のよい例といえます。CDIを支援する他の広域機関には、ヨーロッパ評議会の南北センターやアジアのシティネットが含まれます。都市と開発協議会、コモンウエルス事務局、キリスト教エイド、オックスファム－ジンバブエ、オックスファム－イギリスなどによって主催されたブラワヨ会議で、出席者はCDIの調査をし、定期的な会議を開き、報告を作成するアフリカの事務局を作ることを決意しました。セヴァグラム宣言は、「都市と開発協議会の事務局をインドに設けること」を提案しています。

　最後に、CDIを世界中に広めるために本当に国際的な都市の連合体が必要とされています。国際地方自治体連盟（IULA）や世界都市連合（UTO）は重要な役割をすでに果たしています。将来的には、国際的な事務局（自治体のために運営される自治体連合組織）を設置することが不可欠となるでしょう。そうした国際的事務局を持つことによって、国際的にコーディネートされた自治体の行動によって地球的な問題を解決することができるのです。

　CDIの実践者たちはこれら14のチャレンジに応えることができるのでしょうか。彼らはデータを集め、プログラムをさらに真剣に吟味するのでしょうか。彼らは開発教育が現実の政治行動につながるようにするでしょうか。彼らは、持続可能でないライフスタイルや公正でない貿易、第三世界の債務、人権の侵害といった問題に本気で取りかかるのでしょうか。彼らは姉妹提携が、単なる一方的な援助関係を超えて、よりバランスのとれたものになるよう努力するでしょうか。CDIの潜在的可能性を完全に実現するのに必要とされる自治体レベル、国内レベル、国際的レベルでの機関を作るでしょうか。

これらの質問に対する答えがCDI運動の運命を決定します。幸運にもその答えは、政治学や経済学の不可解な理論によって決まるわけではありません。それは直接の行動によって決まるのです。つまり私達の行動次第なのです。私たち一人ひとりに与えられているチャレンジとは、自分たちの自治体を組織すること、市民主体の開発に従事しているNGOや地域のグループの実際的なネットワークを作ること、自治体職員に要求してできるだけ多くのCDIを支援してもらうこと、CDIを自立させることなのです。

　20年前、多くの人々は地球的規模の問題はコントロールを失ってしまっていると嘆きました。しかし、ゆっくりと着実に、自治体は地球的な規模での変革は自分たちもコントロールできるものだと証明してきました。自治体は世界の問題を処理でき得るサイズにまで縮め、多くの問題に影響を与えてきました。自治体は、戦争を終えさせ、政治囚を解放し、地球環境をきれいにし、村を再建し、希望を修復しました。

　おそらく最も重要なことは、自治体は国際関係に基本的に新しいパラダイムをもたらしたことでしょう。これまでは、一国を超えた問題にアプローチするには、国の指導者に要求することによってのみ可能でした。国の指導者にあることをやめてくれとか、始めてくれとか嘆願するのみでした。新しいパラダイムでは、外国との関係も私たちの手の中に入ってしまうのです。パートナーシップは可能なときには政府と共に進められるべきでしょうが、政府とは一緒にできないときには、自治体は独自に前進すべきなのです。そのとき、政府の官僚が邪魔をしないようにしなくてはなりません。

　経済学者であったケネス・ボールディングが次のように述べています。「世界の都市よ、連帯せよ！　スラム、貧困、軍事浪費の他には何も失うものはないのだから。」

用語解説

・CDIに関する共同研究

　国際自治体連合は1995年の世界大会で自治体国際協力（municipal international cooperation）を提唱するために、1994年からオランダ自治体連合調査局（SGBO）との協同で、世界の研究者による研究グループを組織して世界の50の自治体国際協力の事例研究と各機関に対するアンケート調査を実施して、その成果を報告書「世界の変革に向けた地域からの挑戦（Local Challenges to Global Change）」にまとめた。日本はこの研究に関して資金と研究推進の両面で重要な役割を果たし、日本におけるCDI研究はこれを契機として本格的に始まった。

・自治体の環境協力

　日本の自治体による環境協力としては北九州市による国際環境協力が高く評価されている。北九州市はブラジル、中国など多くの都市の公害防止・環境改善プログラムに係わり、また国内外の機関との連携によって多彩な環境国際協力活動を展開し、1990年に国連環境計画（UNEP）からグローバル500、1992年には環境と開発に関する国連会議（UNCED）から国連自治体表彰を受けている。

・累積債務の免除（ジュビリー2000問題）

　発展途上国の累積債務がグローバル化や市場経済の浸透によって悪化している状況を打開するため、キリスト教の大聖年である西暦2000年に重債務貧困国の債務を帳消しにさせようとするNGOの運動（ジュビリー2000）が先進国を動かし、1996年のケルンサミットで重債務貧困国の債務総額を半減させることを目標とする「ケルン債務イニシアチブ」が合意された。

・WTOの政府調達規則と自治体

　GATT体制を引き継いだ世界貿易機構（WTO）は自由貿易を促進させるため、政府調達の解放と差別的規制撤廃を制度化したが、その規制が地方政府における政府調達や諸活動をどの程度拘束するのは必ずしも明確ではない。自治体は住民生活の安全と安定を確保するための公共性を市場経済から守るとりでであり、自治体の南北協力や地域産業の保護と育成は国や世界の安定にも係わる問題なので、自由貿易や規制緩和だけではない新たな理念が必要となるかもしれない。

・欧州評議会

　1985年欧州評議会は「欧州地方自治憲章」を採択し、統合に向かう欧州における中央政府と地方自治体との関係を再定義した。その中で特に従来中央政府の統制の下

にあった地方自治を民主主義の基盤として重要視し、中央政府と地方自治体との関係を平等な相互補完関係にあるものとし（補完性原理）地方自治体の自立性を一般的に認めたことはその後の自治体活動に大きな影響を与えた。

・女性のエンパワーメント
　アジアにおいては、女性の社会的自立や起業を支援するための小規模な金融（マイクロファイナンス）が広がりつつある。タイ、インド、フィリピン等では共同出資による農民銀行やNGOの資金提供による起業資金の貸し付け等が成果を上げている。

・自治体間国際協定
　1990年代になって冷戦の解消を背景に自治体間の国際協定は急速に進展している。特に注目されるのは、EU（ヨーロッパ連合）の地域施策と関連して欧州を中心に進められている国境を越えた都市の国際連合体の活動で、多数の国の自治体が共通の協定を結んで地域開発や交流事業を総合的に展開するバルト海沿岸都市連合（Baltic Union）のようなものや、旧東欧と西欧の地域格差を国境を超えた自治体の連合事業体を結成して、EUの支援を受けながら地域の側からの地域開発を通じた民主化や和解を進めるユーロリージョン（Euro-region）などであり、またそれらの幅広い活動を可能にする国際的環境である。

・世界環境自治体協議会
　2000年8月現在、日本の加盟自治体数は54、世界全体では330あまりの自治体が加盟している（世界環境自治体協議会日本事務所による）。

・日本の自治体による国際人権活動
　リトアニアの独立に際して、岩手県の久慈市は市民の協力により当時のソ連の制裁と軍事的圧力のために苦況に陥った姉妹都市のグライペーダ市の物産展を開催し、その利益をもとに大量の医薬品を送って独立を支援した事例が国際的にも知られている。

・天安門事件と日本の自治体
　天安門事件は日本と中国の自治体の国際交流にも大きな影響を与え、計画していた国際交流事業の凍結や延期が相次いだ。

・建設的関与政策
　制裁や懲罰によって相手を屈服させるのではなく、経済的援助や開発支援によって相手側との信頼関係を築き、国際社会のルールを理解させて開かれた国家を実現させる政策。最近では朝鮮半島問題における韓国の金大中大統領の太陽政策が成果を上げている。

・南からの資金流出
　1998年の南からの公的債務の元利返済総額は2,036億ドル、うち利息分が4割強。

・ヘルシンキ最終文書
　1964年に採択された医の倫理に関する国際的規約、インフォームドコンセント等患者の権利を守る規定の源流となっている。

・CDIのカテゴリー
　CDIのカテゴリーについては、27～30ページの自治体国際協力活動の諸形態を参照のこと。

・ブレーメン市
　ブレーメン市はハンブルク市、ベルリン市とともにドイツ連邦共和国の1つの州としての地位を認められている都市国家として特別な地位にある。したがって、ブレーメンのCDIは一般の都市よりも幅広い権限のもとで行われていることに注意が必要である。

・グッドガバナンス
　グッドガバナンスについては、42ページを参照のこと。

・ブルントラント委員会
　「環境と開発に関する世界委員会」、1987年に持続可能な開発を強く求める提言をまとめ、それ以後、持続可能な開発は地球環境問題の基本概念の1つとなった。

・「南」の債務問題
　発展途上国が国際収支の赤字の穴埋め・工業化や開発のための投資・また金融危機への対処のために借り入れた中長期の公的債務の総額（累積債務額）は1998年末には1兆637億ドルとなり、支払利息の増加も伴って返済が困難となって「南」の発展の障害となっている。最近重債務国の返済免除が国際的に検討され、1999年の沖縄サミットでも重要な議題となった。

・構造調整
　「南」の累積債務問題や世界的な金融危機を背景に、世銀やIMF等の国際金融組織は、その融資を受ける国の政府に対して経済政策や金融制度等の改革を通じた経済構造の抜本的な改革を求めるようになった。しかし財政赤字の削減や為替レートの切り下げ、民営化への移行等を厳しく求めるこの構造調整政策は失業者の増大や税金の増額また物価の上昇等発展途上国の庶民の生活を直撃するものであり、かえってその国を不安定にするケースが少なくなかったために、近年その内容はより穏やかなものに変わりつつある。

・エンパワーメント
　　発展途上国の政府主導の経済政策が累積債務問題や南北間の格差拡大をもたらす結果となったことに対する批判から、「南」の人々自身が開発の企画立案、実施、結果の評価に参加することによって持続性のある経済社会開発を実現する新たな開発戦略が取られるようになってきた。人々が社会開発を学び参加することによって自立した地域社会の主体となる力を持つことをエンパワーメントと呼び発展途上国の社会開発にとって重要な概念である。

・日本政府の自治体国際協力政策
　　自治省は国際交流に限定してきた日本の自治体国際活動に関する政策を転換し、1995年に「自治体国際協力推進大綱の策定に関する指針」を都道府県と政令指定都市に示して、自治体による国際協力を積極的に進めることとなった。

・日本における自治体国際活動の制度化
　　日本の自治体の国際活動は長期にわたって姉妹都市提携が中心となる国際交流が主体であったために、国際協力に関する制度化は未だに不十分といえるが、いくつかの特徴をあげることができる。まず第1に、地域国際化協会や国際交流基金を持つ自治体が多く、比較的安定した活動基盤と人員の確保ができていること。また、国のODAとの関わりが強いため多くの自治体職員が海外における活動経験を持ち、地域社会もJICAの技術研修等を通じて発展途上国との関係を持ちそれが自治体独自の国際協力に繋がる事例が多いことなどがあげられる。一方で、NGOとの連携は制度化が遅れ、ようやくNGOとの協議や対話が進み始めたところで、NGOとの共同プロジェクトや支援制度の整備は今後の課題となっている。

訳者あとがき

　国際社会における自治体やNGOの役割はますます大きくなってきていると思われます。しかし残念なことにこの問題を専門とする研究者は世界的にも数少ないのが現状です。この研究の先駆者は，アメリカのオハイオ州大学名誉教授のチャドウィック・アルジャー先生です。アルジャー氏は1983年から1988年まで国際平和研究学会の事務局長をされました。当時は平和研究においても，国を単位とした国際政治学者が主流となっていましたが，アルジャー氏は，世界平和の実現においては自治体やNGOなど国家以外のアクターが重要になるとの先見を持って，この新しい研究分野に果敢に取り組んでこられたのです。私もアルジャー氏の熱意にほだされて，この分野の研究に足を踏み入れました。

　1994年のIULAの国際会議に先立って自治体の国際協力についての国際的な研究プロジェクトが立ち上がりました。この研究プロジェクトの立ち上げにおいて中心的な役割を演じたアルジャー氏は，江橋氏や富野氏を中心とした日本研究者グループと自治体国際協力研究の第一人者であったマイケル・シューマン氏とを引き合わせたのでした。

　その後も，日本の研究グループとアルジャー氏やシューマン氏との交流は深まっていき，1986年にはプラハにて東西自治体国際協力セミナーを開催することもできました。まさに国際的な研究者のネットワークづくりが進められてきたのです。

　こうした研究交流を進めるなかで，シューマン氏著書「Global Village」の翻訳本を作ろうという計画はプラハでの東西自治体国際協力セミナーの頃から話されました。訳者である私の怠慢が最大の理由ですが，日本で出版するなら日本の現状の研究も入れたいという意見もあり，当初計画していたスケジュールよりも大幅に出版が遅れてしまいました。しかし現在，自治体の国際協力活動の必要性はますます強く認識されてくるようになってきており，本書の出版はこうした大きな流れを確実なものとするものになると期待されます。

　1999年10月には，名古屋国際センターはCDI・JAPANと協力して，日本で

初めてCDI（地域主体型開発援助）をメインテーマにフォーラムを開催しました。21世紀の地球の平和を考える時，自治体やNGOの世界的な連帯は不可欠になってきていることが確認されました。シューマンの著書も書かれてから時間が経ち，古い情報も少なくありませんし，また1部の日本の研究グループによる報告もまだ中間報告に近いものでしかありません。しかしそれにもかかわらず，本書が自治体やNGOの地球的なネットワークの形成の重要性を喚起する役割を演じ，さらに自治体の国際協力とその研究が進むことを祈ります。

児玉克哉

■監修者紹介

江橋　崇（えばし　たかし）
　1942年　東京都杉並区出身
　1955年　東京大学法学部政治学科卒業
　東京大学法学部助手を経て
　現　在　法政大学法学部教授
　　CDI-JAPAN（地域の国際協力推進会議）代表

富野　暉一郎（とみの　きいちろう）
　1944年　神奈川県逗子市出身
　1973年　東京大学理学系研究科博士課程中退（天文学）
　逗子市長、島根大学法学部教授などを経て
　現　在　龍谷大学法学部教授

■著者紹介

CDI-JAPANについて
　〔発足〕1996年〔目的〕地域主体型開発協力（CDI）に関する調査・研究および
　支援〔構成員〕自治体国際活動研究者、自治体等の国際活動関連機関職員およ
　びNGO〔所在地〕東京都江東区上野　国際ボランティアセンター気付け

Michael H. Shuman（マイケル・シューマン）
　フィラデルフィア出身
　スタンフォード大学経営学研究科を経て
　現　在　Institute for Economic Education and Entrepreneurship（IEEE）共同代表
　　　　　経営学博士

■訳者紹介

児玉　克哉（こだま　かつや）
　1959年　広島県出身
　1990年　ルンド大学（スウェーデン）社会学部大学院博士課程修了
　現　在　三重大学人文部助教授

自治体国際協力の時代

2001年7月1日　初版第1刷発行

　■監修者────江橋　崇／富野　暉一郎
　■著　者────CDI-JAPAN／マイケル・シューマン
　■訳　者────児玉　克哉
　■発行者────佐藤　正男
　■発行所────株式会社 大学教育出版
　　　　　　　〒700-0951　岡山市田中124-101
　　　　　　　電話 (086) 244-1268　FAX (086) 246-0294
　■印刷所────互恵印刷㈱
　■製本所────日宝綜合製本㈱
　■装　丁────ティーボーンデザイン事務所
　Ⓒ 2001, Printed in Japan
　検印省略　　落丁・乱丁本はお取り替えいたします。
　無断で本書の一部または全部を複写・複製することは禁じられています。
　ISBN4-88730-415-3